讀冊真趣味

從懷舊老物件看日治時期台灣教育

BY 蔡元隆
黃雅芳

推薦序

繼《日治時期台灣的初等教育：校園生活、補習文化、體罰、校園欺凌及抗拒殖民形式》（2013）、《圖解台灣教育史》（2014）以及《走出閨房上學校——日治時期台灣雲嘉地區的女子教育與社會事業圖像》（2017）等三本關於日治時期台灣教育史專書之後，民間學者蔡元隆及黃雅芳又要出版這本《讀冊真趣味——從懷舊老物件看日治時期台灣教育》的新著作。書中的內容是以日治時期的學制為主軸，也就是由初等教育（含公學校、國民學校、公學校與小學校的高等科、小學校）、中等教育（含中等學校、實業學校、實業補習學校、師範學校、高等學校尋常科）、高等教育（含專門學校、高等學校高等科、帝國大學）。透過這本書，讀者可以對於日治時期的台灣教育學制有整體的了解，不再如過去一般看到有些文章提到「高等科」時，不知道他所指的是哪個階段。所以這本書將有助於有興趣了解台灣教育史的讀者，掌握日治時期的台灣教育學制。

本書另一個特點是照片與文字敘述並陳。在每個學制中，作者會以某個主題作為陳述內容，比如在中等學校階段提到了帽子與徽章、台中第一中學校、嘉義中學校、基隆中學校、學校軍事演習、高女生的碎花小提包……等。受過了學院訓練的讀者或許會質疑，為何以這些作為題材？論述內容與引用考證的資料是否不夠充足等問題。實際上，這些問題確實無法由這本書中得到解答，而且作者似乎也沒有興趣回答。作者較想透過這本書傳達出來的是，由教育學者而非歷史學者的方式教導讀者認識台灣的教育歷史。所以在文中沒有許多考據資料的堆疊，只有一些與照片對應的文字陳述。這可以使一般讀者清楚地了解內容，增加有關的教育知識。同時配合書中的照片，可以加深文字敘述內容的印象。至於這些照片，有些是作者訪談時受訪者所提供，但大部分是作者自費購置得到。這些一手資料取得不易，卻可以看出作者對於研究台灣教育史的用心與投入。相較之下，大學中的歷史相關系所或研究機構，有時就能得到民間捐贈的大批完整史料。作為一個民間學者，就只能望之興嘆了。

這本書出版，是作者將日治時期台灣教育活動的知識以通俗的方式編寫而成。它是一本了解當時教育制度入門的書，透過作者淺顯易懂的文字敘述，應當能夠滿足歷史讀者們了解台灣這段教育的求知欲望與好奇心。

國立中正大學教育研究所專任教授
朱啟華

推薦序

從一顆種子直到枝繁葉茂……

2007年，正在就讀教研所碩班的元隆來找我當指導教授，題目是關於日治時期嘉義市公學校的研究。雖然關於教育史的研究很難得，但是我並沒有特別看重這本碩論，也想著他就如同一般研究生隨著畢業就不碰研究了吧？沒想到，元隆把這顆研究的種子紮紮實實地，埋進了土裡。

後來的他，不斷的用心澆灌。於是在日治時期教育史的園地裡，耕耘出一篇又一篇的相關著作，一本又一本的專書，同時他也逐漸蒐集當時的教育文物，在臉書粉絲團『日治時期台灣教育史小辭書』中不定期分享歷史文物小常識，帶出一個個舊時代的文化點滴。從公學校到女子學校、雲嘉各國小的校史研究、日治時期文物蒐集與撰寫，他持續從多元方向爬梳與深化台灣教育文史的領域。

這本書是元隆的第四本專書。他不從深澀的學術論述著手，而是以日治時期相關文物引出教育史事件的介紹或澄清。以第二次《台灣教育令》學制為骨架，使用議題列點的方式搭配數百張一手的文史資料，企圖翻轉教育史枯燥乏味的刻板印象，期待能讓更多年輕的一代藉此了解我們腳下這片土地的過往軌跡。

十三年前，元隆種下了一顆研究的種子，

十三年後，他的心血已然在台灣教育史的園地裡枝葉繁茂……

國立嘉義大學教育系專任教授
張淑媚

推薦序

歷史是過去已發生，歷史是現在應反思，歷史更可以是未來供借鏡，但歷史從來就不是單一面向的，歷史可以用立場詮釋，可以用角度檢視，當然，也可以兼用學術性的理論以及流行語新論來書寫，《讀冊真趣味——從懷舊老物件看日治時期台灣教育》就是如此一本兼具學術嚴謹與俗民流行語的混搭，加上書本井然有序的編排，從日治台灣初等到高等教育的逐層史料拆解，更可見作者的清晰思路，而其中，最令我深有同感的則是作者對於日治台灣教育的批判思考，這也是我身為教育人員所應具備的素養。

本書論述史觀具備下列幾個特色：其一、編排分明，依據教育時程和學制，從初等到高等教育的圖文並解；其二、台灣史觀，作者強調台灣人應知台灣事，也詳述日治師範教育的學潮，表面服從日治卻私下發揚漢學，當時知識分子陽奉陰違之隱性抗議；其三、舊史新語，將當時所用的家庭通信簿賦予復古版的Line新詞，或是以食尚玩家「打卡」去詮釋當時戶外教學的情境，在在顯示作者的創意，也令人覺知歷史可以很有趣；其四、學術嚴謹，本書善用各種圖文與田野訪談資料，以學術性的三角檢證作為研究法，除了具備學術意義，也進而檢視出許多錯誤的歷史描述，這也是此書在有趣的命名中兼具備學術嚴謹的另一面向。

捷克作家米蘭・昆德拉曾說：「民主與極權的對抗就是記憶與遺忘的鬥爭。」一個沒有歷史的國家就像一個沒有靈魂的軀體，「台灣」這個名字在國際不容被提起，也迫使國際社會逐漸遺忘我們的本名，此外，當下台灣意識形態趨向二元對立，究其根源就是缺乏被認同的台灣人視角之史觀，從本書可知，原來，我們也有台灣的Paulo Freire，台中師範學校的劉煥文老師，他在日治系統下於公立學校教日文、課餘補習漢文，更運用餘暇之時教導鄉民識字，相信這樣的轉化型知識分子在當時不在少數，但卻甚少被提起，這就是被遺忘的歷史，台灣人不可不知台灣史，台灣，這個漂浪之島，是該要定錨了，未來，台灣史觀的歷史根源將促使島嶼生根，雖然這目標尚遙遠，但至少，很高興的，我們這個世代開始有了自己的島嶼鄉愁。

雲林縣口湖鄉興南國小校長
國立嘉義大學教育研究所博士
陳彥揚

推薦序

2015年為了蒐集竹中百年校史資料，元隆是我第一個透過臉書網路私訊聊天，之後變得熟絡的朋友。2月13日傳訊息給他，詢問如何找日治教育資料？隔週2月18日（除夕）早上約在嘉義見面，我們以書為禮物，我贈竹中的九十週年特刊，他則以《圖解台灣教育史》和《日治時期台灣的初等教育》回贈。這樣的以書會友是很特別的經驗。

他跟我分享許多檔案資料庫，印象最深刻的就是「台灣總督府職員錄系統」，它讓我比較清楚知道當時教師的任教與流動狀態。

之後，常常跟他請教和竹中或者日治教育相關的問題。每次的對話都很學術，他都可以迅速提供照片、文件圖片或者檔案，他對於文物和資料蒐集與解釋非常的到位。我非常好奇他到底蒐集了哪些資料？或者如何將檔案分類。舉例來說，有次問到竹中校徽的樣式，他立即搜出《台灣日日新報》關於竹中校徽的報導，也傳了一張各校的圖樣和實體的帽徽照片；最近一次是學生名片（名札）的事，他就跟我說當時有交換名片的組織和活動，信手拈來是故事也是學問。

他曾多次跟我說哪個拍賣網有新竹中學校的明信片或物件，行情價格大致為何。但因為我對流程不熟悉，只有一次成功。曾隨口提及，你應該要寫一本「如何一次網拍就上手」的書。

很榮幸可以搶先看到他的新書，這是一本圖文並茂，以文獻和實體，新聞報導和照片、實務和法則，讓讀者可以跳脫抽象文字的框架，透過史料的影像或圖片，以「物」的角度，來認識日治教育史。書中將《台灣教育令》以三角圖形為鷹架，區分不同學習階段，採單元來加以說明。用詞貼近年輕人的語言，兼具知識性和趣味性，不只是故事書，也是三百多張照片的圖像書，更可以當成教育史的參考書。

這本書「透物見史」，不只是制度史實脈絡的說明，處處可見考證，以證據來推論和修正以往以訛傳訛或書寫的錯誤，例如嘉義崇文國小的播音台設置時間、柯世元的身份，北港國中創校時間……等等。也對我們習以為常的「台灣人只能讀醫」，不讓他們讀碰政治、法律提出辯駁，並嘗試解釋為何會有這樣的說法。

另外，更值得一提的是對於女性有特別著墨，包括女學校、女運動員、女教師、女學霸……等，從這一些篇章可以窺見透過近代教育女性社會地位的改變。

作者不只讓大家看到故事，從結論可看到寫作的意圖，他談到為何要去更正錯誤的學校歷史？也公開研究的方法，透過「內部／外部考證」去辨別史料，將它放回它的時代脈絡中去詮釋它，讓世代斷裂或被遺忘的故事可被找回來。這本書對於目前在蒐集整理竹中百年校史的我，提供了不少可以借鏡的方向。

教育和每個人都相關，翻開這本書你就開啟了歷史之門，透過它和自己的長輩及生長的土地連結。進一步問問自己的長輩，說不定你就展開了家族透物見史的旅程。

國立新竹高中歷史教師兼圖書館主任
黃大展

作者序

這一本書的撰寫對作者來說，其實是一趟規劃已久也盼望已久的旅程；而書寫一本以「透物見史」為宗旨的大眾歷史讀物，更是作者自己長年以來的心願。這一本書主要是以第二次《台灣教育令》學制為骨架做基礎，使用議題列點的方式，搭配數百張一手的文史資料（證書、照片、文物、文獻或圖片）進行教育歷史事件的介紹或史實澄清，而在撰寫這本書的同時，為追求最貼近歷史真相的證據，作者必須不斷地「增能」，在藉由爬梳一手史料及回顧其他人相關研究的過程中，作者更持續反芻既有的知識與經驗，也花費非常多的時間去思考該如何呈現，才能秉筆直書的忠實記載。更重要的是，作者努力地實踐J. Dewey「做中學」的信念，一方面讓大眾以更多元的角度去了解日治時期教育的圖像，二方面讓台灣囝仔知道這些故事或事件是發生在台灣本土的過往。

由於筆者並非專職作家，白天有工作在身，身為兩個孩子的爸爸，編寫書稿的時間僅能利用孩子們哄睡後的空檔，拖著疲憊的身軀，打起精神繼續奮戰；這半年來幾乎天天熬夜寫稿，每當周公敲門邀約時，總得依賴意志力頑強拒絕，才能繼續撰寫文章，也多虧平時就有分類與整理一手的文史資料的習慣，大大縮減對資料分門別類資料的時間，可以在極快的思索後，便迅速掌握重點與書寫脈絡；或許多數的讀者在閱讀時，對於不到數千字的幾個議題，讀來皆能覺得有趣玩味，但這都是「台上十分鐘，台下十年功」的努力所淬煉累積而來的成果。

作者更希望藉由這一本「站在巨人的肩膀上」彙集與編寫而成的書，可以開啟我們更遼闊的視野，更可以透視時代人物的內心深層。其實日治時期的台灣有許多令人回味再三的故事與優秀人才的事蹟，理當被稱作典範而流傳下來，而非被意識型態所干預，選擇性的呈現或遮掩，這本書另一個書寫動機也植基於此。這本蒐集珍貴史料、還原日治時代圖像的教育拙作，值得大家細心品味閱讀，一窺當年台灣囝仔的教育圖像。也希冀日後的先進或後輩在拙作的基礎上，更上一層樓，讓這些屬於台灣囝仔的教育史回憶，得以在廣度與深度上繼續延伸與「發聲」。

蔡元隆　謹誌

序於 蔡献其教育基金會 2020.01.01

第一章　小小史料大驚奇——你不可不知的台灣教育

我們在別人的故事裡，流下真情的眼淚，
在自己的歷史裡，冷漠轉身離去。

——作家 楊翠（A.D.1962-）

一、被隱匿改寫的日治時期台灣史

驀目台灣的生命史，「她」，曾經是一個外國殖民色彩極度濃厚的島嶼，從清領時期，至荷蘭、西班牙分據乃至日本殖民，這些外國的制度文化與建設都為台灣的文明留下不可抹煞的痕跡與深遠的影響，有別於一般殖民的國家只對殖民地行壓榨之實而罔顧其建設發展，日本不僅把現代化的建設與制度引進台灣，且廣設初等學校以普及教育的水準。在日本殖民統治台灣近半世紀的過程中，不僅奠定了台灣初等教育的基礎，更透過完備的教育制度把台灣帶往現代化國家行列。大正11年（1922）發布第二次《台灣教育令》確立系統化的各類教育體制，雖然後續的教育制度與政策有所更迭，但是台灣囝仔受教育後的影響漸漸開始發酵，也幫助少部分優秀的台灣囝仔透過教育的機會進行社會流動，他們不論男女，都可從目不識丁的鄉野文盲，成為針砭時事的知識份子，更開始在國際間嶄露頭角，展現出不輸日本人的優異能力。

1930至1940年代，台灣在日本有計畫的殖民建設下，樹立各種現代化基礎，為二十世紀台灣黃金時代奠基。那個年代的活力與富足，創造並延續了台灣現代的進步繁華。然而，我們對那段時期的「她」卻是如此陌生。主要原因是光復初期的國民政府為鞏固在台灣的政權，開始一連串黨化教育意識型態的形塑，諸如：反共抗俄的教育、再中國化的推動等，甚至透過救國團的組織，監視大專學子的思想與行為，更透過校園課程為國民政府之政權正統性背書，進而改

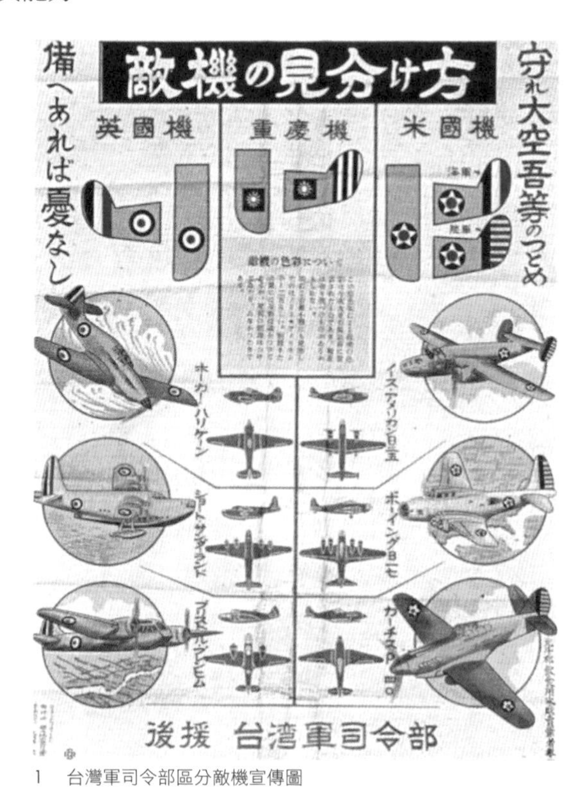

1　台灣軍司令部區分敵機宣傳圖

革國民教育為九年的普及教育政策並加以推動。此外，國民政府為了刈除皇民化的陋習及遺毒，啟動了教育中國化的大整肅，在教育的重點上則以「去殖民化」並回歸「祖國化」為主軸，所以日治時期的知識與史實曾一度在教科書中銷聲匿跡。知名歷史學者和政治評論家李筱峰教授、著名詩人吳晟老師兩人就經常在開學日的課堂上、公開演講或寫文章時，以戲謔的口吻提到這個小故事：二次大戰的台灣是被哪一敵國的B-32轟炸機轟炸呢？竟然有半數以上的台灣人，尤其是學生，都時空錯亂的認為是日本派飛機轟炸台灣。因過去有關二戰歷史教育大多強調「對日抗戰八年」，洗腦下，造成許多人誤以為轟炸台灣是日本所為（圖1、圖2）。

從上述的歷史脈絡與實例中，就可以找出我們對日治時期的「她」如此陌生的緣由。所以本書的撰寫，作者希冀以「透物見史」的寫作模式切入「日治時期的教育」，以第二次《台灣教育令》學制為骨架，使用議題列點的方式搭配數百張一手的文史資料（證書、照片、文物、文獻或圖片）進行教育歷史事件的介紹或史實澄清；透過一手的文史資料，傳承並推廣這些鮮為人知的台灣教育史知識，讓更多台灣囝仔可以鑑往知來，以欣賞古玩的角度做史料導入，扭轉一般人對教育史枯燥乏味的刻板印象，以輕鬆但不失專業的角度，來了解哺育我們成長的這塊土地，其過往的歷史與軌跡。

2　美國B-32轟炸機準備起飛轟炸台灣

二、從第二次《台灣教育令》起的教育大變化

台灣最早規定教育學制的法理基礎，濫觴於日治時期大正8年（1919）第一次發布的《台灣教育令》，因明治28年（1895）治台初期，在台日本人的教育制度是直接沿用日本內地的法令辦理，而台灣人的教育則是依據台灣總督府較不健全的〈學校官制〉、〈學校規則〉和〈學校令〉等規定拼湊而成。惟因整體的規劃尚有不足之處，所以緊接著又在大正11年（1922）發布了第二次《台灣教育令》，將台灣的教育學制作更完整的規定，此次的法令共計六章節，分計32條及附則等規定，分別規範普通教育、實業教育、專門教育及師範教育等，讓各級教育機關系統至此完整建立（圖3）。

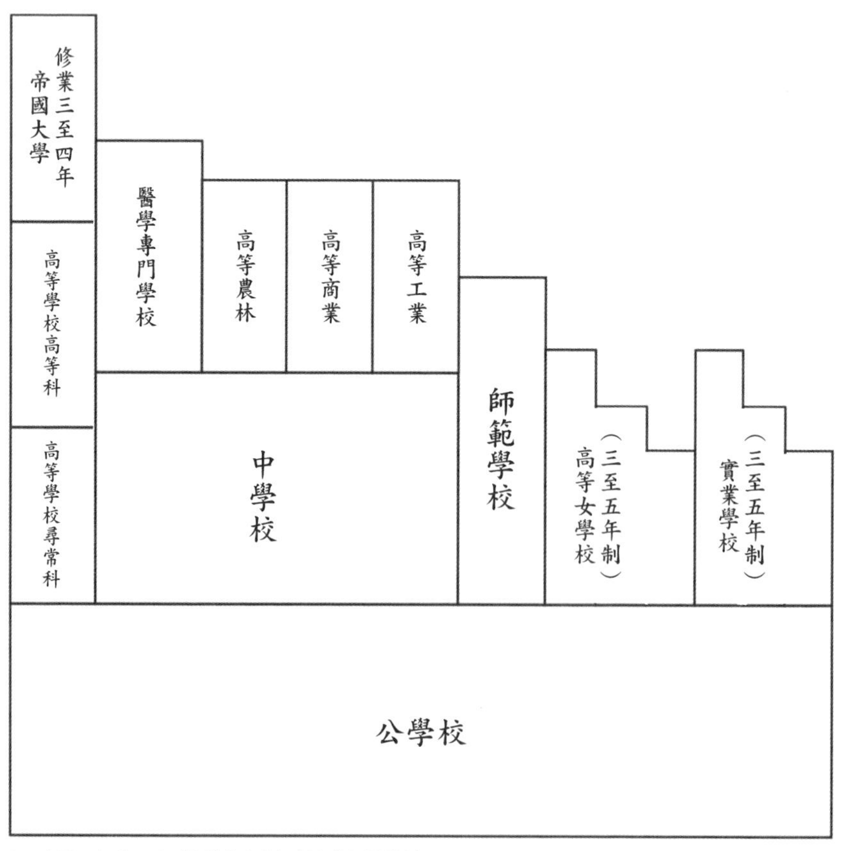

3 大正11年第二次《台灣教育令》規定的相關學制
資料來源：整理自《台灣教育令關係法規輯覽》

大正11年（1922）發布第二次《台灣教育令》後，日治時期台灣的學制雛型大致底定，以此學制規範為主軸，演化發展各學制系統，例如：中等教育中又區分為一般教育及職業教育兩軸，而一般教育中又分為男學生就讀的中等學校、女學生就讀的高等女學校；同樣的，職業學校也區分為正規的實業學校及簡易的實業補習學校（通常二至三年制），而且實業補習學校除了分有男、女就讀外，亦區分有州立與私立之分的實業補習學校（表1），加上日治後期因應國家政策的需要，許多學校合併或更名的更迭次數多如牛毛，如公、小學校改制為國民學校、眾多的實業補習學校校名接二連三的更換[1]，所以表1內容僅先概要的呈現各類學制下的學制種類，而詳細的日治時期各州廳學校校名請參見附錄說明。

表1. 日治時期各類學制[2]

初等教育	公學校（初等科、高等科）、小學校（尋常小學校、尋高等小學校）、蕃人公學校、蕃童教育所、國民學校（昭和16年，公學校、小學校、蕃人公學校合併之）	
中等教育	一般教育	中等學校、高等女學校
	職業教育	實業學校、實業補習學校
師範教育	師範學校	國語學校、台北第一師範學校、台北第二師範學校、新竹師範學校、台中師範學校、台南師範學校、屏東師範學校
	青年師範學校	彰化青年師範學校
高等教育	高等學校	台北高等學校
	專門學校	台北帝國大學附屬醫學專門學校、台北經濟專門學校、台中農林專門學校、台南工業專門學校、私立台北女子專門學校
	大學	台北帝國大學、台北帝國大學預科
其他教育	盲啞學校、教會學校、私立學校、私立實業學校、私立專修學校、書院	

資料來源：作者自行整理

1 例如日治時期嘉義家政女學校的名稱更迭，最早是昭和8年（1933）稱嘉義女子技藝講習所，接著昭和9年（1934）改稱台南州嘉義女子技藝學校。又昭和12年（1937）再次更名為台南州嘉義家政女學校。最後昭和19年（1944）4月1日又改稱為嘉義商業實踐女學校。

2 通常中等學校與師範學校較難考取，實業學校相較上述學制容易考取，而實業補習學校又較上述三者更容易考取，通常實業補習學校的學生是因為想繼續升學，但考不上中等學校、師範學校或實業學校，所以退而求其次考實業補習學校。雖然是如此的概念，但日治時期台、日籍生教育資源不均等，所以公學校畢業後可以繼續升學者，通常都有一定的知識水準程度。

作者將以圖3的架構為基礎，作為論述的骨架。因為在表1，初等教育、中等教育、師範教育、高等教育、其他教育五個大項主軸下，各層級的學校數太繁多，無法逐一介紹，例如：初等教育下的國民學校，依據統計資料，昭和20年（1945）年國民學校與教育所共計約一千一百多所，又如中等教育下的實業補習教育在昭和20年（1945）年共有九十多所。所以作者的寫作分類方式，主要是參考《中華民國教育程度之定義及標準分類》的劃分，僅用簡單的初等教育、中等教育、高等教育三個教育程度等級區分，在這三個主軸中，再各自細分，如初等教育分有：公學校、小學校、蕃人公學校、蕃童教育所、國民學校。中等教育分有：中等學校、實業學校、實業補習學校、師範學校、高等學校尋常科。高等教育分有：專門學校、高等學校高等科、帝國大學。接著在各類學制中，以議題的方式搭配一手的文史資料（證書、照片、文物、文獻或圖片）進行教育歷史事件的介紹或史實澄清。

或許有人會質疑僅以三個教育程度等級，這樣的區分是否不符合歷史或學術專業的分級呢？亦或許這樣的分類會誤導讀者無法辨別學制就讀難易度嗎[3]？因可能會有部分讀者質疑日治時期的師範學校在修業年限上高於中等學校，低於專門學校，應該獨立為師範教育的程度層級。又如高等學校尋常科，按制度而言，若非自行休學，不然可以一路直升高等學校高等科，接著不需考試直接唸帝國大學，為何要將其分列於中等教育呢？因為作者主要是依據《中華民國教育程度之定義及標準分類》，其分類是將師範教育的程度層級劃分在中等教育，而高等學校尋常科肄業者，依據此分類規定也是認列在中等教育中。作者希冀透過這樣的分類方式簡化整個多元複雜的史料分類，並減輕讀者的閱讀負擔，讓想瞭解日治時期台灣教育脈絡的讀者可以立即上手。

[3] 因章節篇幅的關係，無法詳細贅述，詳細的日治時期各州廳學校校名請參見本書附錄。

三、跟著作者「透物見史」看教育

歷史，是人類社會發生與發展的歷程，是自然界和人類社會生活中一切現象發生、發展、變化的總過程中所遺留下來的痕跡。歷史的脈動更是一種無聲的語言，其建構必須貼近我們的心，才能拉近人與地域間的距離。作者長年（2008-迄今）耕耘日治時期的教育史研究，著有《日治時期台灣的初等教育：校園生活、補習文化、體罰、校園欺凌及抗拒殖民形式》、《圖解台灣教育史》、《走出閨房上學堂：日治時期台灣雲嘉地區的女子教育與社會事業圖像》等三本台灣教育史專書及數十篇日治時期教育史相關論文，研究成果也陸續被雲林縣及嘉義縣推薦獲頒台灣省政府績優台灣文史教育人員等獎項，2015年曾以拙作《圖解台灣教育史》獲頒國史館台灣文獻館「104年度獎勵出版文獻書刊暨推廣文獻研究：非使用政府預算—推廣性書刊類」競賽榮獲優等第二名的殊榮，又2018年《走出閨房上學堂：日治時期台灣雲嘉地區的女子教育與社會事業圖像》乙書入圍2018台北國際書展大獎編輯類，致力為雲嘉南地區日治時期之教育史秉筆直書，以留下珍貴紀錄。

因作者對台灣教育史的研究專業獲得肯定，而屢獲國立嘉義大學教育系張淑媚教授及國立中正大學教育所朱啟華教授之邀請，至其開設的教育史相關課堂中擔任客座講師，並分享台灣教育史相關主題，更因前述專書所展現的歷史涵養與文史爬梳的專長，先後於2015-2019年間受邀擔任嘉義縣興中國小、雲林縣水燦林國小、嘉義市大同國小、嘉義市民族國小、雲林縣蔦松國小百年校史編輯顧問乙職，目前亦有新竹市新竹高中的黃大展主任邀請作者協助他們撰寫新竹高中百年校史的百年特刊。

作者一直秉持著「台灣人應知台灣事」信念，在校園中推廣台灣教育史或是擔任百年校史顧問等職務時，常常覺得，廣大的讀者因為受限於外文、日文史料或是艱澀的學術用語，往往無法取得第一手的資訊瞭解整個內容或是無法讀懂專家學者的論述文句，導致讓一些對台灣教育史有濃厚興趣的莘莘學子不得其門而入，且對大多數的人而言，就算在讀懂文字上的意思後，對該歷史的物件或制度意涵仍是醉中逐月、霧裡看花，十分抽象。爰此，作者希望可以用淺顯易讀的文字，秉持「透物見史」的信念來撰寫一本圖文並茂的台灣教育史讀物，跳脫抽象文字的框架，將史料的影像或圖片結合文字，展現台灣教育史的生命力與原始風貌，讓讀者感受身歷其境的氛圍與透物見史的意象，此書的撰寫動機便是植基於此。

第二章　透物見史：初等教育

一個不懂自己出生前的歷史的人，
永遠是個孩子。

——古羅馬哲學家**Cicero**
（**106 B.C.-43 B.C.**）

公學校

公學校前傳：國語傳習所

明治28年（1895）甲午戰敗後割台予日本，但住在台灣島上的蕃人與不馴的漢人開拓者，神出鬼沒的對台灣總督府官吏與軍方作游擊戰式的突襲，也迫使日方前後派任來台的三位總督——樺山資紀（1837-1922）、桂太郎（1848-1913）、乃木希典（1849-1912）採取殺一儆百的強硬態度來治理台灣。再加上台灣島上傳染病盛行，據史料記載，日人在台期間因感染瘧疾瘴氣而死亡的人數，遠比戰爭還多，而且此時日本境內亦出現指責的聲浪，認為日本政府對台灣的經營是浪費公帑的行為。

在一連串殺戮與鎮壓的治台手段下，日本人逐漸理解到：光靠武力已不足以鞏固殖民領土，必須引進民政組織以維持秩序、開發，掠奪本島的經濟資源，以及取得台灣島上人民的信任，才能建立穩定的合作關係，同時日本帝國也意識到「教育」將在這些推動的策略中扮演重要的角色，更深信學校的功能就如同軍隊一般，將有助於控制百姓，而且比武力鎮壓或片面安撫更加有效，「教育」——不但是社會、政治、經濟和文化變遷的基本工具，更是能改變人民思想、控制人民思想的最好工具。隨著領土的割讓，伊澤修二（1851-1917）隨同首任台灣總督府總督樺山資紀來台，在展開學務相關事務之前，伊澤修二將台灣的學制分為兩部分，一為必須解決推展台灣教育事業燃眉之急的緊急建設事業；二為放眼未來永續經營台灣教育大計的永久事業。在緊急建設事業上，因初期相當缺乏教育人力資源，因此設定為講習員的培育及國語傳習所的建置，講習員的培育就是教員的培養與新領土官吏的培育；而國語傳習所就是幫助台灣人更瞭解日本文化與制度所設立的教育場所。此外，在永久事業上則是需設立國語學校及師範學校，國語學校旨在培育日籍教員及新領土統治工作者，而師範學校則在以培育台籍教員為最終目的。

明治28年（1895）10月22日，學務部提出報告書，直到明治29年（1896）3月31日，台灣總督府根據學務部的報告書，以勅令第九四號頒訂〈台灣總督府直轄官制〉，並依此法理設立了國語學校及國語傳習所，同年5月21日又以府令第四號公布各傳習所的名稱及位置（表2）。

表2. 明治28年（1895）全台國各地語傳習所

名稱	位置	開所日期	甲科生	乙科生	合計
台北國語傳習所	台北	7月8日	12		12
淡水國語傳習所	滬尾	9月7日	21	3	24
基隆國語傳習所	基隆	9月16日	35	48	83
新竹國語傳習所	新竹	11月21日	72	58	130
宜蘭國語傳習所	宜蘭	8月20日	40	23	63
台中國語傳習所	彰化	10月1日	35		35
鹿港國語傳習所	鹿港	9月10日	35	40	75
苗栗國語傳習所	苗栗	9月1日	23	20	43
雲林國語傳習所	雲林	9月11日	16	13	29
台南國語傳習所	台南	9月1日	21	27	48
嘉義國語傳習所	嘉義	9月1日		1	1
鳳山國語傳習所	鳳山	9月1日	56	9	65
恆春國語傳習所	恆春	9月1日	9	16	25
豬勞束分教室	鐵羅索社	9月10日	8	19	27
澎湖島國語傳習所	媽宮城	9月10日	33	18	51

資料來源：作者自行整理自《明治以降教育制度發達史．卷11》

明治29年（1896）3月31日，台灣總督府以勅令第九四號頒布〈台灣總督府直轄各學校的官制〉，此法令規定各地國語傳習所的所長都由縣廳、島廳、支廳的官吏兼任。到了明治29年（1896）6月22日，台灣總督府府令第十五號頒布〈國語傳習所規則〉。國語傳習所分為甲科與乙科，甲科生的年齡須為15歲以上、30歲以下，且具普通知識，主要是學習日語並修習初級的讀書作文，修業年限為期半年（圖4、圖5）。乙科生的年齡須為8歲以上，15歲以下，除學習日語以外，還要教授讀書作文、書法、算術，修業四年，而乙科的課程可視當地的情況增加地理、歷史、唱歌、體操、裁縫等科目中的一科或數科。從甲科生的學習內容中，可知其一週34小時的學習時數中，第一課程中的國語（日語）為18小時，讀書作文為16小時；第二課程中的國語（日語）為16小時，讀書作文為18小時，原因是經過了十週的第一課程基礎能力訓練後，聽、說能力會因密集訓練而有所提升，因此到第二課程時將重點轉為加強讀、寫的能力，所以在讀書寫作的時數上就變為18小時，而聽、說的簡易文法規則及會話與問答就相對減少。另一方面，甲科生在國語（日語）與閱讀作文的內容，依當時文部省學務部的規定，每週教學內容也有一定的程序。

明治31年（1898）7月28日，又以勅令第一七八號頒布〈台灣公學校令〉及勅令第一七九號頒布〈台灣公學校官制〉，於同年的10月1日實施，這也宣告著國語傳習所的階段性任務告一段落，但由於每個地方的教育性質不一，所以並沒有全面廢止全台的國語傳習所。

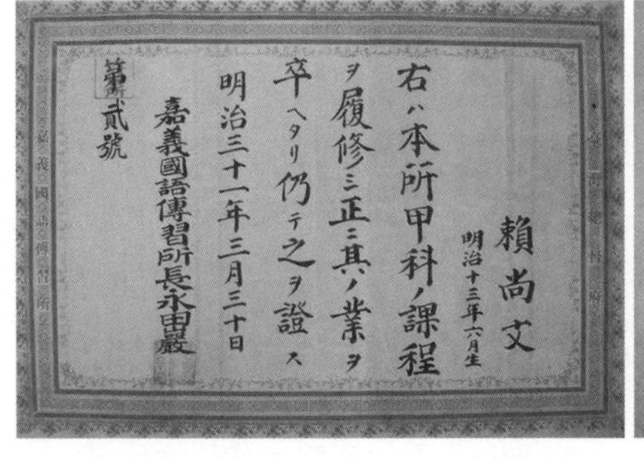

賴尚文
明治十三年六月生
右ハ本所甲科ノ課程ヲ履修シ正ニ其ノ業ヲ卒ヘタリ仍テ之ヲ證ス
明治三十一年三月三十日
嘉義國語傳習所長永田殿
第貳號

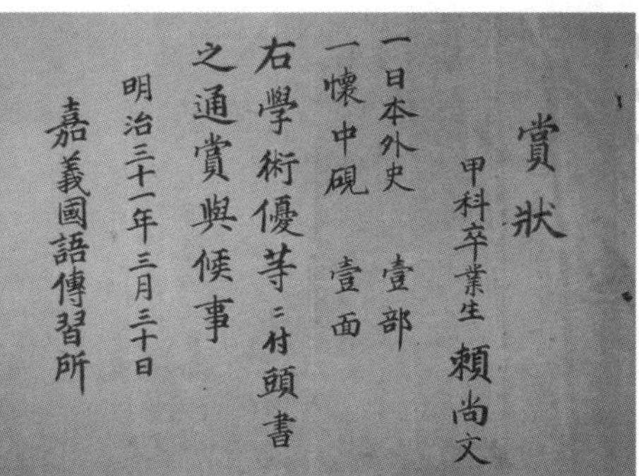

賞狀
甲科卒業生 賴尚文
一日本外史 壹部
一懷中硯 壹面
右學術優等ニ付頭書之通賞與候事
明治三十一年三月三十日
嘉義國語傳習所

4 | 5

4 嘉義國語傳習所卒業證書
資料來源：賴彰能提供

5 嘉義國語傳習所卒業賞狀
資料來源：賴彰能提供

✧燒揪來「讀冊」：公學校的設立✧

明治30年（1897）3月2日，台灣總督府準備設立公學校，同月8日函送公學校令草案給各地方長官，接著在明治30年（1897）4月22日，召集各傳習所首席教諭，向他們說明台灣總督府計畫於明治30年（1897）改設公學校教育事宜，但此時台灣總督府的財政預算卻短缺，導致此政策被迫停擺。直到明治31年（1898）8月10日，才以府令第七八號制訂〈台灣公學法規〉，明文規定台灣公學校的教學科目有修身、國語（日語）作文、讀書、書法、算術、唱歌、體操等七種科目。公學校的課程是依據〈公學校規則〉的第4條規定，且大多沿用國語傳習所時的乙科生課表，不同的是增加了修身課程，希望可以加強台灣囝仔對日本文化的內化，進一步透過日語教育去實施同化教育，灌輸台灣囝仔具備日本國民的精神，雖然課程中有歌唱科與體操科，但並沒有統一規定的授課內容。

直到明治31年（1898）11月6日，台灣總督府又以府令第一〇三號增加了歌唱科與體操科的授課內容，主要是一般的體操與單音唱歌等形式。因為〈公學校規則〉發布時，課程的設立尚未完善，使得制度與實務在時間的配合上出現無法同步的落差，故明治33年（1900）8月設置修正〈學校規則〉的調查委員會，經討論後認為，如果部分修改相關規定反而會有技術上的問題，故決定全盤修訂。並於明治37年（1904）3月11日，以府令第二四號發布〈公學校規則〉，修正公學校的教學程度及每週教學時數，將年限延長為6年，並將就學年齡從原本的滿8歲以上改為滿7歲以上，女生還要加授裁縫科（圖6）。但是六年制的學制對教育水平較低的鄉下來講似乎太長，反之對於教育水平較高的都市地區，為了銜接更進一步的課程與學制又嫌太短，再加上明治38年（1905）正逢日俄戰爭，台灣總督府深深感受到須提高一般國民教育水平，所以在明治40年（1907）2月26日，以府令第五號修正了〈公學校規則〉，地方可依當地需求自行增減學制為四年或八年。但接受八年學制的非常少見；反倒是地方政府為了迅速展現教育後的成果，或是偏鄉地區遷就教育不便下，四年的學制較受地方政府青睞，例如日治時期的北港公學校水燦林分校第一屆的畢業生即為四年制（圖7）。

大正11年（1922）頒布第二次

《台灣教育令》。該法令強調日籍或台籍學童如具備國語（日語）能力者，即可不必受入學資格的限制（圖8、圖9、圖10），此項命令並適用於初等教育、中等教育，甚至高等教育，此法令也開啟了台日共學的校園生態。昭和16年（1941）2月29日頒布〈國民教育令〉，接著3月26日以勅令第二五五號修正《台灣教育令》，將台灣的初等教育一律改依〈國民學校令〉實施，並在同年4月1日實施該法令。也就是將原本小學校、公學校及蕃人公學校，一律改為日治後期所稱的「國民學校」。

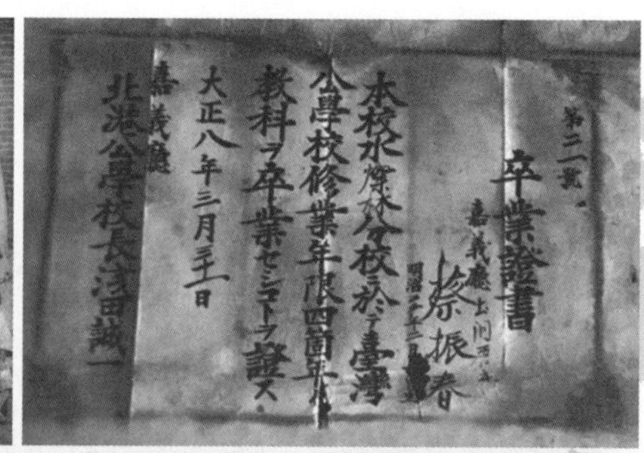

卒業證書

蔡振春

本校水燦林分校ニ於テ臺灣公學校修業年限四箇年ノ教科ヲ卒業セシコトヲ證ス

大正八年三月三十一日

嘉義廳
北港公學校長

6　大正時期公學校師生始業式合影
7　北港公學校水燦林分校卒業證書
資料來源：蔡幸伸
8　女童公學校入學紀念（一）
9　女童公學校入學紀念（二）
10　大正時期台南州嘉義公學校師生卒業式合影

女生向前走：女子公學校的誕生

近代教育的思潮之一即是教育平等、人人上學，不論性別、階級、宗教的差異。早在清末的台灣，已有不少西洋教會傳教士來台設立教會學校並招收女性的學生，光緒10年（1884）和光緒13年（1887）基督教長老教會的傳教士，先後在淡水和台南設置淡水女學堂和新樓女學校，傳教士也把新式女子教育帶入台灣。而台灣新式女子教育在日本殖民時期正式開花結果，除了女子教育納入學制系統外，明治30年（1897）4月，台灣總督府在士林的國語學校第一附屬學校設置了女子分教場（圖11、圖12、圖13）。次年，女子分教場改制為國語學校第三附屬學校，台灣有了第一所公立女學校。明治31年（1898）公學校成立，不分男女皆可入學。但因受到「女子無才便是德」、女子不宜拋頭露面及男女授受不親等傳統社

11 第一附屬學校女子分教場師生合影
資料來源：《台北三高女創立滿三十周年記念誌》

12 第一附屬學校女子分教場上課情形
資料來源：《台北三高女創立滿三十周年記念誌》

會觀念束縛，或因經濟條件限制，而導致女子接受教育的狀況不如預期。雖然在一般的公學校中男女共同就讀，但仍然依性別分班授課，以作為區分男女受教場域的不同性，甚至專為女性設計的女子公學校也應運而生。

作者認為女子公學校的催生主要有二個原因：第一，是因日治早期女子教育不被重視，且延續了清代「重男輕女」和「男女七歲不同席」等傳統觀念影響，多數家長不願送女童上學，且男女不宜共同學習（圖14、圖15）；即使上學，也常因各種因素而輟學，例如雨天、節慶假日、交通不便、流行疫病或男囝仔戲弄；部分中下階層的女囝仔則因協助家務或參與勞動生產，經常缺席。第二，因為部分地區文風開放，日治早期受過教育的新生代仕紳觀念的轉變，認為自家女兒也應

13 第一附屬學校女子分教場手藝科卒業式
資料來源：《台北三高女創立滿三十周年記念誌》

當受教育，希望女兒也能入學，所以有些地區女囝仔就學率相對較高，而為了紓緩一般公學校的男女囝仔數量，開始出現專設女子公學校的情形（圖16、圖17）。

此外，除了女子公學校本來就有的各類學科課程外，還新增了裁縫科或家事科課程。主要是因為大正11年（1922）4月1日頒布的〈台灣公立公學校規則〉（府令第六十五號），其第三十四條規定了裁縫科及家事科，而這兩科皆規定只有女子才須修習。再者，根據昭和11年（1936）所發行的《改訂公學校各科教授法全》，裁縫及家事科的要旨分為三項：知識技能的習得、助長興趣、婦德的養成。

14 第一附屬學校女子分教場第二回卒業式
資料來源：《台北三高女創立滿三十周年記念誌》

15

16

17

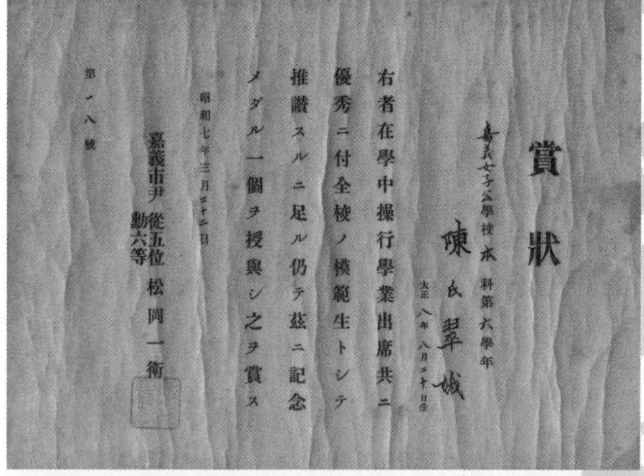

賞狀

嘉義女子公學校本科第六學年

陳氏翠娥

大正八年八月二十日生

右者在學中操行學業出席共ニ
優秀ニ付全校ノ模範生トシテ
推讃スルニ足ル仍テ茲ニ記念
メダル一個ヲ授與シ之ヲ賞ス

昭和七年三月二十二日

嘉義市尹 從五位勳六等 松岡一衛

第一八號

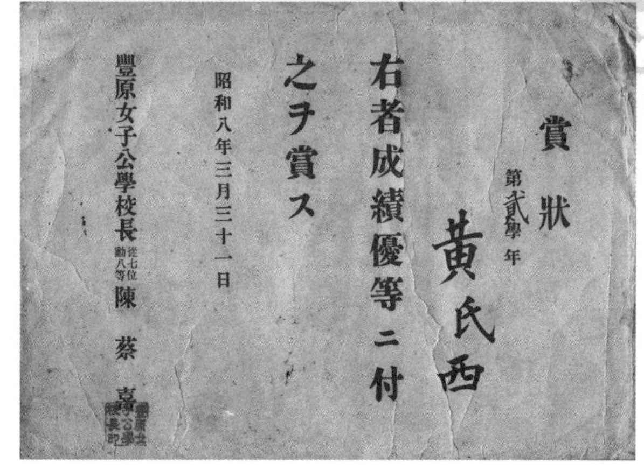

賞狀

第貳學年

黃氏西

右者成績優等ニ付
之ヲ賞ス

昭和八年三月三十一日

豐原女子公學校長 從七位勳八等 陳蔡喜

15 第一附屬學校女子分教場遊戲課情形
資料來源：《台北三高女創立滿三十周年記念誌》

16、17 女子公學校市尹賞狀、成績優等賞狀

⊹ 證書差很大!!：卒業證書、修業證書及修了證書的差異 ⊹

讀者們在閱讀台灣教育史相關的書籍時，內文通常會提及某某人的卒業證書、修業證書或修了證書等，但通常對這三種證書的差異、意義與用途往往不甚清楚，網路上也經常看到部落客（blog）在緬懷家族長輩留下來的史料、或文史臉書粉絲團在分享這三類證書的用途說明時，常常似是而非或語焉不詳，以下就讓作者來澄清迷思，簡要介紹一下這三者的差異、意義與用途。

卒業證書，就是現今通稱的「畢業證書」，當唸完六年公學校時，校方就會頒發一張卒業證書，此證書對當時的台灣囝仔來說，是日治時期求學階段圓滿達成的象徵，對一向不重視現代化教育的傳統文化而言，更是一大突破。日治早期的公學校卒業證書，樣式簡單，紙質也十分粗糙，甚至只用毛筆字寫著卒業人姓

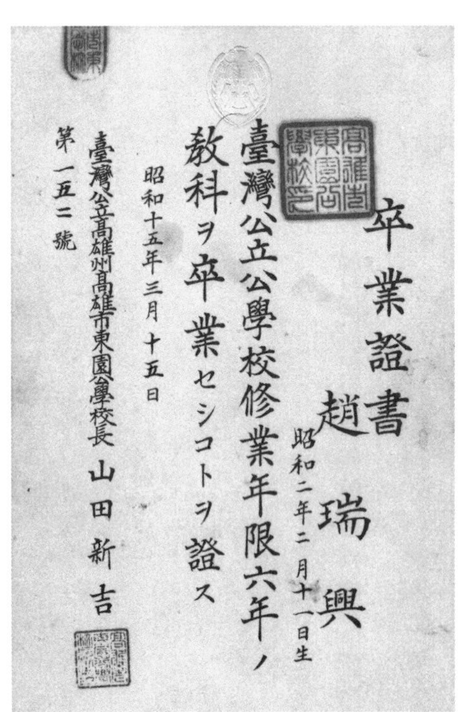
卒業證書
趙瑞興
昭和二年二月十一日生
臺灣公立公學校修業年限六年ノ教科ヲ卒業セシコトヲ證ス
昭和十五年三月十五日
臺灣公立高雄州高雄市東園公學校長 山田新吉
第一五二號

卒業證書
曾熊徵
臺灣公立公學校修業年限六箇年ノ教科ヲ卒業セシコトヲ證ス
昭和七年三月二十八日
臺灣公立臺南州嘉義第二公學校長 從七位勲八等 岸達躬
第一三六號

修了證書
臺中州 李聯科
昭和六年九月二十九日生
國民學校初等科ノ課程ヲ修了セシコトヲ證ス
昭和十九年三月 日
臺灣公立臺中州外埔國民學校長 ⋯ 藤崎勝

第一五三四號

18 東園公學校卒業證書
19 嘉義第二公學校卒業證書
20 外埔國民學校修了證書

名、校長和校名等幾行字，四周既沒有花邊也無圖樣做裝飾，但字體大多工整有勁，到了日治中、後期，隨著物質條件改善，卒業證書也開始有了變化，不僅改用黑白或雙色印刷，偶爾還會有花邊或燙金飾邊的出現，最常見的就是證書的上方中間處會有一個台字章的符號或是自己學校的校徽圖騰（圖18、圖19）。

再者，修了證書，修了是指修習完某學制的階段課程。廣義來說就是修業期滿證明書。例如公學校或國民學校的初等科為六年，當他們唸完這階段的學制課程學校就會頒發一張「公學校初等科課程修了」或「國民學校初等科課程修了」證書，亦或是完成二年制的高等科課程。換言之，當拿到修了證書的同時也代表著可能是初等科或高等科即將畢業（圖20、圖21）。

21　龍井國民學校修了紀念師生合影

最後，修業證書，修業是屬於每個學年課程的結業，例如公學校學制為六年，當囝仔一年級課程修業完畢後，當年度會頒發一張修業證書，所以原則上一位公學校畢業的囝仔會有六張的修業證書（圖22）。這樣作法主要是因為日治時期雖然教育普及，但仍然會有不少囝仔因家庭或經濟因素而輟學，之後外出找工作時，就會遇到雇主詢問教育程度與學歷證明的問題：因為在日治時期，若無法具備基本的國語（日語）聽、說、讀、寫能力，根本無法與他人溝通或傳遞訊息。所以雇主都會請應徵人員在提供履歷書之外，也要提供就學證明，若囝仔因中途輟學而無法取得卒業證書，那修業證書就是他們證明學力的最佳證明。

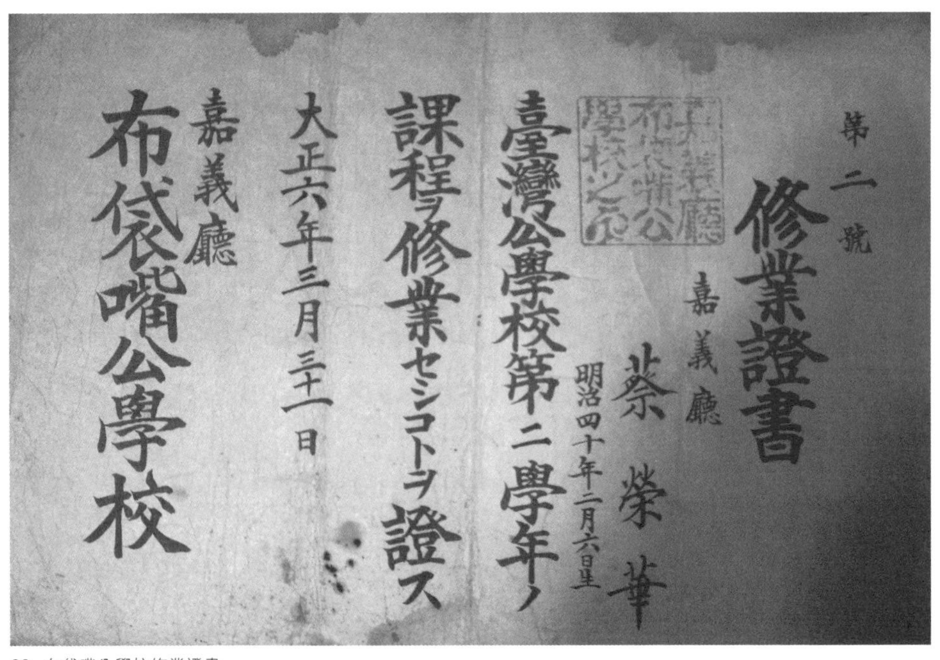
第二號
修業證書
嘉義廳 蔡榮華
明治四十年二月六日生
臺灣公學校第二學年ノ
課程ヲ修業セシコトヲ證ス
大正六年三月三十一日
嘉義廳
布袋嘴公學校

22 布袋嘴公學校修業證書

✧ 榮譽的身分證：賞狀與級長徽章 ✧

「賞狀」（褒狀）這類的證書，是日治以前台灣囝仔前所未見的產物，賞狀就是現在通稱的「獎狀」，種類繁多，有成績優良賞狀、全勤賞狀、品德賞狀、常用國語賞狀等琳瑯滿目的賞狀類別（圖23、圖24），這些獎賞名稱都是對台灣囝仔優良表現的稱讚與肯定。如成績優良賞狀就會有一等賞、二等賞及三等賞等，通常在班級中成績表現優良的前三名囝仔都較有機會繼續升學，因為他們比一般囝仔更有機會考上中等學校、實業學校或師範學校。而坊間最常見的就是皆勤賞狀或全勤賞狀（圖25、圖26），顧名思義就是全勤出席的意思，就等同於今日的全勤獎。對於那些低社經地位的囝仔，唸書也許不是他們的強項，但只要準時出席上課，不論成績好壞，學年末都可以獲得一張全勤獎狀，這對無法在課業上出類拔萃的囝仔來講，是另一種肯定與鼓舞，更是可與自己的子孫分享流傳的榮耀事蹟。

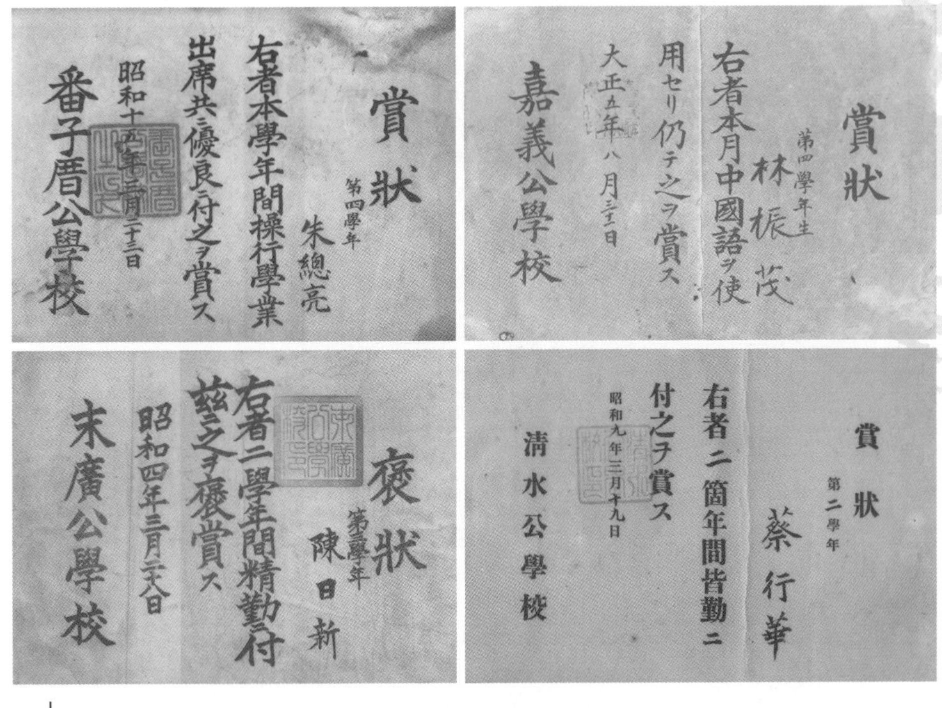

賞狀
第四學年
朱總亮
右者本學年間操行學業出席共ニ優良ニ付之ヲ賞ス
昭和十五年三月二十三日
番子厝公學校

賞狀
第四學年生
林振茂
右者本月中國語ヲ使用セリ仍テ之ヲ賞ス
大正五年八月三十一日
嘉義公學校

褒狀
第二學年
陳日新
右者二學年間精勤ニ付茲ニ之ヲ褒賞ス
昭和四年三月二十八日
末廣公學校

賞狀
第二學年
蔡行華
右者二箇年間皆勤ニ付之ヲ賞ス
昭和九年三月十九日
清水公學校

23、24　番子厝公學校操行學業褒狀、嘉義公學校國語使用賞狀
25、26　末廣公學校精勤褒狀、清水公學校皆勤賞狀

「級長」就是現今通稱的「班長」乙職，副級長則是「副班長」。透過擔任級長或副級長狀的表揚（圖27、圖28），讓台灣囝仔受到教師的稱讚與肯定，甚至形成台灣囝仔間互相學習的楷模，無形中塑造了日本民族最強調的「品德教育」。日治時期公學校的級長或副級長乙職，並不是班級中學生互相選舉產生，而是由教師依據學生表現及成績選擇指派。此外，級長或副級長的職務則要協助教師課程上教學或班級經營的秩序管理，例如上課時教師就會請級長或副級長導讀一段課文，然後教師再開始針對課文解說或教學。而在班務協助上，早自習、自修或打掃時，他們要協助班級秩序維護或是打掃任務的分派、打掃完後的檢查。除此之外，若學校經濟狀況許可，還會製作並頒發級長或副級長徽章（圖29、圖30），讓囝仔於平時或學校重要場合時佩戴，以彰顯個人榮耀，同時也間接訓練囝仔們良性競爭與榮譽精神開始萌芽。

27 | 28
29 | 30

27、28 竹南公學校級長證、豐原公學校副級長證

29、30 嘉義第二公學校級長徽章、白川公學校副級長徽章

日治時期的畢業旅行稱為「修學旅行」（有時亦稱遠足、見學）。廣義而言，類似現代的「戶外教學」和「畢業旅行」結合的概念，是開拓學生視野的重要途徑，也是另一種學校活動的延伸，經由修學旅行可使學生的足跡遍及各地，最終目的是讓他們把在課堂所學的知識隨著旅行的所見所聞產生連結。其實無論名稱隨時代如何改變，跟著學校團體出門去旅行，永遠是每個年代的孩子們最期待的課程。在修學旅行途中囝仔所看到及體驗的事物，都是課本知識感受的回顧與溫習，這些感受有助於囝仔知識的滿足與體魄的鍛鍊，修學旅行確實有助他們視野的開拓（圖31）。查閱《台灣日日新報》可以發現每年都有非常多的報導（圖32、圖33），由學校教師領隊帶著全體學生浩浩蕩蕩搭乘鐵路小火車，到全台灣各地的景點參訪與體驗。日治時期的交通工具不外乎有鐵路火車、船、台車、自動車（現今的小型巴士），而鐵路小火車是公學校師生在本島修學旅行最常使用的交通工具。

修學旅行的過程能讓師生、同儕的關係更密切融洽，而這種相較傳統的人際網絡，又被視為形成臣民關係的基礎。此外，修學旅行的用意是讓囝仔們讀萬卷書，不如讓他們行萬里路，因為身體力行的實踐所帶給學生的經驗與知識，遠超過書本上的文字，且又可以讓囝仔在旅途中培養敏銳的觀

頭圍公の修學旅行　宜蘭郡頭圍
公学校では児童の知識を啓發する
見地から同校六年生約五十名を選
拔し元重先生外二名引率の下に十
二月四日より向ふ一週間の豫定で
台北中部南部へ先進地を見学旅行
することとなつた

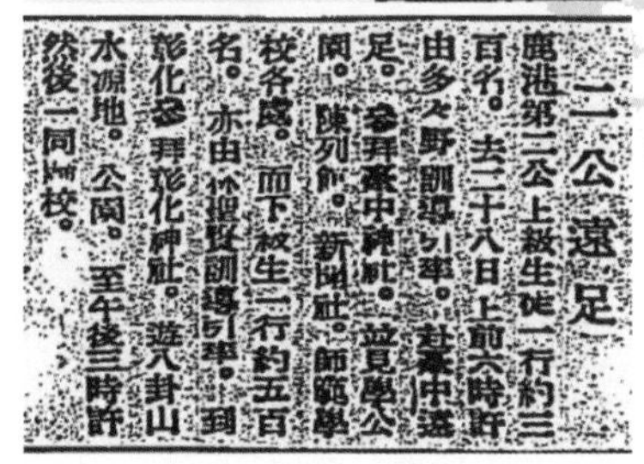

二公遠足
鹿港第二公上級生徒一行約三
百名。去二十八日上前六時許
由多々野訓導引率。赴臺中遠
足。參拜臺中神社。營覽公
園。陳列館。新聞社。師範學
校各處。而下級生一行約五百
名。亦由林提賢訓導引率。到
彰化參拜彰化神社。遊八卦山
水源地。公園。至午後三時許
然後一同歸校。

31 大橋公學校修學旅行參訪台灣神社合影
資料來源：《大橋公學校創立十周年記念誌》
32 頭圍公學校修學旅行報導
資料來源：《台灣日日新報》
33 鹿港第二公學校遠足報導
資料來源：《台灣日日新報》

34 台南州港公學校台北動物園師生合影
35 高雄市平和公學校師生在廣島嚴島神社師生合影

34
35

察力，像是親自感受課本知識「北暖南寒，氣候不一」的感官體驗。而日治時期的熱門修學旅行景點中，有不少是產業的基礎建設，包括基隆港岸壁、台中水源地、青果市場、林業試驗所、嘉義製材所、北回歸線標、高雄港及各地區的製糖株式會社等等，可以說在各種類型的景點中，佔的比例最高。一趟修學旅行下來，幾乎就是當年「近代工業化」的打卡（check in）行程，也跟今日戶外教學流行各式觀光工廠的「體驗學習」有異曲同工之妙。除此之外，還會有各地的「夯」景點如：台灣總督府、台北神社、台灣總督府博物館、北投溫泉、草山溫泉、台北動物園（圖34）、日月潭、台中公園、吳鳳廟、台南神社、赤崁樓、熱蘭遮城及孔廟等，這些都是公學校修學旅行朝聖的人氣景點，甚至都會區的公學校在家庭經濟允許下還會聯合舉辦遠赴日本內地的修學旅行，如昭和14年（1939）高雄市平和公學校（現今高雄市旗津國小）就曾與青葉公學校（現今高雄市苓洲國小）、旭公學校（現今高雄市三民國小）及東園公學校（現今高雄市大同國小）一起舉辦內地的修學旅行（圖35）。

當然來到當時的人氣旅遊景點時，一定要來張「網美照」留念，此時通常都會委由當地的寫真館（照相館）業者拍攝幾張代表性的照片並加洗，供學生購買作紀念，或者是教師自行有攜帶小型的玻璃底片型相機或蛇腹型鏡頭相機進行拍攝（圖36），回到家後再拿給寫真館沖洗並加上字幕。此外，通常家境小康的囝仔會在當地買一張當地的特色繪葉書（現今稱明信片）寄給自己、家人或最好的朋友，寫下當天到訪此地的心情與感受，然後找個附近的郵筒將繪葉書寄出作為修學旅行的「打卡」紀念，對照日治時期修業旅行的SOP，是不是讓今日喜愛旅行創造回憶的你我感到相當熟悉呢？原來，在旅行途中留下回憶紀錄點滴的心情是不分世代族群的！

36　蛇腹型鏡頭相機

勿忘影中人：卒業寫真帖、修了寫真帖

卒業寫真帖（圖37），就是現在的「畢業紀念冊」，當囝仔完成六年公學校初等科或是二年制高等科的學業時，除了卒業證書外，若經濟允許下通常會再加購一本卒業寫真帖，作為囝仔校園團體記憶的紀念品。通常會委託坊間的寫真館（照相館）全程製作，跟今日校園中的製作模式相去不遠，裡面的照片呈現方式通常有兩種，一種是張貼照片的方式，另一種是印刷的方式。而印刷的方式，因日治時期時尚無彩色照相印刷技術，所以當時印刷術採用「珂羅版技術」（collotype）：它是一種平版印刷技術，以珂羅版印刷的明信片因為連續調、無網點的特色，能清晰轉印照片和繪畫，但因製作繁瑣，成本較高。加上需多用厚磨沙玻璃作為版基，塗佈明膠和重鉻酸鹽溶液，製成感光膜，用陰圖底片敷在膠膜上曝光，製成印版。所以坊間又稱這種方式是「玻璃版印刷」。

採用張貼或印刷方式，通常會依據學校規模來決定採取何種方式呈現。因都市地區的公學校人數較多，所以每年的畢業生量也較多，如果採取印刷的方式可壓低出版費用，學生也較能負擔購買。而卒業寫真帖中的照片或圖片內容，通常會放有校園特色的景觀（二宮尊德、楠木正成、小橋流水等）、校旗、校長、教職員合照及各班級團體師生合照外，有些公學校卒業寫真帖的部分圖片或照片也

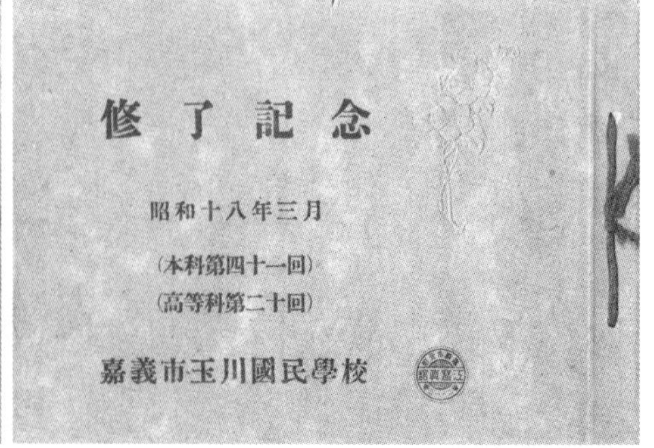

37 嘉義白川公學校卒業寫真帖
38 嘉義市玉川國民學校修了記念寫真帖

37 | 38

會加入修學旅行（例如去圓山動物園、神社參拜等等）、學校運動會或遊藝會的活動照片。此外，依據學生的興趣，作者也曾看過，除了寫真帖本體的照片或圖片外，學生也會在寫真帖中張貼自己或跟好友的合影照片等，並請好友在寫真帖中寫下勉勵自己或祝福的話語。

另外修了寫真帖（圖38），也類似「畢業紀念冊」的性質，又可稱為簡約式的卒業寫真帖，因為通常只會放當年度的師生團體照、當年度校園或其他活動的照片，在照片內容上不如卒業寫真帖豐富。而製作方式及印刷呈現種類就如同上述的卒業寫真帖一樣。

寫真帖的圖片或照片記錄囝仔求學歷程的集體記憶，這對日治時期的囝仔來說是非常寶貴的，因為日治早、中期的拍照技術不普遍，費用也不斐，據當時不少耆老們回憶，照相三吋一組（三張）費用需1円（昭和初期1円可買1斤半豬肉），拍一張五乘七吋玻璃版底的感光照片更高達4円5錢，坊間甚至流傳著「一部相機換一甲田」的說法，所以對孩子們而言，拍照留念絕對是他們童年記憶中最奢侈珍貴的禮物之一（圖39、圖40）。

39 嘉義市白川公學校校長、模範生與楠木銅像合影
40 玉川國民學校修了寫真帖園藝勞作合影

39 | 40

✧ 熱血沸騰的校園盛事：運動會 ✧

日本統治台灣之前，台灣並無「體育」或「運動」的名詞或概念，也無相關名稱的活動或事件。「體育」或「運動」真正開始傳入台灣的學校及社會，應追溯至明治28年（1895）日本佔領台灣之後，運動會（體育祭）因具備「新奇性」與「趣味性」而成功地吸引台灣人的目光，且每次參觀運動會的人潮都絡繹不絕（圖41、圖42）。在洋溢著歡樂氣氛的運動會活動體驗下，開啟了台灣人對體育運動的認識與涉獵，更展現出以身體活動為主體的精神，其產生的吸引力，遠超越課堂上的學習，當然也燃起台灣人主動參與及熱情高漲的運動情懷。據文獻記載，日治時期最初的運動會地點是「廟口」，以一校一操場與公園、體育場館遍布的今日，真的很難想像當時的囝仔在廟口喊著一二一做體操或奮力一跳的跳高景象，後來當台灣人漸漸接受後，才將運動會的場域拉回校園。

鹽水公運動會【新營電話】

台南州新營郡鹽水街鹽水公学校秋季陸上運動會は三十日午前九時より同校庭にて有馬郡視学、伊藤街長、宮崎新營公学校長、丸山部長、村上鹽水小学校長等の列席の下に挙行されたが、快晴に恵まれ近来にない盛會であつた

鳳山公運動會

鳳山公學校。定本二日午前九時。在該校々庭。舉行兒童大運動會。是日運動競技。有競走。走高跳走幅跳外十數種。

41 鹽水公學校運動會報導
資料來源：《台灣日日新報》

42 鳳山公學校運動會報導
資料來源：《台灣日日新報》

一般而言，學校的運動會都會在秋天或天長節（在位天皇的誕辰日）前後的假日舉辦居多，並燃放煙火通知附近的民眾來共襄盛舉，而且數校聯合舉行的盛況頗為常見。其中會選在秋天的主要原因，是當時的日本教育生物學家指出，暑夏之時是身體增長的時機，不宜多作運動，而到了涼秋之際，體重增加時，則較適宜作運動。運動會的舉辦除了會吸引民眾圍觀之外，教育當局更是充分利用這項效應來宣傳新學校、新教育，也使運動會增添了「教化」、「啟蒙」的功能，其教育對象不僅是囝仔，更含括家長與地方民眾；參加的家長與地方民眾不僅可欣賞精彩的活動，甚至可以獲得獎品。而舉辦運動會的教育目的，不外是希望在競賽中，培養囝仔們運動家的精神：在團體競賽中可以學習互助合作，在單獨競賽中可以為了自己的榮譽而全力以赴。此外，未參加競賽的囝仔們也可以透過加油聲為自己班上同學加油打氣，營造團結一心及振奮鼓舞的氛圍，且當時的運動會都會鼓勵父母親參加，更有囝仔與父母親組隊參加親子競賽的活動，無形中也增進了親子關係的緊密度。

而在公學校的運動會中，常見的體育競賽、遊戲的種類大致如下：體操（圖43、圖44）、田徑競賽（跳遠、跳高、賽跑、接力賽）、動作遊戲（騎馬打仗、扛沙包、滾輪胎、障礙物競走）、唱遊、球類競賽（滾球競賽、接球競賽）（圖45）、競爭遊戲（拔河、二人三腳、蜈蚣競走、收發信競賽等）（圖46）等五花八門的種類，而隨著日治後期南洋戰爭如火如荼的展開，校園中也似乎搭上這班順風車，公學校（國民學校）的運動會裡也出現了軍隊行進遊戲（列隊競走、匍匐接力）等體育活動。

43	44
45	46

43 台中女子公學校運動會國旗體操才藝表演
44 宜蘭女子公學校運動會
資料來源：《創立二十周年記念誌》
45 台中女子公學校運動會教師滾球賽
46 宜蘭女子學校運動會蜈蚣競走

那些年我們穿過的制服

自大正8年（1919）頒布第一次《台灣教育令》後，開始對台灣學生的衣著提出規定。公學校初期的服裝，台籍學生不分男女均是穿著傳統中式服裝。其實當時的公學校服裝並沒有硬性的規定（圖47），學生大多穿著平時的「大裪衫」（鈕釦旁邊）或「對襟衫」（鈕釦中間），打著赤腳上學（圖48、圖49），此時的日本人其實並不管制學生的服裝。而當時的制服廣義來說，公學校制服以「日式西化」為主，材質以棉質為主，男生制服上衣為襯杉領、對襟五顆釦，長褲要過膝並著黑皮鞋或白布鞋，帽子為軟式且上有校徽。女生制服則以白襯衫配藍背心裙為主，但「水手領」打領巾形式的上衣也很常見。

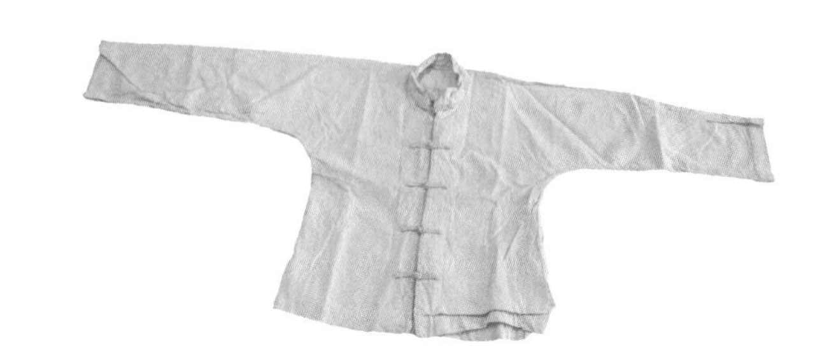

47 大正時期公學校師生始業式合影
48 大正時期公學校男學生制服
資料來源：蔡幸伸
49 昭和初期公學校師生始業式合影

但當時礙於台灣人民生活上的困窘與資源的缺乏，公學校的學生制服並無法確實統一，因為對於務農的台灣家庭來講，三餐都難有溫飽了，哪有餘錢幫囝仔添購衣鞋？所以也讓我們在早期看到公學校的畢業照或校園生活照中台灣囝仔大多是「赤腳大仙」。對於台灣囝仔來講，皮鞋或布鞋均是一種奢侈品，但是有趣的是，從耆老口述中我們發現，台灣囝仔雖然平時不喜歡穿鞋子，但在面對學校中嚴肅的儀式典禮，如前往神社朝拜、卒業式合影、朝會等，他們仍然會想盡辦法變出一雙鞋子，並強迫自己穿鞋子參加完典禮。

由上述的狀況可知道，過去公學校的學生穿著中式的服裝居多。1930年代以降，從初等教育看來，台灣學生服裝的發展邁入成熟期，到了1930年代是更加普及。公學校男學生制服分有夏、冬兩款（圖50、圖51），夏季款人造纖維的國防色折領短袖上衣，亦可兼做冬季時的襯衫使用，正面有二個釦子，左胸有一個口袋，右胸前則會別上自己學校的校徽；冬季則是人造纖維的國防色折領長袖上衣（圖52、圖53），領子是兩件式的，正面有四到五個鈕釦不等，腰部左右兩旁各有一個口袋，右胸口處同樣可別上自己學校的校徽。男學生的褲子不

50 公學校夏季男生制服
資料來源：《台灣學事法規（完）》
51 公學校冬季男生制服
資料來源：《台灣學事法規（完）》
52 昭和時期公學校男學生制服
資料來源：蔡幸伸
53 龍山國民學校防寒外套
資料來源：蔡幸伸

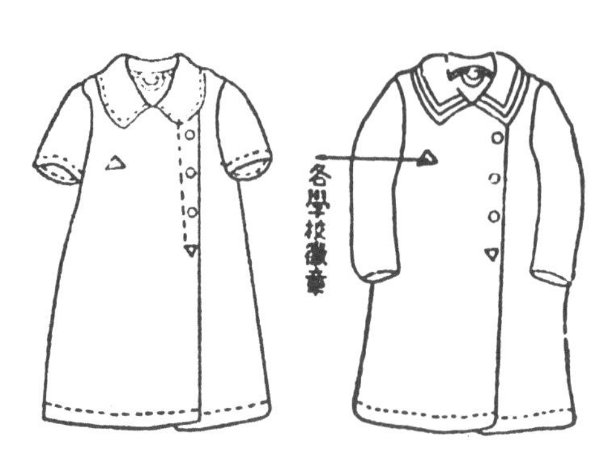

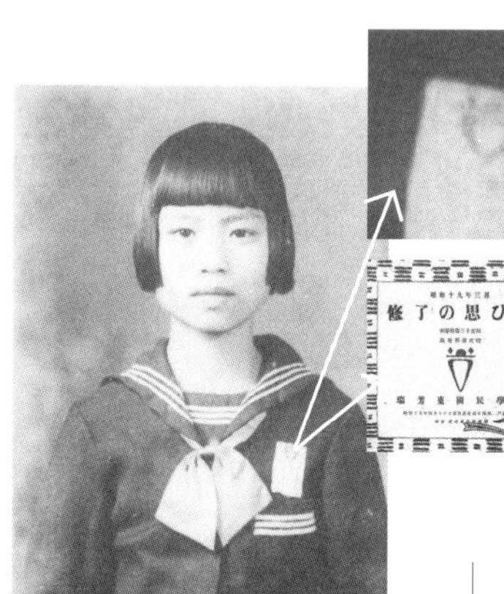

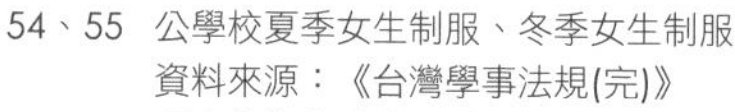

54、55　公學校夏季女生制服、冬季女生制服
資料來源：《台灣學事法規(完)》
56、57　昭和後期女學生運動服飾（吊帶褲款、燈籠褲款）
資料來源：蔡幸伸
58　昭和後期女學生運動服飾的帽子
資料來源：蔡幸伸
59　昭和時期瑞芳公學校女生制服
60　昭和時期彰化女子公學校女生制服

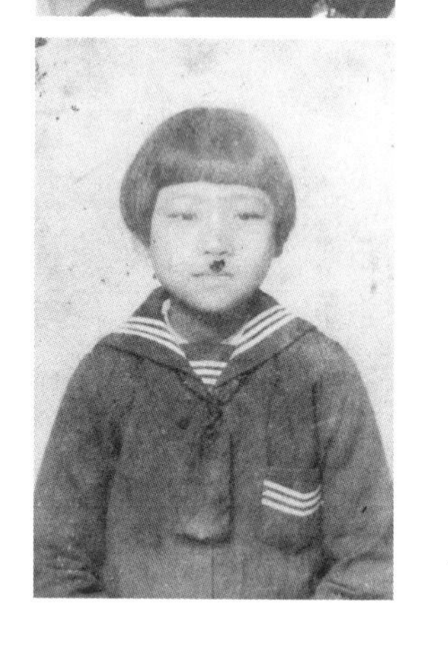

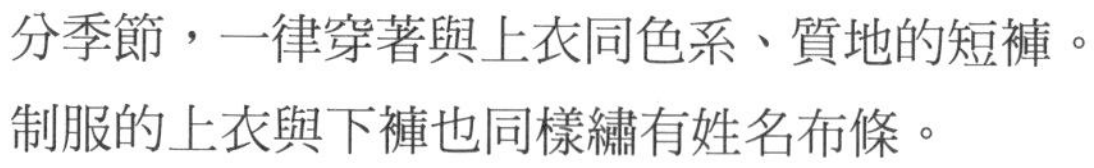

分季節，一律穿著與上衣同色系、質地的短褲。制服的上衣與下褲也同樣繡有姓名布條。

公學校女學生的制服是一件式的洋裝，冬季是紺色（帶有紫色的深藍色）人造纖維長袖（圖54、圖55），夏季則是短袖。不分季節服裝均採用子母釦（用金屬製成，一凸一凹合成一對嵌合扣子，又稱公母釦）形式，正面的三個鈕釦則是裝飾作用，不同之處是冬季的方形領子上頭另有二條0.3公分寬的白線，夏季則無，繫在服裝上頭的皮帶會因季節不同而改用不同的裝飾線條。同樣的制服正面右胸口處別有自己學校的校徽，公

學校女學生的姓名布條則是在制服的內裏處。至於公學校女學生的帽子則沒有特別規定。而男學生與女學生體育課時亦有運動服飾的款式出現（圖56、圖57、圖58）。

但綜觀整體而言，市區的公學校或經濟狀況相對較佳的公學校學生，開始出現統一的洋式制服（圖59、圖60、圖61），然而位處較偏僻的公學校服裝則仍無改變，經濟較困難、位置較偏僻的公學校，一直至1940年代仍穿著中式服裝。

帽子方面，公學校男學生的帽子有「制帽」與「略帽」兩種，制

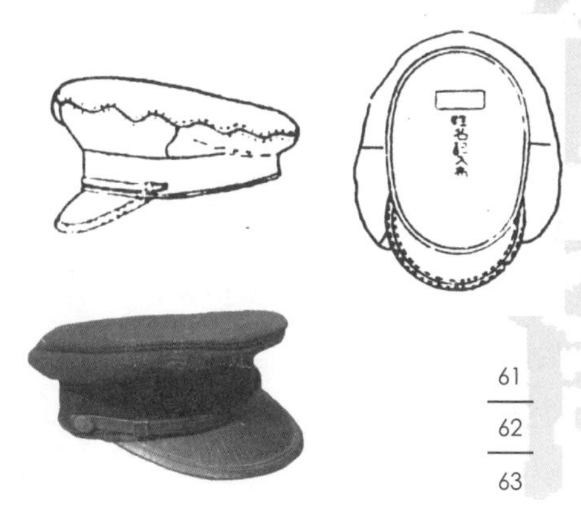

61
62
63

61 台中州地區公學校師生卒業式合影

62 公學校制帽
資料來源：《台灣學事法規》（昭和十八年版）

63 公學校制帽實物

帽在日文的解釋上是指某種集團、屬性或類別的專用帽子，例如軍人、警察、學生或選手等，而此處的制帽則是指有規定樣式的學生帽子，是屬於比較正式的帽子（圖62、圖63），而制帽又近似中等男學生所使用的海軍型樣式。略帽則是屬較便捷的帽子，而略帽則多是大甲帽或是林投帽（圖64、圖65、圖66），於夏季時所使用。大甲帽以藺草編成，大甲帽為婦人洪鴦於明治30年（1897）創編，主要產地為苗栗苑裡，但原料為大甲藺、成品由台中大甲集散等原因，故習稱「大甲帽」；林投帽則以林投樹葉編製，於明治32年（1899）開始生產。略帽上頭裝飾用的緞帶顏色則依各校自行決定（圖67、圖68）。

64 林投帽、大甲帽（略帽）
資料來源：《現在之台灣》
65 大甲帽編織
66 林投帽（略帽）

67 公學校女學生戴大甲帽（略帽）與教師合影
68 第二排左二公學校男學生帶大甲帽（略帽）與戴大甲帽的教師合影

教員養成記：正式教員種類及職稱演變

台灣的公學校制度成立初期，大部分的教員都是由內地合格小學教員來台擔任。合格教員分為教諭與訓導兩類，教諭為公學校主要的教學者，訓導則為協助教諭的教學輔助者，在官職階級上，教諭是高於訓導的；在族群上，教諭大部分是由日本人擔任，而訓導由台灣人擔任。當時台灣主要的公學校師資培育機構為「國語學校」，在招生上就將日本人與台灣人分流招生，日本人念的科別為國語學校師範講習科、國語學校師範部甲科，而台灣人念的學校科別為國語傳習所甲科、國語學校師範部乙科。師範講習科及師範部甲科畢業的日本人，即可擔任教諭乙職。而台灣人畢業於國語傳習所甲科、國語學校師範部乙科或三年制國語學校即可擔任訓導乙職。

明治42年（1909）開始，由於公學校畢業年限的延長與公學校制度發展的穩定，因而教員區分上需要作部分調整，原則上教諭與訓導的稱呼維持不變，惟公學校的「教員免許狀」（教員證書）則改分為：甲種、乙種、丙種、專科教諭及公學校訓導等五類，而這樣的分類從明治42年（1909）至大正11年（1922）間都維持不變，直到大正11年（1922）第二次新《台灣教育令》公布後，正式教員職稱才有所變更（圖69）。

大正12年（1923）以後教員免許狀的種類，又改為甲種、乙種、丙種等本科正教員、專科正教員及甲種、乙種准教員等六種類。昭和16年（1941）2月29日發佈〈國民教育令〉，接著以勅令第二五五號修正《台灣教育令》，將台灣的初等教育一律改為依〈國民學校令〉實施，並在同年4月1日實施〈國民學校令〉。也就是將原本小學校及公學校的雙軌制，一律改為日治後期我們所稱的「國民學校」。昭和16年（1941）第三次公布新《台灣教育令》，同年3月1日，〈國民學

69 台北州地區公學校男教員們著文官服合影

校令〉公布實施，訓導與准訓導的稱謂沿用，免許狀的類別分為國民學校訓導、國民學校初等科訓導、國民學校專科訓導、國民學校養護訓導，准訓導方面分為國民學校准訓導與國民學校初等科准訓導共計六種（表3）。

表3.　日治時期正式教員種類、職稱演變與工作範圍

<table>
<tr><th></th><th>合格教員證書種類</th><th>工作範圍</th><th>註解</th></tr>
<tr><td rowspan="2">1898-1908</td><td>公學校教諭</td><td>公學校主要教學工作。</td><td>日籍教員為主</td></tr>
<tr><td>公學校訓導</td><td>輔助教諭教學。</td><td>台籍教員為主</td></tr>
<tr><td rowspan="5">1909-1922</td><td>公學校甲種教諭</td><td>公學校及高等科各學科。</td><td rowspan="5">配合公學校修業年限的改變，將教員依教授學校類型與專長分類，而不再是過去的二分法。</td></tr>
<tr><td>公學校乙種教諭</td><td>公學校及蕃人公學校任職六年級以下學科。</td></tr>
<tr><td>公學校丙種教諭</td><td>蕃人公學校。</td></tr>
<tr><td>公學校專科教諭</td><td>音樂、體操、圖畫、裁縫、手工、農業及商業等科目之教學。</td></tr>
<tr><td>公學校訓導</td><td>輔助教諭教學。</td></tr>
<tr><td rowspan="6">1923-1940</td><td>公學校甲種本科正教員</td><td>公學校全年級及其高等科課程教授。</td><td rowspan="6">1923年起無公學校丙種本科正教員此類，惟原本丙種教諭仍依據「台灣教員免許令」第5項及附則規定稱公學校丙種本科正教員。</td></tr>
<tr><td>公學校乙種本科正教員</td><td>教授公學校。</td></tr>
<tr><td>公學校丙種本科正教員</td><td>相當先前的丙種教諭。</td></tr>
<tr><td>公學校專科正教員</td><td>唱歌、體操、裁縫、手工、農業、商業、家事、圖畫、漢文等其中一科或數科教授。</td></tr>
<tr><td>公學校甲種准教員</td><td rowspan="2">相當先前的訓導、輔助教學。</td></tr>
<tr><td>公學校乙種准教員</td></tr>
<tr><td rowspan="6">1941-1945</td><td>國民學校訓導</td><td>教授全部科目。</td><td rowspan="6">進入國民學校時期。（訓導以日籍教員為主，原准訓導以台籍教員為主。</td></tr>
<tr><td>國民學校初等科訓導</td><td>教授初等科目。</td></tr>
<tr><td>國民學校專科訓導</td><td>教授國民科及數理科以外的一科目或數科目。</td></tr>
<tr><td>國民學校養護訓導</td><td>負責兒童生活之照料（通常由女教員擔任）。</td></tr>
<tr><td>國民學校准訓導</td><td>輔導訓導工作。</td></tr>
<tr><td>國民學校初等科准訓導</td><td>國民學校初等科之全科目之輔助訓導之工作。</td></tr>
</table>

資料來源：作者自行整理自《台灣學事法規(全)》、《日治時期台灣公學校教師之研究》

事實上我們從公學校教員履歷書及文書檔案等可發現，公學校中除了具有官階的合格教員以外，也會聘用非正式教員來擔任代用教員，而且代用教員也佔了很大的比例，其實公學校的訓導主要任務是協助日籍教諭教學，但當台籍訓導缺乏時，即會任用代用教員來補充不足的師資。以當時日治初期培育公學校員來源的國語學校或師範學校而言，其每年畢業生人數是不足以供應當時全台公、小學校的需求，所以早期除了日本內地師範學校畢業的教員來台任教外，仍然有不少日本中等學校畢業的男、女教員願意隻身前往台灣任教（圖70），主要的原因是日籍教員來台任教享有六成的額外加俸與住屋配給，對於克服離鄉背井並遠渡重洋來到台灣這塊大家眼中的蠻荒之地的日本人來說，不啻是一大誘因。而這一些中等學校畢業的日籍教員，來台後因學歷的關係亦只能擔任代用教員之職務，但是他們的薪水卻遠高於台籍代用教員，甚至教學資深的日籍代用教員薪水還直逼台籍訓導教員。

不過日治初期時，台灣瘧疾（マラリア）、鼠疫（ペスト）等傳染病使大量日本人病死，以及台日籍官員死於傳染病的比例極高等情事，也讓有意赴台的日籍教師避之唯恐不及。由於在台罹患傳染病的死亡率高，日本官員平均每人每年患病率居高不下，日籍官員紛紛請調回國休養，官員更替率提高，連帶影響到台灣行政工作績效不彰，而且回國的官員也大肆宣導台灣衛生品質之低落，除了官員退避三舍外，連日人也觀望而不敢來台投資與發展。

70 來台任教的日籍教師

✧ 正式教員的神隊友：代用教員種類及職稱演變 ✧

大正7年（1918）至大正10年（1921）年之代用教員中，囑託教員的人數相當稀少，而改用「教諭心得」與「訓導心得」的名稱來區分台、日籍的代用教員，教諭心得是指日籍的代用教員，訓導心得是指台籍的代用教員，主要工作是輔佐協助教諭或訓導相關教學工作。在偏遠的鄉村，正式教員缺乏，因此代用教員的比例也很高，甚至偏遠地區聘請剛從公學校畢業的畢業生擔任公學校教員，他們經常只受一年的教員講習會訓練，就可以出來擔任公學校教員。早期台灣中等教育尚不發達時，甚至有許多公學校高等科畢業的學生，畢業後經過短期的講習後，直接回母校擔任代用教員，例如畢業於新竹公學校高等科的張添貴於明治44年（1911）也是經過短期講習後，回母校新竹公學校擔任「雇」；又如台灣鄉土畫家—藍蔭鼎，大正3年（1914）羅東公學校高等科畢業後，大正9年（1920）回母校任訓導心得並兼任教授美術課程。作者也曾在某些國小的校史室中看過，早期許多教員履歷書中記載著學歷僅為高等科的代用教員。這種情形在早期十分常見，後來大正11年（1922）後中等與實業學制陸續建置完畢，這種現象才漸漸被中等學校或實業學校的畢業生取代。上述張添貴與藍蔭鼎的例子中，就出現了「雇」或「訓導心得」兩個不同專有名詞，令人混淆錯亂。大正6年（1917）以前，日籍教員代用教員主要稱為「囑託」，而台籍教員的代用教員主要稱為「雇」（圖71），接著後來又更改為大正7年（1918）至大正10年（1921），日籍教員的代用教員稱為「教諭心得」，而台籍教員的代用教員稱為「訓導心得」（圖72、圖73、表4）。

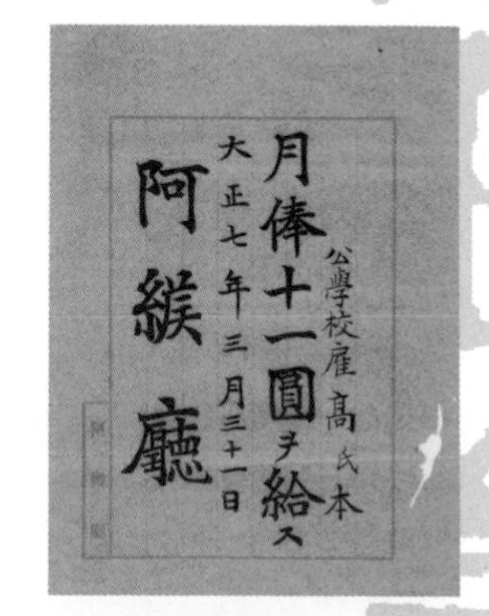

公學校雇 高氏本
月俸十一圓ヲ給ス
大正七年三月三十一日
阿緱廳

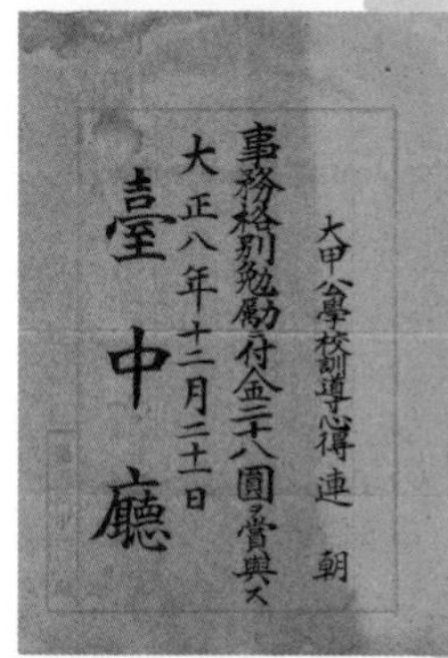

大甲公學校訓導心得 連 朝
事務格別勉勵ニ付金二十八圓ヲ賞與ス
大正八年十二月二十一日
臺中廳

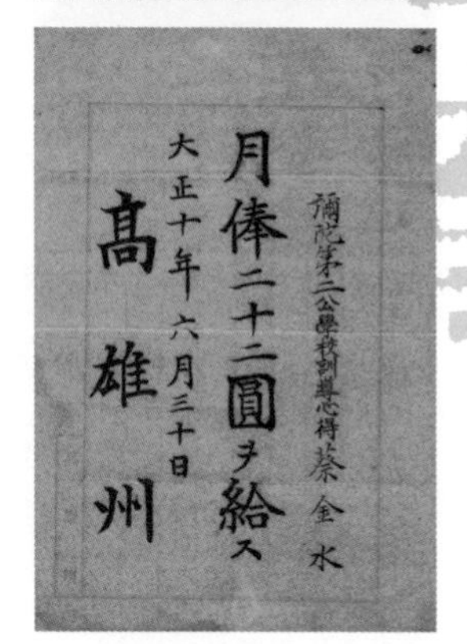

彌陀第二公學校訓導心得 蔡 金水
月俸二十二圓ヲ給ス
大正十年六月三十日
高雄州

71 台籍雇月俸證書
72 台籍訓導心得月俸證書
73 台籍訓導心得月俸證書

大正11年（1922）至昭和15年（1940）代用教員一樣是依據〈國民學校令〉將台、日籍代用教員一律更名為「教員心得」，接著昭和16年（1941）至昭和20年（1945）間，又再次更名為「助教」（圖74、圖75）。

表4. 日治時期代用教員種類、職稱演變與工作範圍

	代用教員種類	工作範圍	註解
1898-1917	囑託	協助學校相關教務	日籍教員為主
	雇	協助教諭相關教學	台籍教員為主
1918-1921	教務囑託、助手	又稱雇員	
	教諭心得	協助教諭相關教學	日籍雇員
	訓導心得	協助訓導相關教學	台籍雇員
1922-1940	教員心得	協助訓導、准訓導教學	日、台籍教員全部統一
1941-1945	助教	同上	同上

資料來源：作者自行整理《日治時期台灣公學校教師之研究》、《台灣學事法規(全)》、《台灣總督府報》

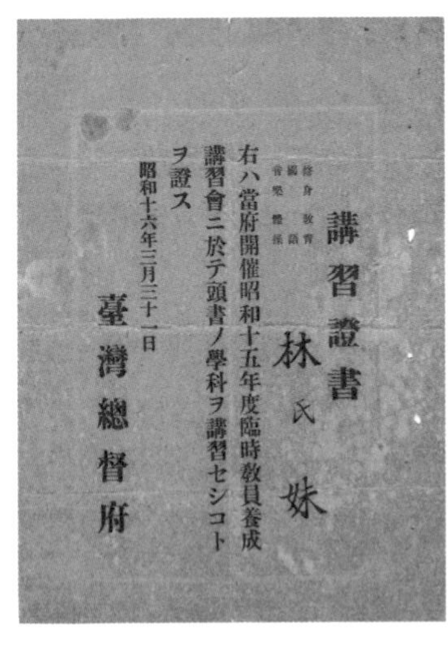
講習證書
林氏妹
修身 教育
音樂 體操
右ハ當府開催昭和十五年度臨時教員養成講習會ニ於テ頭書ノ學科ヲ講習セシコトヲ證ス
昭和十六年三月三十一日
臺灣總督府

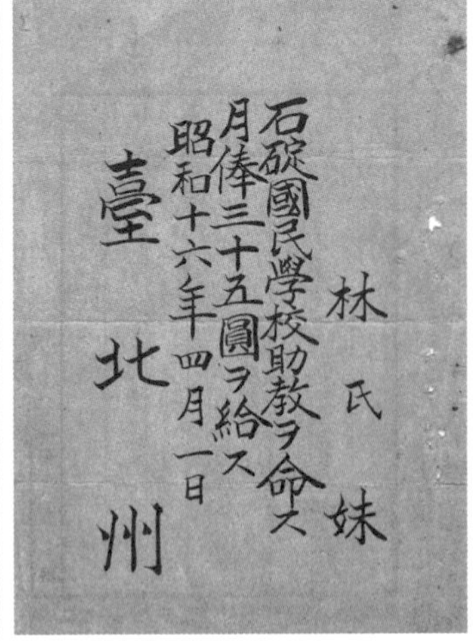
林氏妹
石碇國民學校助教ヲ命ス
月俸三十五圓ヲ給ス
昭和十六年四月一日
臺北州

74、75 臨時教員養成聘書、國民學校助教月俸聘書

✧台籍教員亮起來！✧

關於公學校任用之種類與職稱，原則上是依據前所述之法理規定授予職位，惟對台灣人而言仍然有例外，作者將舉台中州女性教員師王拿丹及台南州男性教員師曾柱為例說明。

台中州教員王拿丹之例子

查閱台灣總督府官方史冊發現王拿丹曾於大正3年（1914）至大正6年（1917）以雇的身份任職於台中廳社頭公學校，她曾於任教社頭公學校期間，於大正4年（1915）在職進修，取得台灣總督府國語學校附屬女學校臨時講習科講習證書。大正6年（1917）12月28日，通過檢定考試，順利取得正式教員的資格，亦即公學校訓導乙職，大正7年（1918）至大正8年（1919）則以訓導身份任教於台中廳社頭公學校。不久，在大正9年（1920）時她又通過只有多數日籍教員能擔任的教諭檢定考試，大正9年（1920）至大正10年（1921）分別以教諭身份任職於台中州二林公學校、台中州沙山公學校，可說巾幗不讓鬚眉。

大正12年（1923）3月25日，公布〈台灣教員免許令規則〉，所以王拿丹的職稱也從教諭轉換為訓導。其在台中州沙山公學校擔任訓導的期間為大正12年（1923）至昭和2年（1927）（圖76、圖77），昭和3年（1928）往後則再也沒有任何相關官方記載。由王拿丹在公學校的任教生涯可以知悉，其擔任專為日籍教員打造的「教諭」或「訓導」乙職，她證明了女性也能掙脫「女子無才便是德」的桎梏，開始意識到自身對社會的重要性，並逐漸掌握自己的人生規劃，打破以往受制於家庭擺佈的傳統命運，甚至覺察到女性

76
77

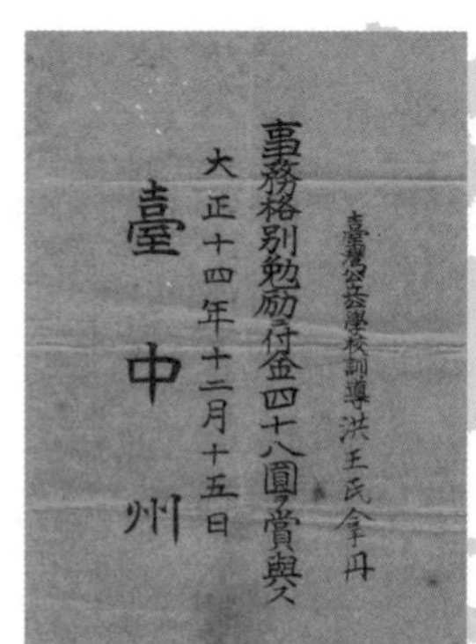

臺灣公學校訓導 洪王氏拿丹
事務格別勉励付金四十八圓賞與ス
大正十四年十二月十五日
臺中州

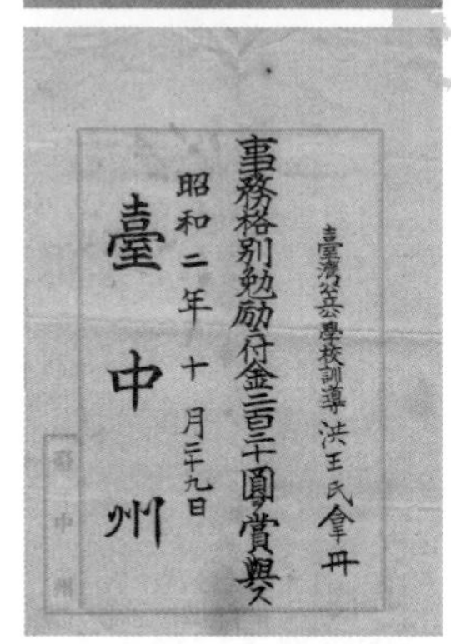

臺灣公學校訓導 洪王氏拿丹
事務格別勉励付金三百三十圓賞與ス
昭和二年十月二十九日
臺中州

76、77　王拿丹績效獎金證書

的能力與智慧不亞於男性的事實。

日治中期女子教育普及後，有較多的女性在接受高等教育後，有更多的機會可以擔任公學校教員乙職，促使女性教員的地位迅速爬升，不僅在社會上較受尊敬，經濟上也均優於當時的受薪階級，諸如：女工、新聞記者、護士等。加上有別以往傳統社會中僅能以男性為主的教員文化改變，女性教員的「賢淑婦德」的特質也巧妙在學校教育中發揮應用而獲得社會的期待。再者，日治時期高等女學校的畢業生畢業之後就業，普遍受到歡迎，擔任工作多以初等學校教員為主。由此可知悉，日治時期受過高等女教育的女性，任職於公學校的比例頗高，惟她們皆以擔任代用教員居多。而王拿丹應該也是同樣的情形，因為依據《台灣總督府職員錄》記載，其大正3年（1914）以雇的身份任職於台中廳社頭公學校，所以作者推估其身分應該為女子中等學校畢業。又大正11年（1922）第二次新《台灣教育令》公布前，依據〈台灣公學校官制〉，公學校設有學校長掌理校務、教諭擔任教育學生之工作、訓導協助教諭之職務。

此外尚有非正式編制的「雇」。教諭皆由日人擔任，台籍教員只能以「訓導」或「雇」聘用。日籍師範學校畢業生原則上為公學校甲種教諭資格，相當於日本小學校本科正教員，反之，台籍畢業生多半僅能取得公學校訓導證書，僅相當於小學校的準教員，地位甚低。爰此，王拿丹在當時「重男輕女」的時代中，可以從代用教員一路晉升到「教諭」或「訓導」乙職十分不易，此段晉升歷程可看出女性地位職場地位的突破與提升，更成為職業婦女的典範：女性工作不再只是社會運作的附屬品，而是可以獨當一面與男性並駕齊驅，對於職業婦女的啟發頗具激勵意義。

台南州教員曾柱之例子

大正7年（1918）4月9日曾柱畢業於國語學校公學師範部乙科，直接派任訓導乙職於嘉義女子公學校。不過，事隔一年，超群的曾柱立即以黑馬姿態通過只有日籍教員能擔任教諭的檢定考試，取得乙種公學校教諭乙職並調任海口厝公學校烏蔴園分校。曾柱的兒子—曾昭烈提起其父親跟他述說的教諭檢定考試，其說：父親通過十三科檢定考試，且在一年內全數通過，他是濁水溪以南第一人（圖78）。

78　曾柱（後排左三）與同事合影
資料來源：《百年迴游——興中百年校史紀錄》
79　曾柱（前排左四）與同事合影
資料來源：《百年迴游——興中百年校史紀錄》

教諭檢定考試究竟多難通過呢？依據大正8年（1919）台灣總督府民政部學務部出版的《台灣總督府學事第十六年報》書中記載，大7年（1918）止，全台僅有三十一個台籍教諭，由此可見要通過教諭檢定考試十分困難。同樣的大正12年（1923）3月25日，公布〈台灣教員免許令規則〉，所以曾柱的職稱也從教諭轉換為訓導，同時被派往台南州民雄公學校擔任訓導乙職，兩年後，因表現卓越隨即被拔擢升任台南州江厝店公學校校長乙職（圖79），任期於台南州江厝店公學校（1941年改稱江厝店國民學校），直到光復後，長達二十年之久，對一個在殖民統治下的台灣人而言，是相當難能可貴的（圖80）。

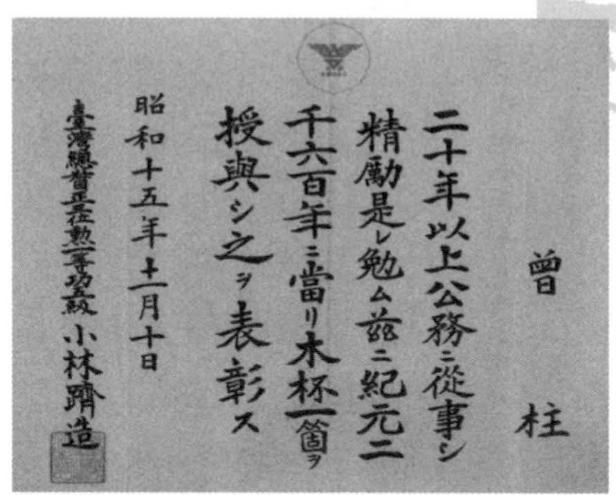
曾　柱
二十年以上公務ニ從事シ
精勵是レ勉ム茲ニ紀元二
千六百年ニ當リ木杯一箇ヲ
授與シ之ヲ表彰ス
昭和十五年十一月十日
臺灣總督正三位勲一等功一級　小林躋造

80　昭和15年（紀元2600年）台灣總督表彰曾柱服務二十年以上賞狀
資料來源：《百年迴游——興中百年校史紀錄》

公學校教員的取得，是依照教員資格檢定及免許狀的相關規定。通過檢定取得免許狀的方法分有考試及不考試兩類。明治31年（1898），公佈〈台灣公學校教育令〉（敕令第一七九號）以後，同年12月17日〈公學校教員檢定規則〉公布，所以因應台灣公學校之設置與教員之需求，由台灣總督府籌組公學校教員檢定委員會，負責檢定公學校日籍教員為主的教諭資格，台籍教員方面為主的訓導則由地方縣廳，另外訂有檢定訓導的規則。

明治32年（1899）12月1日，〈台灣公學校教員檢定規程〉中改正，府令第一二六號公佈〈公學校教諭檢定及公學校訓導檢定規則〉，將第五條關於教諭檢定資格擴大至台籍教員，任職滿五年品行優良及教學傑出者，即可透過地方官署向上呈報後升任教諭。在同一期的台灣總督府報記載，以府令第一二七號公佈〈台灣公學校訓導檢定規則〉，內容明文規定，由地方廳籌組檢定委員會，並設置檢定委員，負責向上呈報及授予免許狀；檢定委員為縣吏與師範學校長教員，廳官吏及公學校長教諭，委員人數五人以下，由地方長官任命之，地方長官為檢察委員中之委員長。檢定委員長依此規則將施行檢定的成績向地方長官呈報，地方長官依成績認定合格授予教員免許狀。

再者，明治34年（1901）12月，府令第一〇八號公佈，為關於〈台灣公學校教員檢定及免許狀規則〉，規定了對於公學校教員檢定資格，教諭方面的資格限定如下：一、台灣總督府國語學校師範部畢業生及同校講習科修了者。二、尋常小學校本科正教員以上證書並具有台灣土語（台語）習得經驗者。三、從事公學校訓導之職，品行學術優良，教學超眾，向上呈報後，經廳長特別認定者。四、其他學力經歷經特別認定適用者；至於訓導方面的資格為：台灣總督府師範學校畢業者，或其他向上呈報經廳長認定適任者。

大正8年（1919）12月29日，〈台灣小學校教員及台灣公學校教員免許令施行規則〉發布（府令第一四四號）。依明治33年（1900）8月，文部省令第十四號小學校令實施規則「中小學教員檢定之相關規則」規定，公學校教員檢定分為甲種、乙種、丙種教諭、專科教諭及訓導，檢定之事附則中，以前的丙種教諭免許狀與乙種教諭免許狀、訓導免許狀與丙種免許狀等具有同等效力。大正12年（1923）小學校本科正教員與公學校甲種本科正教員，以台灣總督府師範學校男女學生畢業之程度為標準，對於手工、農業、商業、英語等科目得缺任一科或數科。公學校甲種、乙種准教員及專科正教員的考試科目大要如下（表5）：

表5.　公學校甲種、乙種准教員及專科正教員的考試科目

<table>
<tr><th></th><th>考試科目</th><th colspan="2">概要</th></tr>
<tr><td rowspan="8">甲種、乙種准教員</td><td>修身</td><td colspan="2">道德要旨</td></tr>
<tr><td>教育</td><td colspan="2">教育、教學法概要</td></tr>
<tr><td>國語</td><td colspan="2">普通文或小學校或公學校教科用讀本講讀，作文、習字等</td></tr>
<tr><td>算術</td><td colspan="2">整數、分數、小數、諸等數、步合算、比例、面積等</td></tr>
<tr><td>歷史</td><td colspan="2">日本歷史概要</td></tr>
<tr><td>地理</td><td colspan="2">日本地理及外國地理概要</td></tr>
<tr><td>理科</td><td colspan="2">博物、物理、化學</td></tr>
<tr><td>體操</td><td colspan="2">體操、教練及遊戲</td></tr>
<tr><td rowspan="8">專科正教員</td><td>圖畫</td><td>自在畫、簡易幾何畫</td><td rowspan="8">甲種本科正教員可缺任一科或數科，但專科正教員選考其中一科目或數科目</td></tr>
<tr><td>音樂</td><td>唱歌、樂器使用法</td></tr>
<tr><td>體操</td><td>體操、教練及遊戲</td></tr>
<tr><td>裁縫</td><td>衣類的裁法、縫法及修改等（限女子）</td></tr>
<tr><td>手工</td><td>手工概要</td></tr>
<tr><td>農業</td><td>農業概要（限男子）</td></tr>
<tr><td>商業</td><td>商業概要（限男子）</td></tr>
<tr><td>家事</td><td>家事概要（限女子）</td></tr>
<tr><td colspan="4">註：台灣話、中國話、英語斟酌加考</td></tr>
</table>

資料來源：作者自行整理自《台灣學事法規》

從上述各類教員檢定科目可以看出，公學校甲種、乙種准教員及專科正教員的考試科目，主要是配合公學校課程而設計，使教員在通過考試檢定後，具備教

授公學校課程的專業本職學能，進而能勝任公學校的教學工作。大正11年（1922）第二次《台灣教育令》公布後，公學校教授科目新增日本歷史及手工等科目。而台灣各地方因地方情形不同，學制區分為五類：分為三年制、四年制、六年制、實業制及高等科制，故不同年限的公學校，對於科目的要求也略有所不同。三年制：修身、國語、算術、音樂、體操、實科（男生專修農業及商業；女生專修家事裁縫）。四年制：修身、國語、算術、圖畫、唱歌、體操、裁縫及家事、漢文，至於圖畫、漢文、家事裁縫得不開課，亦得就實科中農業或手工其中一科開課。六年制：修身、國語、算術、日本歷史、地理、理科、圖畫、音樂、體操、實科、裁縫、家事（男生專修實科之農業及商業；女生專修家事、裁縫）。實業制：與四年制相同，修身、國語、算術為選修。高等科制：修身、國語、算術、日本歷史、地理、理科、圖畫、音樂、體操、實科、裁縫、家事（男生專修實科之農業及商業；女生專修家事、裁縫），漢文、圖畫為選修，可視地方需求開課。而作者查閱「嘉義白川公學校家庭通信簿」及「西螺女子公學校家庭通信簿」中六年學制的教科目種類（圖81、圖82），均與昭和14年（1939）台灣教育會記載的六年制教授科目相同，且從兩本公學校家庭通信簿中可以明確呈現「嘉義白川公學校家庭通信簿」這份文獻中實業科的男生專修農業、商業，但不修習裁縫家事科；而「西螺女子公學校家庭通信簿」這份文獻呈現出女生修習裁縫家事科，但不修習實業科，男女修習科目有別。此外，關於甲種、乙種准教員與專科正教員兩類檢定考試的科目則有差異，甲種、乙種准教員教授是主要科目，類似基礎能力的養成，如國語、算術、地理、歷史等，而專科正教員最主要擔任教授，公學校中偏技藝類或專長類的科目，如音樂、體操、裁縫、手工、農業、商業、家事、圖畫、漢文等，其中一科或數科而專門設置的教員。

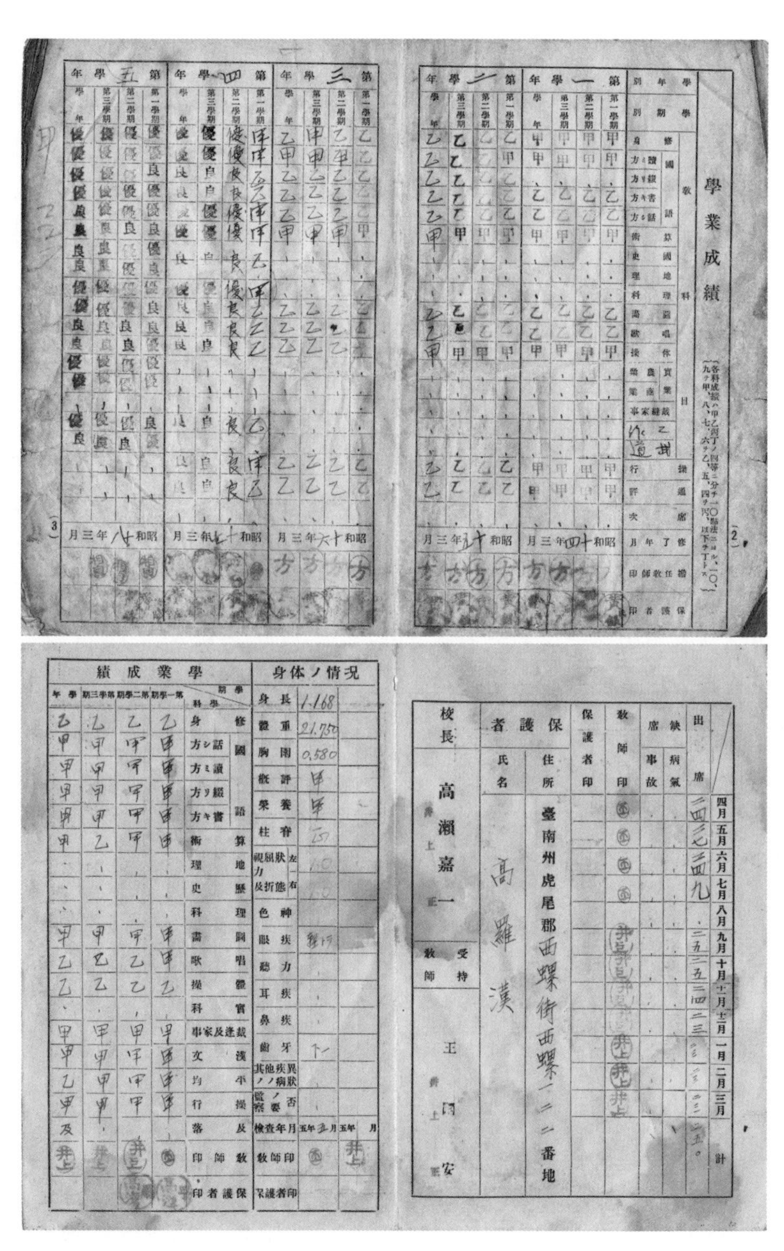

學業成績

（各科成績ハ甲乙丙丁ノ四等ニ分チ、九十點以上ヲ甲、八十點以上ヲ乙、六十點以上ヲ丙、五十點以下ヲ丁トス）

學業成績

身体ノ情況

身長	1.168
體重	21.750
胸圍	0.580

保護者 氏名	保護者 住所	校長	受持教師
高羅漢	臺南州虎尾郡西螺街西螺一二二番地	高瀨嘉一	王□安

出席：四月　五月　六月　七月　八月　九月　十月　十一月　十二月　一月　二月　三月　計

81　嘉義白川公學校家庭通信簿內頁
82　西螺女子公學校家庭通信簿內頁

昭和16年（1941）2月29日發佈之〈國民教育令〉，成為公學校教員檢定制度的重要分水嶺，接著3月26日以勅令第255號修正《台灣教育令》，將台灣的初等教育一律改為依〈國民學校令〉實施，並在同年4月1日實施〈國民學校令〉，不過在昭和16年（1941）3月26日時，已公布〈台灣國民學校訓導、准訓導及養護訓導免許令〉相關訓導檢定合格者的規定，並訂定相關施行細則。依據昭和18年（1943）由台灣教育會出版的《台灣學事法規》指出：本科訓導的檢驗科目及其程度規定，男子為師範學校男子部本科學生、女子為女子部本科學生的各科程度為標準，但可以缺考農業、工業、商業及外國語任一個科目或數科目。本科准訓導科目則斟酌訓導科目；專科訓導的鑑定科為體操、武道、習字、圖畫、工作、裁縫、家事、農業、工業、商業、水產、外國語等之一科或數科目。初等科訓導的檢定科目斟酌本科訓導科目，但可以缺考音樂、實業、家事及外國語科的考試。初等准訓導試驗科目斟酌初等訓導的試驗檢定科目，得缺裁縫試驗。

由此可知，此一時期之教員檢定制度，會依據教授科別的專業做檢定科目上的調整區別；再者，在發布的〈國民學校令〉中將國民學校教員免許狀分為五類：第一類，國民學校訓導免許狀：教授國民學校全部科目。第二類，國民學校初等科訓導免許狀：教授國民學校初等科的全部科目。第三類，國民學校專科訓導免許狀：教授國民學校國民科及數理科以外的一科目或數科。第四類，國民學校准訓導免許狀：國民學校的全部科目之輔導訓導之工作。第五類，國民學校初等准訓導免許狀：國民學校初等科的全部科目之輔導工作。

又昭和16年（1941）改制為國民學校後，教授的科目也區分為五大類。作者查閱「台南市末廣國民學校家庭通信簿」及「新竹州八塊國民學校家庭通信簿」昭和16年（1941）後的科目分別為：國民科（修身、國語、國史、地理）、數理科（算數、理科）、體鍊科（體操、武道）、藝能科（音樂、習字、圖畫、工作、裁縫、家事）、實業科（農業、商業）（圖83、圖84）。

關於各類的國民學校教員免許狀的檢定科目，則與國民學校的科目有密切相關，例如專科訓導的檢定科按規定為體操、武道、習字、圖畫、

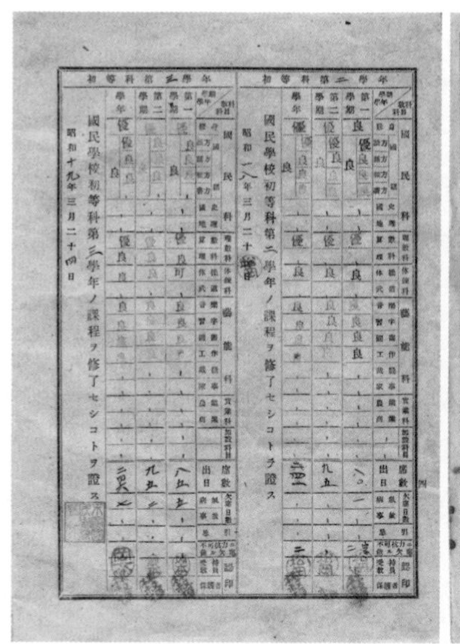

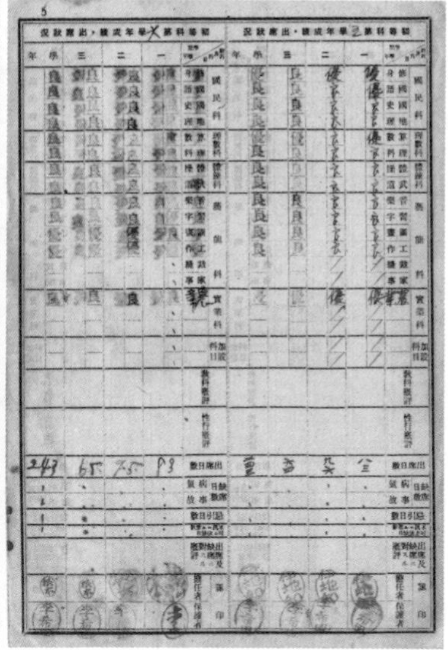

83 台南市末廣國民學校通信簿內頁
84 新竹州八塊國民學校家庭通信簿內頁

83 | 84

工作、裁縫、家事、農業、工業、商業、水產、外國語等之一科或數科目，而上述之科別則分列於體鍊科、藝能科及實業科中。亦即專科訓導的檢定合格的教員，只能教授體鍊科、藝能科及實業科等科別，而不能教授國民科及數理科，呈現「術業有專攻」的專業教學導向，顯示此一時期的教員檢定制度更趨專業取向。

台灣總督府得授權由學校校長授予之。又依據昭和18年（1943）由台灣教育會出版的《台灣學事法規》指出：各科目的檢定考試為教育概要及測驗科目的教授法。試驗檢定科目的程度男子以台灣總督府師範學校男學生，女生以女學生的程度標準，但工作以台灣男學生的手工課程度標準。專科訓導的試驗檢定為台灣國民學校教員檢定委員會對於修身、國語、國史、及數學相關普通能力加以認定。養護訓導的試驗檢定科目為依照師範學校女學生修身、公民科、教育、及學校衛生，修身、公民科及教育的試驗檢定課程程度。得缺修身、公民科及教育科目一科或數科。試驗檢定優良成績合格者，得對其優良科目授與相關證明書（圖85、圖86）。

此外，地方長官擁有極大的教員人事權，有時可不需通過檢定就取得正式教員的資格，地方長官對於無教員資格者，可不需經由檢定考試而直接授予職務；透過將地方長官特權的合法化，可以得知當時有部分的公學校教員，是透過人事的關係取得教員的資格。但大部分的公學校教員，還是必須通過教員檢定考試才能取得合格教員資格。

台日籍的正式教員或代用教員的檢定，除有各自的檢定科目外，正式教員有區分類別上的不同。此外，除了必修檢定科目外，尚有選修檢定科目由檢定人自行選考，而且每年度的檢定科目也會變動。若要全盤性的說明恐有難處，故作者爬梳台灣教育會昭和9年（1934）及昭和10年（1935）出版的《台灣教育》刊物中，所記載的台灣教員試驗檢定問題，檢定科目分有修身、教育、國語漢文、國語、數學、算術、歷史、地理、物理化學、博物、理科、法治經濟、圖畫、音樂、體操、台灣語、蕃話、裁縫、家事及農業、唱歌、英語等多項科目，而考題的作答方式多以問答題或申論題居多，如修身、教育、國語漢文、歷史、地理等。關於各科訓導需選考檢定的科目則按其所屬訓導種類選考之，因各種訓導的的本職學能不同，所以所選考的同樣科目，題目的鑑別能力也不一定相同，如昭和10年度台灣教員檢定修身科的題目，分別針對公學校甲種本科教員、乙種本科教員、甲種准教員、甲種准教員、專科正教員等個別出題。

85 | 86

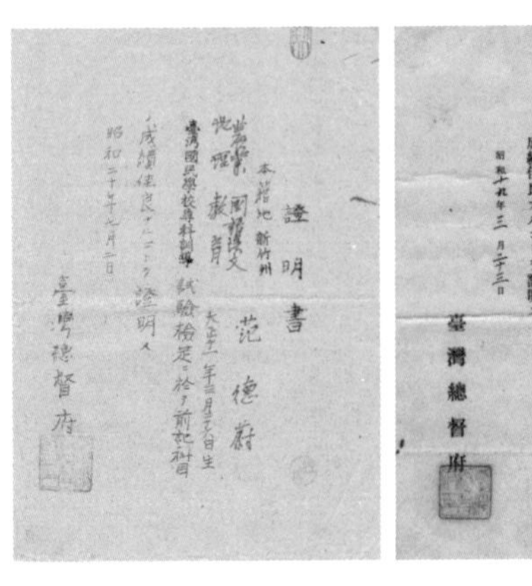

證明書

本籍地 新竹州

范德蔚

大正十一年三月二十六日生

數學 國語漢文

地理 教育

臺灣國民學校專科訓導試驗檢定ニ於テ前記科目ノ

成績佳良ナルコトヲ證明ス

昭和二十年七月二日

臺灣總督府

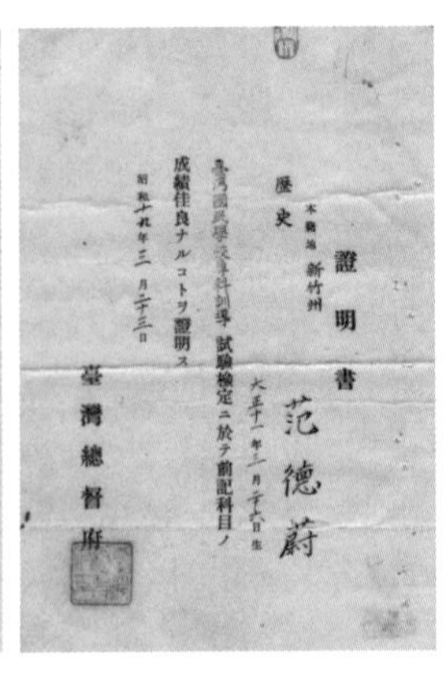

證明書

本籍地 新竹州

范德蔚

大正十一年三月二十六日生

歷史

臺灣國民學校專科訓導試驗檢定ニ於テ前記科目ノ

成績佳良ナルコトヲ證明ス

昭和十九年三月二十三日

臺灣總督府

85、86 國民學校專科訓導檢定證明書

女王的教室：日治末期的國民學校

隨著南洋戰事的白熱化，台灣總督府對台灣人民的徵兵也如火如荼；台灣民眾陸續接到徵召令，入營準備打仗去，而此時國民學校的男教員不管是訓導、准訓導或是助教，都隨時有可能會被徵召入營，在此契機下，促使更多的女性接受短期的講習，進入國民學校擔任教員（助教）乙職（圖87）。

作者曾經訪談畢業於台南州嘉義高等女學校的林淑清及畢業於嘉義中等學校的賴彰能等人，他們均是中等學校畢業後，參加短期的臨時教員講習後即進入國民學校服務。例如戰敗那一年服務於嘉義市玉川國民學校（現今嘉義市崇文國小）的歐識曾說：我們唸嘉義高女的進去後是直接當助教。那時候還在戰爭所以非常缺人。又服務嘉義市東門國民學校（現今嘉義市民族國小）賴彰能也補充說：許多日本人與台灣人去當兵後，自然那個缺額，就由台、日籍的女性教員遞補上去。而這樣的情形，也是導致日後光復初期，國民學校中清一色充斥著大量的女性教員的其中一個主因。

當時因戰爭局勢緊繃，教員人力不足，要通過考試易如反掌，甚至流於形式，因為國民學校對教員的人力需求相當高，聘用程序甚至出現例外—「先檢定，再畢業，後任教」，例如由雲林縣水燦林國民小學提供的《水林國民學校教員履歷表（光復前）》資料顯示，蔡桂花於昭和20年（1945）3月23日才會從北港農業實踐女學校畢業，但其在昭和20年（1945）1月22日即加入臨時教員養成會，同年3月22日參加台南州舉辦的臨時教員養成及學科講習後，昭和20年（1945）4月2日立即任職於水林國民學校。此例也十分特別且耐人尋味。

87 台灣總督府新竹州教員養成講習

✧ 教員的關鍵報告：履歷二三事 ✧

何謂履歷書？其實就是記錄個人相關資料及學經歷的表格。教員履歷書對任教的教員而言是非常重要的，因為校方可以從教員履歷書中知道其出生地、出生年月日、是否有改日本姓名、還有以往就學及接受講習的經歷等，如服務於台南州水林國民學校的女教員新原桂子，從其履歷書就可窺得上述相關訊息：由履歷書中可知原名蔡桂花的女教員，在昭和19年（1944）11月6日還在就讀北港家政女學校時，順應改日本姓名的制度，將「蔡桂花」改為「新原桂子」，倘若單純地從姓名判別或許會誤認為是女性的日本籍教員，且由履歷書得知新原桂子於昭和16年自北港女子公學校畢業，接著於昭和17年（1942）4月入學就讀北港家政女學校，並於畢業當年的昭和20年（1945）1月先行參加了臨時教員培育的講習會，且於昭和20年（1945）3月23日畢業（昭和20年改名為北港農業實踐女學校），隔天完成臨時教員講習會的相關課程並取得證書，同年4月2日立即任職於台南州水林國民學校擔任教員乙職（圖88）。

此外，讀者若進一步查探「台灣總督府職員錄系統」，可能會發現不管是輸入「蔡桂花」或「新原桂子」均無法查到該員的資料，主要是因為該系統的文官職員錄僅記載到昭和19年（1944）1月1日，並於昭和19年（1944）6月7日發行，所以根本追溯不到昭和20年（1945）前的記錄。

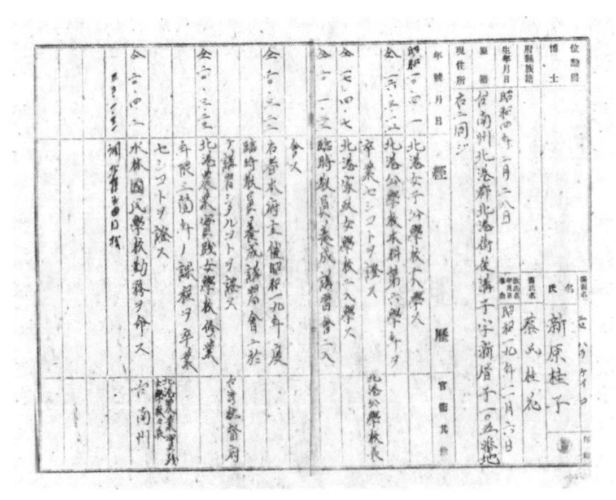
位階勲等
博士
生年月日 昭和四年二月二八日
現住所 右ニ同ジ
氏名 新原桂子
舊氏名 蔡氏桂花
昭和一九年一一月六日
年號月日 經歷
北港家政女學校ニ入學ス
臨時教員養成講習會ニ入ル
水林國民學校勤務ヲ命ス
台南州

88 蔡桂花履歷書
資料來源：《水林國民學校教員履歷表（光復前）》

小肩章大權力：教員的判任官肩章

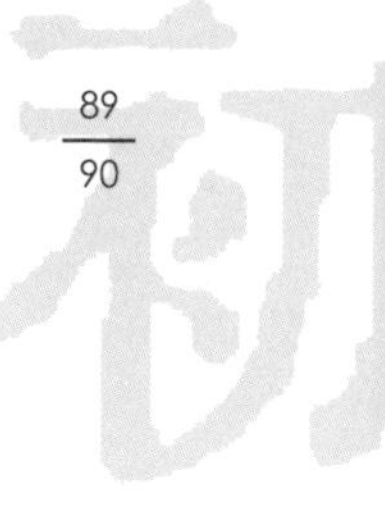

日治時期的男教員，在師範學校畢業後即被任命為文官，因此教員的服裝和政府官吏相同，都穿著文官制服。上衣冬季是紺色（帶有紫色的深藍色）或黑色羅紗，夏季是白色亞麻布質地附一排鈕釦的外套（圖89、圖90）。

台灣總督府文武官肩章分有敕任官、判任官、判任官。敕任官（簡任官）：一等到二等，須由天皇敕令之。奏任官（薦任官）：三等到九等，內閣大臣任命之。判任官（委任官）：九等以下，台灣總督自行任命即可。完整的文武官制服的部分分為上衣、肩章、褲子、帽子、劍、劍緒、劍帶及外套等。上衣的肩章材質底面是由皮革做底，肩章本身銅絲鎏金體，肩章長五寸五分，寬四寸一分，金線製。金絲製的台字章，邊長七分。鈕扣為金色台字章扣，寬四分。敕任官（簡任官）是三個台字章。金線流蘇外圈二十一條，長三寸三分，粗三分；內圈十九條，長二寸七分，粗二分五厘。二個台字章。金線流蘇二十一條，長二寸，粗三分。判任官（委任官）是二個台字章。金線流蘇二十一條，長二寸，粗三分。奏任官（薦任官）是一個台字章，無金線流蘇（圖91、圖92）。

對公學校教員而言，平日上課只需穿著一般制式的黑色立領西服，並不需要佩戴金色的肩章與佩劍，佩劍大多時候放在辦公室或家裡，只有在慶祝天皇生日的慶典與特殊的節日中，才會穿著正式的文官制服、佩戴金色的肩章與腰掛佩劍並戴上正帽（圖93、圖94）。

89 公學校訓導夏季白色立領西服
90 公學校訓導冬季黑色立領西服

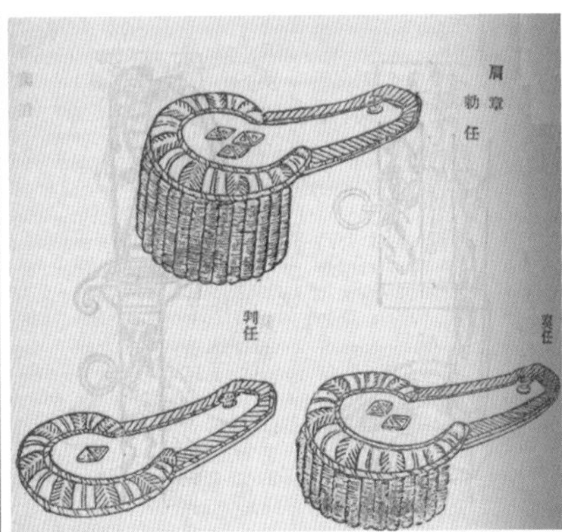

91 公學校訓導判任官肩章
92 公學校訓導判任官肩章樣式
93 公學校訓導著文官服佩戴肩章及配劍
94 天長節公學校訓導著文官服佩戴肩章合影

榮耀與死亡的雙面刃：出征牌

出征牌是日治時期特別的產物之一，因日治後期戰火延燒至南洋後，日本開始大量的調派台灣的男性，不管是台籍或日籍均一視同仁被徵召入伍出征打仗（圖95）。當男性收到「紅單」時總是悲喜交集，喜的是感受到身為天皇子民為天皇而戰的榮耀，悲的是捨身參戰後對家人的不捨。被徵召入伍準備參加戰役的男性，基本上都會風風光光的拍上一張帥氣的家族合照或是個人照。而照片圖96為服務台南州嘉義市幸國民學校（現今嘉義市垂楊國小）的中村吉男教員，其被徵召入伍服役時，與學校教員及學生共同留念的合影。照片中通常會出現出征旗的蹤跡，是由街坊鄰居、親朋好友或街庄長致贈，目的是做為祝賀被徵召的榮耀與皇民恩典的象徵，而受贈越多幅出征旗表示越光榮且越神武；出征旗的內容架構，依據作者私人收藏及過往所見之經驗，上面所書寫的內容，原則上分成三個部份：第一，最上方通常會有日本國旗、日本陸軍旗或日本海軍旗交叉之繪圖。第二，中間內容字貌通常會以「祝應召某某君」或「祝出征某某君」書寫之。第三，左右方會寫上致贈者的姓名或單位（圖97、圖98）。

95 歡送北村竹三郎教諭出征
資料來源：《時局美談集（第一輯）》

96 嘉義市幸國民學校中村吉男出征

97 出征旗
資料來源：《台北出征軍人後援會誌》

而當獲選入伍時，即由街、庄長頒發出征門牌掛門口以示榮譽（且地方官員警察也較不會找麻煩）門牌材質有鋁、鐵、木等三種款式。太平洋戰爭初期的出征者家門前以鋁、鐵製作成出征門牌居多，但越接近戰爭末期 ，這類的材質越來越少，因為昭和18年（1943）台灣總督府依據《國家總動員法》之〈金屬類回收令〉，下令進行貴重金屬回收。昭和19年（1944）9月11日至11月4日訂為白金繳納日，如未確實繳交將受嚴重處分。所以金屬相關材質的各類物品常被徵收去做武器，尤其是鋁製品，因鋁為當時製造飛機的重要原料。

圖99中的左邊起第二個出征牌為中村吉男出征時街、庄長頒發給中村吉男家裡懸掛的木牌正面圖。從出征牌正面可以看到，中間為一面手工刷漆的日本國旗，下方則用毛筆書寫或滾筒印刷大大的「出征軍人の家」六個字，作者還收藏其他款式，有「日の丸」的紅圓圖貌。下面書寫的字則有「出征軍人」或「出征」等內容。出征木牌的背面是用毛筆書寫上出征者的戶籍地及姓名（圖100）。上戰場替軍隊勞動之人，家宅門前都可以掛上漆有日之丸的「出征」、「出征軍人」或「出征軍人之家」等種類的木牌，據當時的耆老回憶指出：若家中掛有出征牌，家中的眷

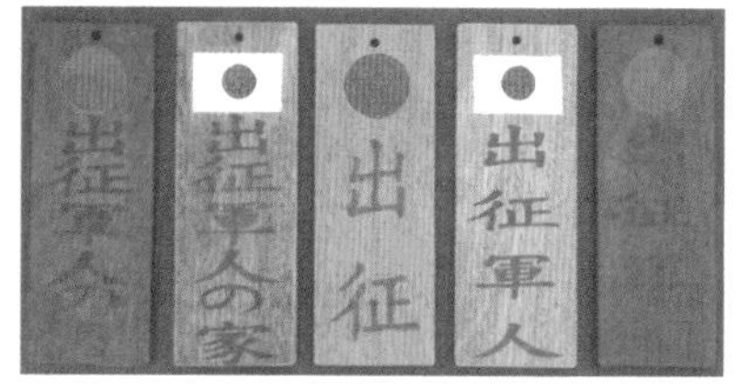

98
99

98 藍蔭鼎為台灣總督府刊物畫出街頭出征景象
資料來源：《國民精神總動員》
99 各類木質出征牌的形式

屬在街、庄上地位會瞬間提升，戰時配給會增加，轄區的警察也會比較尊重，甚至家中如果有就學的囝仔，他們在升學上可享有與日本囝仔同等的權益與優待，地位相當尊榮（圖101、圖102、圖103、圖104）。

100 中村吉男教員出征牌背面
101 歡送出征軍人千人針
資料來源：《時局美談集（第一輯）》
102 致贈新竹州慰問袋
資料來源：《時局美談集（第一輯）》
103 中村吉男教員配給的慰問袋
104 縫製慰問袋的台灣老奶奶

日治時期的社交攻略：交換名片的活動

日文中的名刺（めいし）係指「名片」，上面通常印有姓名、職業、地址、電話等等，甚至會在名片背面印上蓋上私人的橢圓章；在日本民族的文化中，與人初次見面時，遞交及交換「名片」是基本的社交禮貌，也是擴大社交圈的重要管道，（圖105）。日本在明治維新後名片開始流行，「名片交換會」是日本人的新年習俗之一，明治39年（1906）1月30日的舊曆元旦正午，台南150餘名台灣人，即在台南俱樂部舉行名片交換會。其後台灣各地陸續在新曆過年前都會舉辦相關的名片交換會，明治43-44年（1910-1911）間，名片交換會逐漸在全台各廳流行，包括宜蘭、桃園、新竹、台中、嘉義、打狗、鳳山、阿猴等，開始出現由廳召開集體名片交換會或新年宴會的報導。全台各地都有交換名片的報導，如《台灣日日新報》就曾記載眾多訊息，規模大至州廳，小至各郡街庄，都曾各自舉辦名片交換會的活動，甚至台灣總督府鐵道部也曾舉辦類似的活動。如昭和4年（1929）1月1日上午10 時，新竹州中壢郡中壢街官方於公會堂舉辦新年名片交換會。而昭和6年（1931）1月15日上午9時，桃園郡桃園街的婦人會組織，也在桃園公會堂舉辦新年名片交換會。昭和9年（1934）1月1日上午10時，在台南州北港街的北港公會堂，舉辦新年名片交換大會。

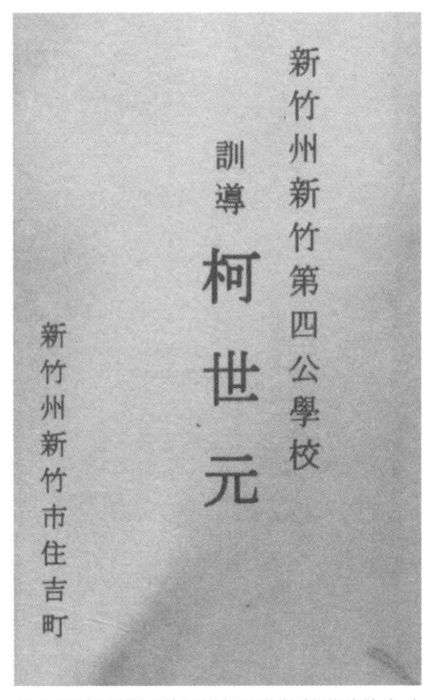

新竹州新竹第四公學校
訓導
柯世元
新竹州新竹市住吉町

105 日治時期柯世元擔任公學校教職時的名片

✧ 那些名片教會我們的事：教員名片的意義 ✧

早期的名片交換會，是由台灣人學校師生、地方保正、街庄長以及紳士參加。1920年代後，名片交換會的規模不僅愈來愈龐大，由早先的幾百人演變為千餘人，範圍更擴及婦女和各種團體。名片中登載的資訊，不外乎是姓名、職位、校名及學校住址。其實名片對公學校的教員而言，除了可透過交換名片的活動拓展人脈外，據作者訪談耆老的經驗，名片是當時公學校教員前往囝仔家裡做家庭訪問時，告知家中父母親或長輩，來訪者的身分地位或角色的證明，畢竟當時除了官員、仕紳或生意人外，也鮮少人可以印製名片發送，名片有彰顯教員當時所具備的高社會地位與社會觀感的功能（圖106、圖107）。

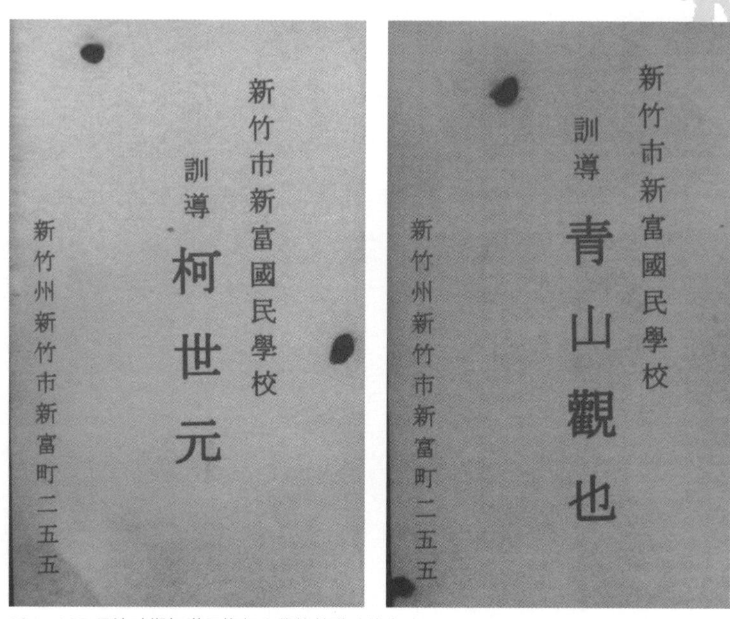

106、107 日治時期柯世元擔任公學校教職時的名片

⊹ 柯世元被誤會了 ⊹

民國93年（2014）台大醫師柯文哲先生表態參選台北市長時，其祖宗的沿革背景曾被媒體挖出來大肆批判一番，當時就有媒體嚴厲批判柯文哲市長的祖父，在日治時期擔任「高官督學」乙職，但事實上大家都曲解字面上的意義，把「訓導」與「督學」混為一談：當時的「訓導」與現在學校通稱的「訓導主任」字面上的意義亦大相逕庭，其實「訓導」是日治時期教員的一個職位稱呼，柯文哲祖父柯世元（曾改日本名字為青山觀也）自大正13年（1924）起開始擔任教職，職位是「新竹州新竹第一公學校訓導」（現今新竹市新竹國小），但卻被不知情人士誤認為是「督學」，其實訓導乙職只是公學校教員而已（圖108）。

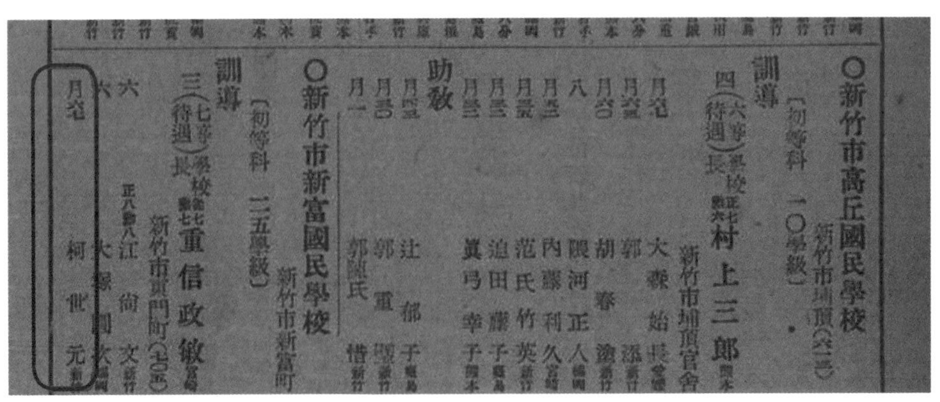

○新竹市高丘國民學校
【初等科 一〇學級】
訓導
村上三郎
新竹市埔頂官舍
隈河正人
內藤利久
范氏竹英
迫田藤子
助教
○新竹市新富國民學校 新竹市新富町
【初等科 二五學級】
訓導
重信政敏
江尚文
柯世元

108 日治時期柯世元擔任新竹市新富國民學校訓導乙職時的名片

播音台與百年的距離

目前嘉義市的崇文國小校園裡矗立著一座巴洛克式建築的播音台（圖109）。崇文國小的播音台，在當年是象徵台灣西化的開端。巴洛克風格及羅馬式的幾何圖貌是其特色，手工細緻的洗石子飾面，造型繁複華麗，變化無窮；在擴音口上方的花樣有如一本翻開的樂譜，而下方的豎琴雕花及排成直線的口字形雕塑，好似聲音正悠悠的播放，這也是全台僅存的一座位於校園內的播音台。惟2008年校方宣稱該建築物已有百年歷史，並且在110年的校史專刊封面印上百年播音台的資訊（圖110），而各大媒體也在不經考證下大肆報導：如民國97年（2008）5月22日的一則自由時報新聞報導「〈中部〉濁水溪筆記／百年風華」提到：嘉義市的百年老校—崇文國小，校內除有許多歷史悠久的建築物，其中最具代表性的百年歷史播音台就受到審慎的保護。民國94年（2015）2015年6月26日的一則中時電子報新聞報導「百歲櫻花爺爺‧回母校憶當年」提到：林錦漫參觀鎮校之寶「百年播音台」、創校30周年紀念時鐘台。事實上校方的認定及媒體播報的新聞內容與史實有極大的出入。

以下有三個證據佐證作者的論點：第一、因作者曾於2008年撰寫過〈嘉義市崇文國民小學（百年）播音台年代之澄清〉乙文導正視聽，文中訪談了賴彰能、張岳揚、歐識及黃足治等日治時期畢業的校友，依據口述內容並以三角檢證比對後，確認其應為昭和11年（1935）至昭和15年（1939）之間所建立。第二、前幾年作者在因緣

109 目前播音塔現況
110 校慶特刊封面
資料來源：《一百一十周年校慶特刊》

際會下，訪談日治時期就讀台南師範學校的曾煥烈主任，他指出：他就讀台南師範期間曾參訪過玉川國民學校，他說這一個播音台與昭和12年（1936）柏林奧運有關係，因為當時德國隊伍的行進走得整齊劃一，而我們卻亂七八糟，當時就下令各國校都要訓練正常步，那個播音台就是為了要提倡正常步才建的。此訪談內容更加確認了播音台設立時間可能落在昭和11年（1935）至昭和15年（1939）間的可能性。

第三、依據崇文國小2008年出版的《玉川心・崇文情——110週年校史特輯》宣稱該播音台為百年歷史文物，往後推算該台應該至少建於1908年前，亦即明治41年。作者認為依一般常識如果該播音台是校園代表性的標地物，應該會成為師生拍照留念的重要地標，甚至是民眾拍照的好地點，惟在校方1999年出版的《崇文一世紀誌・百週年校慶特刊》及2008年出版的《玉川心・崇文情——110週年校史特輯》兩本專刊中出現頻率極低，甚至只有二張而已（日治時期只有一張），這十分不合理。在《崇文一世紀誌・百週年校慶特刊》乙書的第57頁中照片昭和20年（1945）的操場講台後有出現該播音台（圖111），而在《玉川心・崇文情——110週年校史特輯》乙書的第125頁中照片昭和3年（1928）並沒有出現播音台蹤跡（圖112），由此可知昭和3年（1928）校園中根本就還沒有播音台存在，所

111 昭和20年玉川國民學校職員合影
資料來源：《崇文——世紀誌．百週年校慶特刊》
112 昭和3年嘉義第一公學校朝會
資料來源：《一百一十周年校慶特刊》

111 | 112

以明治41年（1908）前更不可能有播音台出現，倘若該播音台真有百年歷史，依年代的圖文呈現根本不合邏輯。作者甚至大膽推論，播音台的製作工法與材質在當時要價不斐，在草創時期（若為百年古蹟至少在1908年以前設立）的公學校，根本沒有太多的經費去打造這耗資甚鉅的播音台。加上作者從兩本特刊中的照片觀察到，草創時期的公學校硬體設備缺乏，亟需擴建教室來因應日後激增的學生數，更確立公學校根本無多餘資源去設立播音台。

綜合上述證據推論，播音台最早是於昭和11年（1935）建立，迄今也僅有84年而已，作者更肯定崇文國小的播音台根本沒有百年的歷史。因此有必要改寫正確的史實，讓孩子們知道該播音台的歷史背景，建立的正確年代加以勘正。這不僅能使畢業校友對學校內的景物有更深刻的瞭解，另一方面更可藉由瞭解此古蹟增加對學校的認同感與榮譽感。

✧古老的大鐘✧

日本殖民台灣的初期，對於中國傳統的計時方式產生了巨大的變化，台灣人不再以觀察季節變化，仰望天空的日月星辰來推算日期，或低頭觀察地面的日影長短推算時間。自明治28年（1895）12月27日起，總督府以敕令第六七號公佈中央標準時間，並規定自明治29年（1896）1月1日起，東經120度子午線的時間為台灣標準時間，稱「西部標準時間」，台灣的時間制度自此掌握於日本帝國之下（圖113）。台灣社會進入格林威治標準時間系統，與國際接軌，開始以分秒為單位計時的現代時間，惟比日本內地中央標準時間晚一個小時，有別於中國兩千餘年來以時辰計時的傳統時間。新的標準時間開始實施後，為培養民眾準時、守時及惜時的生活習慣，台灣從大正10年（1921）開始，將內地大正19年（1920）所定的6月10日全國「時之紀念日」，全盤移植台灣積極推廣，透過機關、學校、火車站、社會團體、寺廟、工廠等，以舉辦演講、遊行、音樂會、張貼海報、分發傳單、編曲教唱「時之歌」、正午12時寺廟教會鳴鐘鼓，工廠車船會鳴汽笛、水螺、喇叭來對時等各種五花八門的方式加以宣導。

113 守時宣導

昭和3年（1928），嘉義第一公學校（現今嘉義市崇文國小）為了紀念創校三十週年，擴大舉辦校慶活動，並由十三屆的畢業校友合資，聘請蔡天助先生設計了「開校滿三十週年紀念」時鐘塔（圖114）。這種標準化時間制度的西方產物，在當時可說是相當先進的設備，但實質上要傳遞的概念不外乎是「守時」，但這概念對於一個公學校的學生來講似乎太過於抽象。當時在課程安排上，諸如算數科、體操科、國語（日語）科及修身科等，都已經導入時間的觀念，但像「秒」的時間單位，在具體的日常生活中，並不容易感受到。而當時嘉義第一公學校的畢業校友為了回饋學校的栽培，特地把新式的時鐘塔引入學校中，讓學生透過校園中的實物觀察，學習課程時更加有效果（圖115、圖116）。由於昭和12年（1937）蘆溝橋事變爆發後，皇民化運動乃至於戰時動員時，對於日常生活細微綿密的規定，更是加強此種「標準化」、「守時觀念」的催化劑。

114 校時鐘塔設計者蔡天助先生
資料來源：《崇文一世紀誌・百週年校慶特刊》

115 嘉義第一公學校師生在大時鐘前合影

116 昭和5年嘉義第一公學校第二十五回卒業生同窗會在大時鐘前合影

教員的獨享配備：「銀製雪文盒」與「國防色錢包」

現今的肥皂，在日治時期日人稱「石鹼」，台灣人稱「雪文」。早期老一輩都會把肥皂也稱為「茶箍」，但嚴格來講「茶箍」是一種完全沒添加或化學藥劑的天然清潔劑，是由茶籽榨過油後所形成的塊狀茶粕。清領時期的先民常用之來洗滌衣物，後日本殖民時期「石鹼」傳入台灣，兩者的物名就被交叉著使用，並沿用至今。日治時期台灣石鹼的種類因其製造方法與原料不同，所以功能各異，主要可分為洗濯石鹼、化妝石鹼、藥用石鹼及工業石鹼等四類。依據台灣人使用的習慣來說，以洗濯石鹼居多，主要功能就是洗滌衣物。其次是化妝石鹼，功能為清潔身體，並非字面上的化妝用途，有點類似現在的香皂功用。再者是藥用石鹼，它是用來消毒殺菌及減緩皮膚病。工業石鹼因用於工業特殊用途，使用量不多。

圖117為教員在校園中用來存放「雪文」的銀製盒子，精緻的百合花雕工讓銀製盒更顯尊貴，盒身橢圓弧度的設計感，符應手掌抓取物品的人體工學。作者推測這個「雪文」銀盒應該是校園中教員用來放置化妝石鹼的肥皂盒（圖118），因為化妝石鹼是用來清洗身體或臉部，不管是在用宿舍洗澡使用或是課堂下課清洗臉部或手部都有可能。日治時期的台灣人對於身體清潔（洗澡）方面仍習慣以擦澡方式居多，不過在台灣總督府極力推廣下，「雪文」的使用日漸普及，加上當時衛生習慣的宣導與改善（防止腸胃病、砂眼），台灣人開始接受日常生活「雪文」為必需品。除此之外，台灣人也漸漸接受洗臉使用「雪文」的習慣，《台灣日日新報》曾報導：雖然化妝類的「雪文」可以幫助清除臉上的污垢與油脂，且對青春痘的預防及治療有不錯的成效，但因當時原料與品質的不穩定性，且部分鹼性過強，容易傷及皮膚，所以建議民眾慎選洗臉的「雪文」以弱鹼性較為良好。

不過隨著太平洋戰爭爆發，1940年代的台灣氛圍草木皆兵，在夜間則實施嚴格的燈火管制，老百姓不敢擅開電燈，入夜後一片黑暗，當美國飛機來襲時，就要馬上以不透光的布將電燈蓋住，減弱亮光，以免成為轟炸的目標。早晨常常師生到學校上課不久，防空警報馬上響起，師生立馬列隊前往鄉村地區疏散或是躲入防空洞中，這些記憶是85歲以上師生的共同記憶，他們一定都還記得當時的服飾顏色以「卡其色」或「淺軍綠色」居多，因為日治後期躲空襲時這些顏色的衣服已成為他們記憶中的集體印象，而這類顏色的服裝即稱為「國民服」，因「卡其色」或「淺軍綠色」有著偽裝的保護色，對地面上的掩護有一定的功能，除了服飾的顏色統一外，日常用品也會以「卡其色」或「淺軍綠色」居多，如（圖119）為公學校教員所使用的錢包，錢包是淺軍綠色的顏色，應該不是公發的用品，因裁縫手工上頗為細膩，縫針處都有收線，布的品質也不錯，該錢包在設計上有兩個夾層袋，前面一層容量較少可能是放置紙鈔，後面一層較深可能是放置銅板用。以一條布線縫在錢包的上緣，另一端為繫有銅環，銅環是用來繫在褲頭，避免奔跑時錢包掉落或被扒取的功用。這類型的錢包在日治後期頗為常見，因民眾常常疏散躲空襲，所以都會隨身攜帶家當，而這類的錢包就成為民眾守護資產的得力幫手。

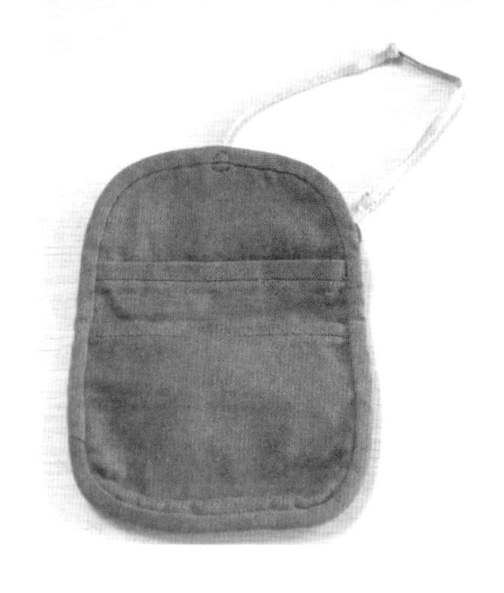

117 雪文盒整體
資料來源：蔡幸伸
118 雪文盒內部
資料來源：蔡幸伸
119 國防色錢包
資料來源：蔡幸伸

117
118
119

國民學校

✧ 轉學應援團：轉學證書 ✧

現代的學童可能因為家庭因素，如父母親工作地、父母親離異等，被迫轉學。這樣的情形在日治時期也非常常見，如圖120，昭和20年（1945）1月，兩位女學童的轉學公文書，分別是國民學校初等科三年級蔡瑞滿及六年級蔡瑞珠。她們兩人由原台中師範學校附屬第一國民學校（現今台中教育大學附屬實驗小學）轉學至軍功國民學校（現今台中市北屯區軍功國小）。

由台中師範學校附屬第一國民學校檢附三年級蔡瑞滿及六年級蔡瑞珠兩人的學籍簿及身體檢查表，學籍簿就是今日的學籍卡，每一個學生在入學以後，都會有一張學籍卡，詳細記錄個人的出生年月日、家長姓名、家長職業、居住所等，接著每一年的出缺勤日數、各學科成績，甚至身體的各項檢查都會被一一記載在這張表單中，而學校就是透過這張表單來管理學生，所以當轉學時，這張表單當然也要隨學生移轉至新學校。另外身體檢查表（原稱活力檢查表），主要是在每年的四月與十月分別記載學童的身高、體重、胸圍、脊椎、眼疾、耳疾、牙齒、特殊疾病等（類似家庭通信簿中的記載事項，但其僅記載四月入學時的記錄），而比較特殊的是女童則會新增天然足或纏足的檢查項目。

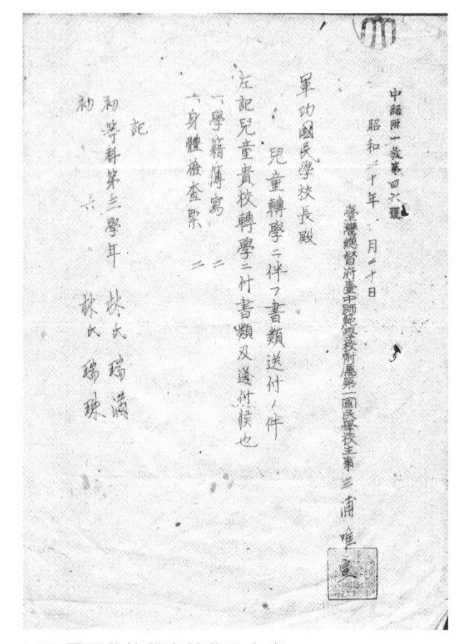
中師附一發第四六號
昭和二十年一月二十日
臺灣總督府臺中師範學校附屬第一國民學校主事 三浦唯
軍功國民學校長殿
兒童轉學ニ伴フ書類送付ノ件
左記兒童貴校轉學ニ付書類及送付候也
一、學籍簿寫 二
一、身體檢查票 二
記
初等科第三學年 林氏瑞滿
初 〃 六 〃 林氏瑞珠

120 國民學校學童轉學公文書

教員的誕生：關於免許狀

免許狀為資格證書之意，而教員免許狀則為教員證書，取得免許狀者方有資格擔任教員職務之意（圖121）。日治時期的公學校正式教員需領有教員免許狀，依據日治時期的制度，舉凡師範學校畢業通過檢測後即取得教員免許狀，並授予奏任官官職等，派任公學校任職。若僅為中等學校或實業學校學歷者，均為代用教員聘任之，但他們可以透過檢定考試晉升正式教員。昭和16年（1941）第三次公布新《台灣教育令》，同年3月1日，〈國民學校令〉公布實施，訓導與准訓導的稱謂沿用，免許狀的類別分為國民學校訓導、國民學校初等科訓導、國民學校專科訓導、國民學校養護訓導，准訓導方面分為國民學校准訓導與國民學校初等科准訓導共計六種。

長林君子，原名林荷君，優秀的她在昭和18年（1943）畢業於台北第二高等女學校（圖122）後，考取台北師範學校台灣國民學校初等科訓導養成講習科，並於昭和19年（1944）完成學業及取得國民學校教員免許狀（圖123、圖124），接著被派任擔任國民學校訓導乙職，或許讀者會覺得奇怪，依據先前的認知台籍教員不是擔任准訓導嗎？怎麼會變成訓導呢？理由很簡單，因為林荷

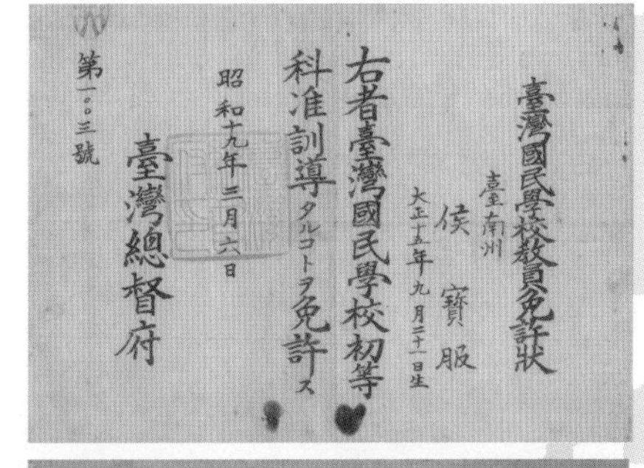

臺灣國民學校教員免許狀
臺南州 侯寶服 大正十五年九月二十一日生
右者臺灣國民學校初等科准訓導タルコトヲ免許ス
昭和十九年三月六日
臺灣總督府
第一〇〇三號

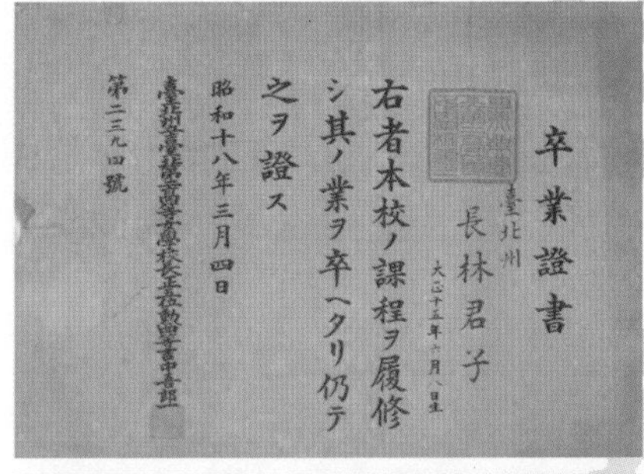

卒業證書
臺北州 長林君子 大正十五年六月八日生
右者本校ノ課程ヲ履修シ其ノ業ヲ卒ヘタリ仍テ之ヲ證ス
昭和十八年三月四日
第二三九四號

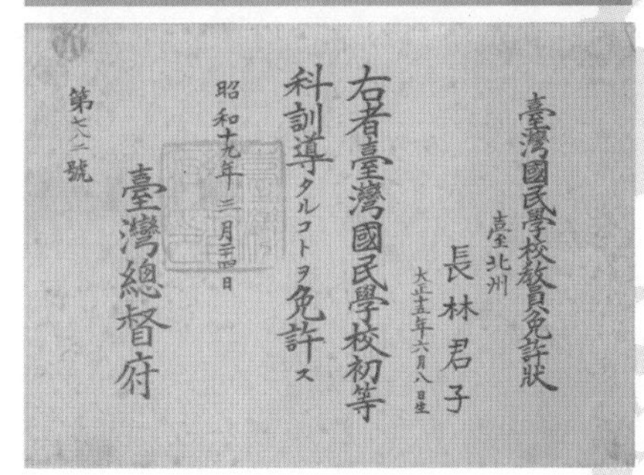

臺灣國民學校教員免許狀
臺北州 長林君子 大正十五年六月八日生
右者臺灣國民學校初等科訓導タルコトヲ免許ス
昭和十九年三月[illegible]日
臺灣總督府
第七六二號

121 侯寶服教員免許狀
122 長林君子二高女卒業證書
資料來源：石碧婉
123 長林君子教員免許狀
資料來源：石碧婉

君改名長林君子，在法源上，她已經是日本人，所以當她任國民學校教員時，則直接以日本籍為標準，認定為訓導完全合理（圖124、圖125、圖126）。

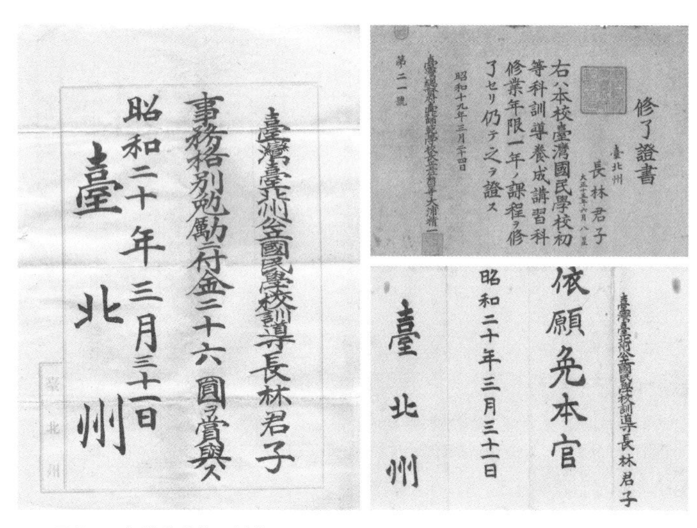

修了證書

臺北州
長林君子

右ハ本校臺灣國民學校初等科訓導養成講習科修業年限一年ノ課程ヲ修了セリ仍テ之ヲ證ス

昭和十九年三月二十四日

臺灣總督府臺北師範學校長 [illegible] 大浦精一

第二一號

臺灣臺北州[illegible]國民學校訓導長林君子

事務格別勉勵ニ付金三十六圓ヲ賞與ス

昭和二十年三月三十一日

臺北州

臺灣臺北州[illegible]國民學校訓導長林君子

依願免本官

昭和二十年三月三十一日

臺北州

124 長林君子師範學校修了證書
資料來源：石碧婉
125 長林君子績效獎金狀
資料來源：石碧婉
126 長林君子教員免職令
資料來源：石碧婉

公、小學校高等科
（含國民學校）

高等科是一種公學校過渡的學制，類似今日的初中學制，規範於台灣總督府的公學校行政規則中。大正11年（1922）以前，部分的公學校在六年學制的初等科以上另設有「實業科」或「補習科」，大正11年（1922）後才改稱高等科。其就讀原則是必須要完成六年的公學校課程，提供對於想繼續讀書、但當年度卻無法順利考取中等學校、實業學校或師範學校的公、小學校（含國民學校）畢業生，繼續修讀的一種兩年制的過渡學制，通常學生程度都具有一定水準（圖127、圖128）。

依據《中國民國教育程度之定義及標準分類》規定，國民學校（公學校）高等科畢業者，光復初期的學歷認證為初中肄業二年。日治初期台灣中等教育尚不發達時，甚至有許多公學校高等科畢業的學生，畢業後經過短期的講習後，直接回母校擔任代用教員，據作者曾經訪談過日治時期畢業於偏遠公學校的一位耆老，他描述自己就學時一項有趣的經驗，那就是今年還是公學校高等科的先拜（學長），明年開學時竟然變成自己學校初等科三年級的教員，後來得知這位先拜（學長）唸高等科時學業表現優異，但因為家庭因素無法繼續就學，所以參加了幾個月的臨時教員講習，並在日籍校長的推薦下回到母校服務擔「訓導心得」（代用教員）。

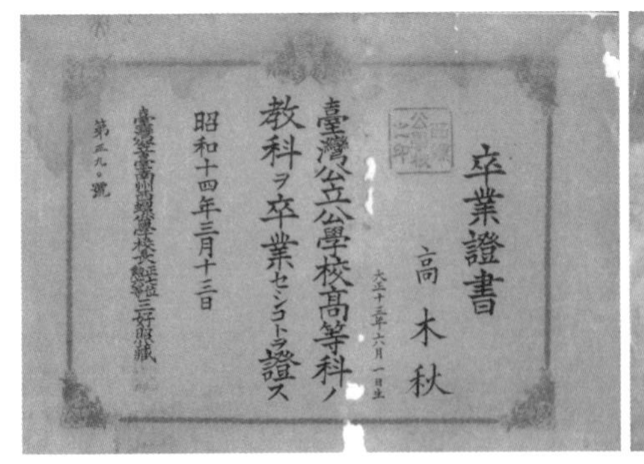
卒業證書
高木秋
大正十五年六月一日生
臺灣公立公學校高等科ノ
教科ヲ卒業セシコトヲ證ス
昭和十四年三月十三日

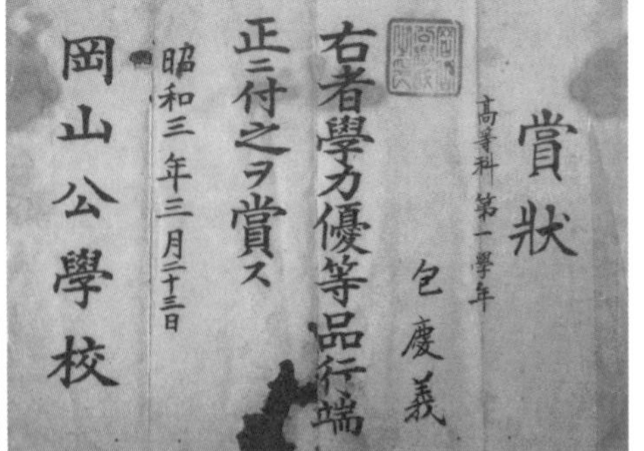
賞狀
高等科第一學年
包慶義
右者學力優等品行端
正ニ付之ヲ賞ス
昭和三年三月二十三日
岡山公學校

127 公學校高等科卒業證書
128 公學校高等科賞狀

鐵飯碗的門票：高等科的出路

隨著公學校的初等教育普及，學童受教育的機會變多，轉眼間公學校的學歷倍增，因中等教育的受教機會甚少，加上全台各地積極籌設公學校高等科，這趨勢讓完成六年教育的學童有更進一步的機會繼續唸書，到了1930年代「公學校高等科畢業」成為常見的就業基本條件，一個農村子弟若想要脫離農家生活，取得公學校高等科學歷便是一條改行的捷徑。例如楠梓公學校高等科畢業的陸季盈，其日記記載他曾於昭和14年（1939）年1月，開始擔任農事實行組合的書記，同年5月又擔任了九曲堂第一國語講習所講師，接著又擔任了大樹庄民風座星會書記及皇民奉公會大樹庄分會書記。又如畢業於朴子公學校高等科的陳來埤，也說高等科畢業的學生很受重用，特別是成績優秀或是擔任過級長、副級長的（圖129），更受政府青睞。每年到了4月畢業時，東石役郡所（現今朴子市公所）都會派員來調查是否有人願意去役郡所上班。同樣的，日治時期畢業於台中州立農業學校農業科的廖繼水回憶：他畢業後，在糧食局台中事務所清水出張所工作，除了中等學校為少數外，很多同事都是公學校高等科畢業。由此可知公學校高等科畢業的學生在學識上因具備一定水準，所以公務機關或文職單位都偏愛該科別的畢業生，可說是任職公家機關的加分選項。

此外，許多中等學校的實業學校、實業補習學校或養成所，他們也會規定報考資格一定要具備公學校（國民學校）高等科的學歷才能報考。例如：台北第二商業學校的報考資格為公、小學校高等科的畢業生。再者，台南專修工業學校也有同樣的規定，依據畢業於台南高等工業學校（現今成功大學）的涂錦鏞指出：台南專修工業學校附屬於台南高等工業學校中，其修業年限為二年，分有機械、電氣、木工、土木四科。同樣也是報考資格為公、小學校高等科的畢業生。又如台北醫院看護婦養成所規

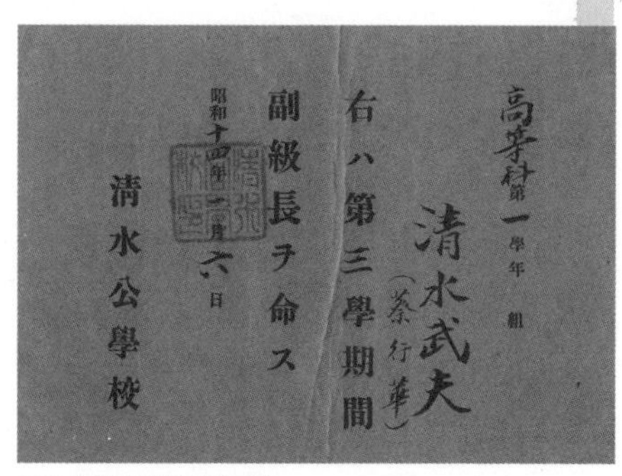
高等科第一學年　組
清水武夫
（蔡行華）
右ハ第三學期間
副級長ヲ命ス
昭和十四年一月六日
清水公學校

129 高等科副級長證書

定，除了年齡需年滿15歲以上、20歲以下的未婚女性外，報考的學歷要求為公、小學校高等科畢業或高女二年級以上學歷者方能報考。

綜上所述，公學校高等科畢業的學生，通常是有意願繼續升學但無法順利考上理想的學校時，待考的過渡選擇就是唸二年制的高等科，也有可能唸高等科第一年時就順利考上中等學校、實業學校或實業補習學校等，就會放棄原本的高等科去唸中等學校、實業學校或實業補習學校。或者是家庭或經濟因素，無法讓學童繼續升學，折衷且就近的升學管道。所以公學校高等科畢業的學生，在找工作上較一般公學校初等科有優勢，亦是升學的跳板之一。

小學校

小學校情報室：設立沿革

日治時期的尋常小學校，通稱「小學校」，是專屬日本囝仔就學的初等教育的學制，初期的設立是為了提供渡海來台的日人子女，讓他們在學齡階段可以就學，而小學校亦有極少數的台灣囝仔入校就讀。

台灣總督府於明治31年（1898）將原本在明治29年（1896）設立的國語傳習所一律改制為公學校，此時日本內地鼓吹內地日人前往台灣開墾，並獎勵日本官吏攜眷渡台，使得前往台灣的日人急速增加。所以在明治31年（1898）台灣總督府除了頒布〈台灣公立公學校規則〉、〈台灣公立公學校官制〉與〈公學校令〉外，亦頒布了〈台灣公立小學校規則〉、〈台灣公立小學校官制〉、〈小學校令〉等法令。〈台灣公立小學校官制〉公布後，在台灣全島的重要地方開始設置小學校，置小學科（六年）、補習科（二年）。再者，〈台灣公立小學校規則〉則規定了日人子弟就讀的小學校之科目、師資與組織架構與日本內地一致外，亦區別了台灣的初等教育「內台不共學」的雙軌制（圖130、圖131）。

明治35年（1902）4月台灣總督府公布〈台灣小學校規則〉。〈台灣

130 金瓜石尋常高等小學校體育課
資料來源：《金瓜石礦山寫真帖》
131 嘉義旭尋常高等小學校師生合影

小學校規則〉的規定完全援用內地日本小學校令和施行規則，所有科目、修業年限、編制、程度等完全和日本內地的小學校一樣。小學校的教學科目為修身、國語（日語）、算術、歌唱、體操及女子的裁縫，高等小學校的教學科目為修身、國語（日語）、算術、日本歷史、地理、理科、圖畫、唱歌、體操及女子的裁縫。修業年限4年的高等小學校得增設英語。

明治43年（1910）2月26日修正〈台灣公立小學校規則〉，將小學校視為義務教育，採取強制入學。另外有些小學校在設施與教員人數符合規定後，亦會設立高等科，如北港尋常小學校在大正4年（1915）後設有高等科，故校名改稱北港尋常高等小學校（圖132、圖133）。最後，昭和16年（1941）3月26日以勅令第二五五號修正《台灣教育令》，將台灣的初等教育一律改為〈國民學校令〉實施，並在同年4月1日實施該法令。也就是將原本小學校、公學校及蕃人公學校一律改為日治後期我們所稱的「國民學校」。

132 北港尋常小學校校名
資料來源：大正4年《台灣總督府文官職員錄》
133 北港尋常高等小學校校名
資料來源：大正5年《台灣總督府文官職員錄》

⊹ 復古版的Line ⊹

日治時期通訊設備尚未發展，更遑論像今日的教師一樣，用手機、Email或Line與家長溝通，而教員與家長要如何互動聯繫呢？答案是—透過小學校的家庭通信簿（圖134），又稱為通信箋、通告簿，類似於今日的聯絡簿。它提供管道使家長瞭解學生的學習狀況，雙方進行交流互動，功能類似今日的「家庭聯絡簿」。當時的家庭通信簿用途眾多，上面除了記載學生姓名及歷年各科成績（學期成績單）、家長姓名及職業、校長及級任導師外（圖135、圖136），尚有記錄囝仔每學年的身高、體重、健康檢查、出勤狀況（重病、入學、轉學、賞罰等）（圖137、圖138、圖139）與得獎事蹟等資訊。另一方面，校方為了知悉每學年的畢業人數，在學校檔案中均會編列學籍簿及修業台帳等資料，學籍簿則是與家庭通信簿配合，兩邊的資料內容原則上是吻合一致的。

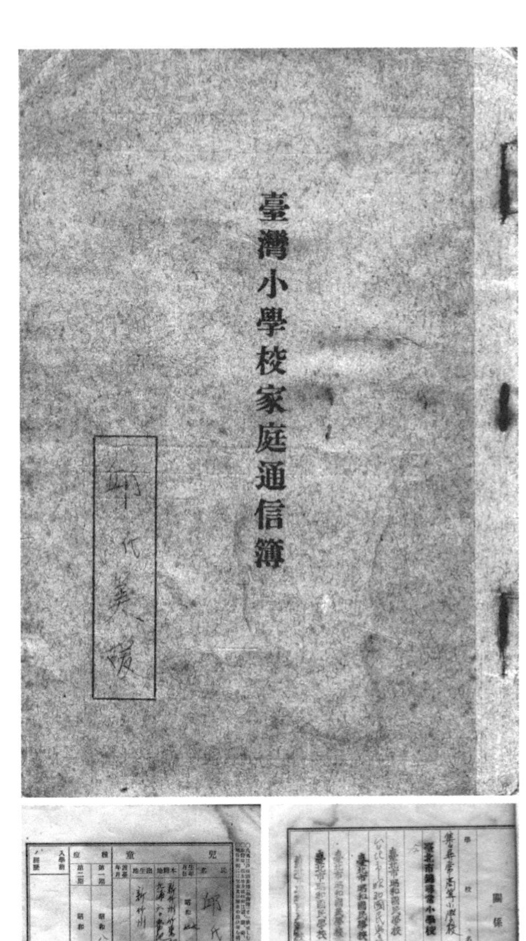

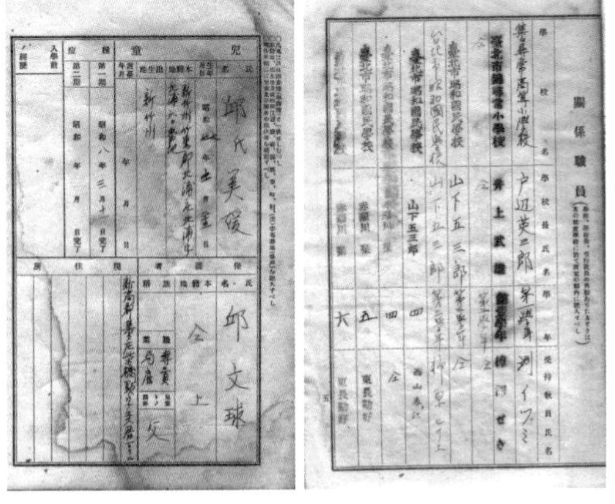

134 集集尋高等小學校家庭通信簿
135、136 兒童與家長基本資料、關係職員

初等教育

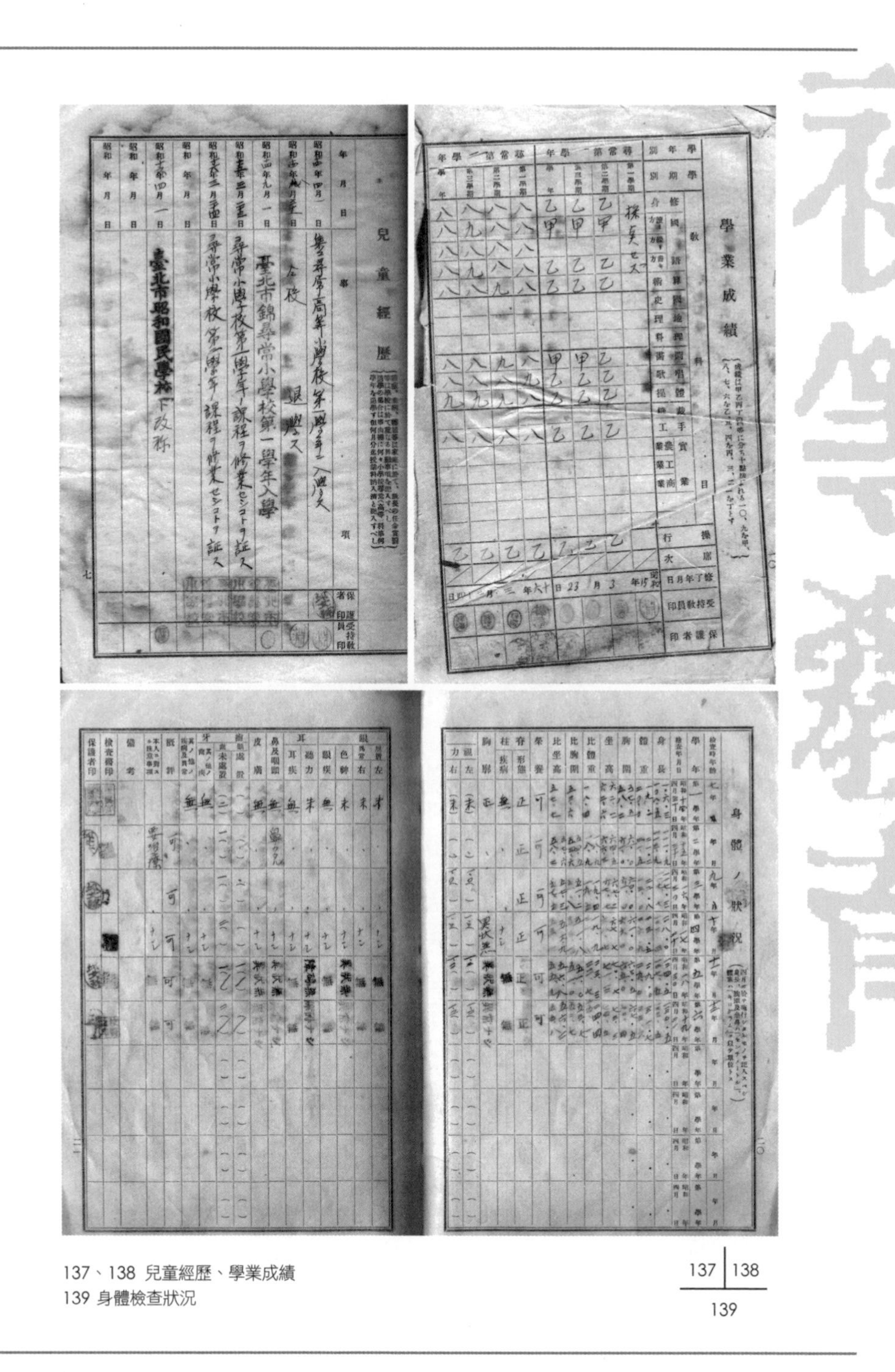
兒童經歷

年月日	事項
昭和四年四月一日	臺北市錦尋常小學校第一學年入學
昭和五年三月二十五日	尋常小學校第一學年ノ課程ヲ修業セシコトヲ證ス
昭和十六年四月一日	臺北市昭和國民學校ト改称

學業成績

身體ノ狀況

137、138 兒童經歷、學業成績
139 身體檢查狀況

✣ 童子軍大本營：少年團 ✣

您是否知道「童子軍團」早在日治時期就被引入台灣？小學校的校園中有一種名為「少年團」的組織，也就是現在我們稱的童子軍團。全台最早的少年團組織是大正4年（1915）6月，於台北成立之「少年義勇團」，此組織也就是台灣少年團的始祖，共招集小學校高等科的在學生170人為團員。換言之，少年團一開始並沒有任何的公學校學生，全是以小學校的高等科學生為組成成員。

大正14年（1925）6月開始以學校為單位成立各校之少年團，同時在新竹州、台北、基隆、台中等市則有各校組成之聯合少年團，不過此時少年團成員已開始轉變，以台灣囝仔為主而成立之少年團，則始於昭和4年（1929）3月豐原公學校少年團（圖140），此組織非常強調規律、服務精神，重視技能與野外求生訓練，因此舉辦之活動除講習和演講等靜態活動外，也非常重視露營、登山遠足、旅行等定期訓練的活動（圖141、圖142）。

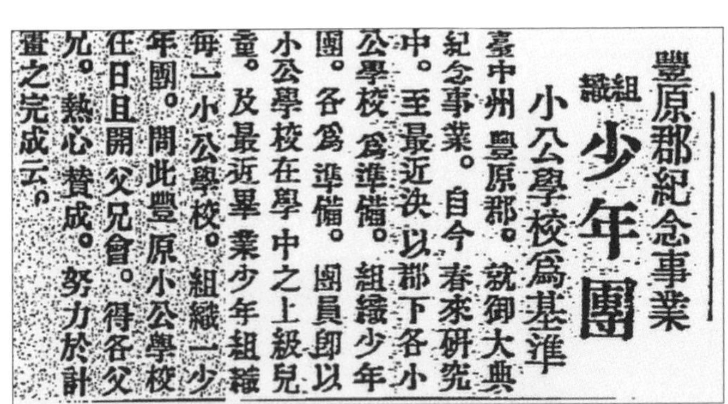

豐原郡紀念事業
組織少年團
小公學校爲基準

臺中州豐原郡。就御大典紀念事業。自今春來研究中。至最近決以郡下各小公學校。爲準備。組織少年團。各爲準備。團員卽以小公學校在學中之上級兒童。及最近畢業少年組織每一小公學校。組織一少年團。問此豐原小公學校在日且開父兄會。得各父兄。熱心贊成。努力於計畫之完成云。

樺山少年團
野外教練
天幕生活實演

樺山少年團は去る六月結團式を擧げてから着々其成果を納めてゐるが夏中休暇中に大體の訓練を修得させるため七月中三回團員を學校に召集し信號法、結繩法、野外炊爨の實習をしたが八月は更らに一二、三、十、十七、二十四、二十七、二十八、二十九の九日間に亙り野營地選定に關する注意、天幕張の方法、野外自炊、方位發見、天候豫測、天文觀察、地圖取扱、伐木救急法、スカウト遊戲等をなす豫定であるが、之等實地演習のため八月下旬草山又はツライで天幕生活をなすことにしたので團員一同は非常の意氣込みで訓練に餘念ない

通學の暇を利用し
廢物を集めて獻金
樺山少年團員の美擧

台北市樺山小学校少年團員[illegible]君以下十一君は此の程、[illegible]本部を訪れ、古鉄や空瓶、古雜誌等を集めて溜めた四十九円七十七錢を提出、強い／＼[illegible]の[illegible]する軍人さんに贈つて下さいと本部の係員を感激させてゐる、[illegible]本部では早速右少年達の希望通り、慰問袋を作り軍人さんに彼等の赤誠を傳へることにした（寫眞は通學の餘暇に廢物集めに出かける少年團）

140 豐原郡籌組少年團
資料來源：《台灣日日新報》
141 樺山少年團野外天幕生活實演
資料來源：《台灣日日新報》
142 樺山少年團回收廢棄物獻金捐給國家
資料來源：《台灣日日新報》

舉嘉義市為例，少年團的組織在三〇年代初期嘉義市五間公學校中並非每一間公學校都有少年團的組織，據嘉義市耆老賴彰能指出：並非每一間公、小學校都有少年團。而另一個耆老莊立說：參加少年團的要很優秀，家裡經濟也要不錯。少年團的作用主要是訓練兒童早期參與鄉里間的公共服務、社會服務、神社奉仕，並協助學校參與代表性活動及典禮。不過這性質的組織並非每個兒童都能參加；參加少年團的台灣囝仔除了社經地位要高外，日語能力也要比一般孩童優秀。且參加少年團的條件相當嚴苛，因為此組織除相當重視露營、登山遠足、旅行等戶外活動外，更要具備優渥的家庭背景與流利的日語能力，因此這樣的團體組織似乎是專為那些中上產階級子弟所準備的（圖143）。

143 嘉義旭尋常高等小學校南門少年團師生合影

力爭上游攻防戰：誰才可以唸小學校？

大正11年（1922）以前，小學校是專為日籍囝仔設置，僅收日本學生。不過這情況在大正11年（1922）後也有所轉變。大正11年（1922）2月修正的《台灣教育令》，正式揭櫫廢除台灣的日本人教育和本島人教育的區別，從初等教育到高等教育都接受一視同仁的教育平等權，不分台籍或日籍。不過，在初等教育階段仍然有差別待遇，以國語（日語）的使用程度與否，作為小學校和公學校的重要區別。

從前專為日本人兒童設置的小學校，表面上雖分有日本囝仔和台灣囝仔，但台灣囝仔只要常用日語者就有機會可以進到小學校就讀。大正11年（1922）3月13日修正台日共學的規定，其中增列一條「允許就讀小學校的台籍兒童數，每班級為日籍兒童的人數的三分之一」，透過法規明文限制台籍學生就讀小學校的比率（圖144）。又大正11年（1922）4月台灣總督府修正了〈台灣公立小學校規則〉，將〈台灣小學校規則〉和〈台灣小學校補習科規則〉廢除。開始開放公學校部分程度較好的台籍學生申請考試入小學校就讀，同樣的也開放日籍學生到公學校就讀，不過小學校對於台灣囝仔的入學申請案，並不是全然接受，而是需嚴格的審查父母社經地位、資產、教育程度及歸化日本的程度，才決定是否可入學。不過不諳國語（日語）的仕紳家庭，若想將自己的小孩送入小學校也有其他管道，因新的〈小學校規則〉也專為台灣有權人或仕紳開闢特例，在此姑且稱之為「權貴條款」，〈小學校規則〉第4條規定，不常用國語（日語）者想進小學校就讀，只要經過州知事或廳長的批准也可以入學。此條文無疑是為台灣上層階級的子弟開通就讀小學校的窄門（圖145）。

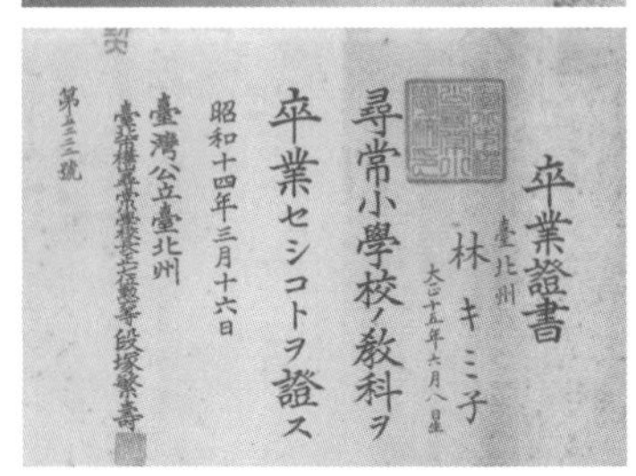

卒業證書

臺北州

林キミ子

大正十五年六月八日生

尋常小學校ノ教科ヲ

卒業セシコトヲ證ス

昭和十四年三月十六日

臺灣公立臺北州

臺北樺山尋常小學校長[illegible]段塚繁壽

第[illegible]號

144 北港尋常高等小學校台籍囝仔
資料來源：北港工作室

145 樺山尋常小學改日本名字的台灣囝仔卒業證書
資料來源：石碧婉

✧ 校園的白袍傳奇 ✧

最早對於校醫設立的制度並無設置的明文規定，所以對於校園囝仔健康的狀況記載，大抵在設有校醫的學校方能有所掌握與瞭解。明治35年（1902）時初等學校才陸續建置設有校醫並負責健康事務與校園衛生安全的維護，但是在當時學校校醫負擔較為繁重，因其需負責較多學生之健康事務，例如日治初期曾一度希冀藉由校醫的設立，來解決校園中囝仔的砂眼防治問題，但後來發現根本無效。除此之外，校醫的津貼補助亦不理想，甚至是無給的義務支援。所以當任公醫職務期滿時，醫師們通常會脫離公醫體系而自行在街庄上開業，繼續醫療行為，閒暇之餘才會繼續兼任公、小學校的校醫，賺點「所費」（零用錢）。

關於公、小學的校醫來源，主要是由州廳公醫、開業醫或受地方政府特別委託之台灣總督府醫院職員，其職責為向校方報告學校衛生狀況；對於罹病兒童，依其病況向學校通報缺課、休學和治療情形；學校若發生傳染病，則負責消毒和預防作為；當然，更包括學生健檢、臨時意外傷害的立即排除等，所以校醫的職責也很重。

日治時期治病的醫療人員區分有醫師與醫生兩類。而醫師又分有普通醫師、齒科醫師（牙醫）。明治29年（1896）台灣總督府頒布〈台灣醫業規則〉，把醫師的專業執照化，當時的醫師資格必須取得大日本帝國內務大臣所頒發的醫術開術開業證照，或台灣總督府民政局長所頒發的醫業執照等，才能稱之為「醫師」（圖146）。

146
147

146 豐原小學校校醫莊玉三醫師
資料來源：《台灣人物鑑》

147 新莊郡新莊街林欽榮漢方醫生
資料來源：《台灣官紳年鑑》

關於齒科醫師（牙醫）的資格限制又另有其他專門法規規定。而醫生即是指日本統治殖民台灣之前，即在台灣從事病患診斷及投藥之醫療人員，大體而言以漢醫（中醫）居多。而漢醫（中醫）種類又分良醫（博通醫書及專精經脈者）、儒醫（習醫書之讀書者）、世醫（繼承祖傳秘方或秘訣者）、時醫（稍懂文字且跟隨行醫世家習得少許治病方法者），而上述四類醫生都需要經過認可才能行醫，依據明治31年（1898）3月台灣總督府資料記載，全台這四類人約有1,046人（圖147）。

漢醫（中醫）的醫療行為一直為台灣人所習慣，當日本統治台灣時建立了醫師制度，但台灣病患亦不習慣西醫的治療方式，因此原有的中漢醫大多無意申請醫師執照。綜上所述，醫師是對領有執照的醫療人員的稱呼，而醫生則泛指未領有執照的中漢醫而言。

而當初日本統治台灣初期，為了建立台灣島內完備的醫療與衛生系統，也實行公醫制度，請公醫協助辦理各該責任區內各種公共衛生及醫事相關事務，包括自來水及地下水清潔改良、傳染病檢疫預防、普及種痘、防治梅毒、鴉片、檢驗屍體等事項。此外，為了使公醫能順利輔佐衛生行政，善盡公醫職責，公醫亦受聘擔任縣廳所在地之警察醫、監獄醫、各級學校等（圖148、圖149、圖150）。

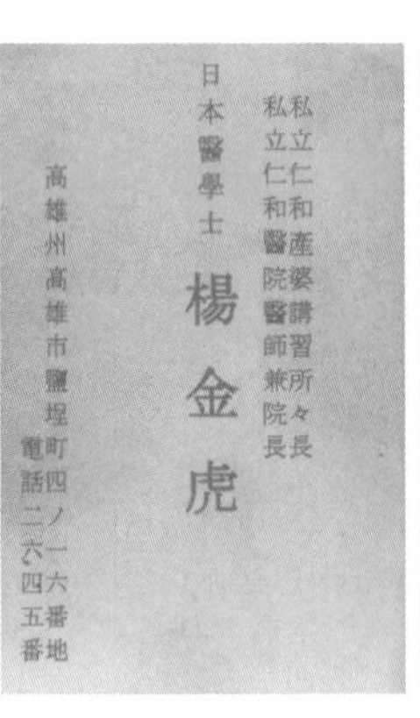

私立仁和產婆講習所々長
私立仁和醫院醫師兼院長
日本醫學士
楊金虎
高雄州高雄市鹽埕町四ノ一六番地
電話二六四五番

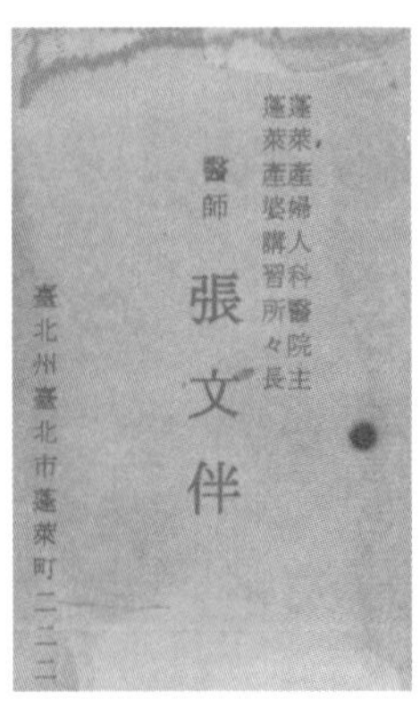

蓬萊產婦人科醫院主
蓬萊產婆講習所々長
醫師
張文伴
臺北州臺北市蓬萊町

148 | 149 | 150

148 台南州公醫兼媽祖廟公學校校醫楊金虎醫師
資料來源：自治制度正十周年紀念人物志
149 楊金虎醫師名片
150 張文伴醫師名片

日本先生的「九牛大補丸」

伴元造醫師（圖151），明治14年（1881）7月7日出生於山形縣鶴ケ岡。家境貧苦，年少時努力苦學立志成為醫師，並於明治36年（1903）畢業於東京慈惠醫學專門學校。接著明治38年（1905）服務於明治生命保險株式會社擔任醫師，明治40年（1907）出走日本，遠赴清國廣東省汕頭成立私人醫院。明治43年（1910）輾轉渡海來台，於高雄州恆春地區擔任公醫乙職，大正2年（1913）時奉派前往台南州北港地區擔任公醫，在北港積極推動公共衛生事務，對地方醫療與衛生上貢獻良多，進而被推選為北港街協議會員繼續服務鄉里。

伴元造醫術超群，也兼任大日本製糖北港製糖所的駐所醫師、北港尋常高等小學校校醫等。爾後其也自行獨立開業，成立私立伴元醫院繼續服務民眾，因其在擔任公醫時細心問診，加上醫術精湛，開業後醫院人潮門庭若市。

當時的藥物製造都要由藥商或組合公會向州廳或台灣總督府申請特許證，通過後才能進行生產與販賣，否則都將以私藥或禁藥查處。「九牛大補丸」又稱「規鐵丸」，由台中州官方特許並由彰化西門的朝陽商會所製造，主治身體虛弱（貧血、瘧疾病後）等症況的營養補給藥物（圖152）。背面藥包（袋）寫著使用方法及食後功效等，並在正面藥包（袋）提及禁止與茶（茶葉）一同服用。此藥包（袋）蓋有伴元造醫師擔任北港尋常高等小學校時的校醫個人戳章，應為伴元造擔任北港尋常高等小學校校醫時，在校園內所使用的藥品所遺留下來的藥包（袋）（圖153）。

152 | 153 | 151

151 北港尋常小學校校醫兼北港郡公醫伴元造
資料來源：《南進日本第一線に起つ新臺灣之人物》

152 九牛大補丸藥袋正面

153 九牛大補丸藥袋反面

筆者另有收藏其他公、小學校類似的藥包（袋），也發現有台南州其他公、小學校甚至中等學校，也曾使用此種包裝或不同廠牌製造的不同包裝藥包（袋），但是食後功效卻一樣的營養藥品，所以校園中對於「九牛大補丸」（規鐵丸）此類的營養藥品使用上也相對常見。此外，從伴元造醫師留下來的紗布包可以看出，小學校的醫療資源較好，校園中的學生使用紗布的品質都是「極上品」，是由台北地區繃帶材料中央配給組合及台北高尾商店所販賣的高品質醫療用品（圖154、圖155）。

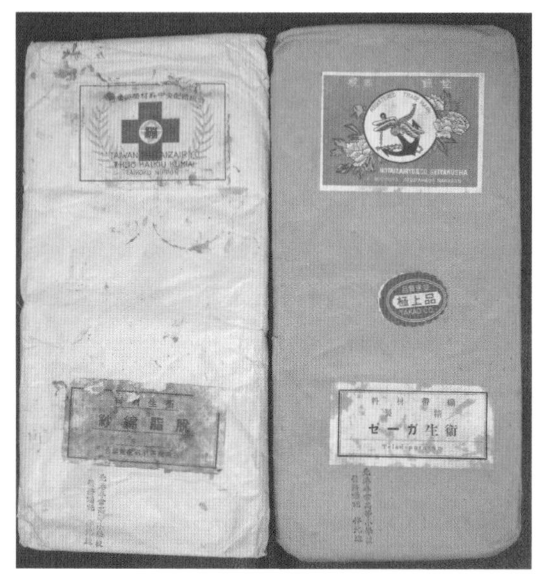

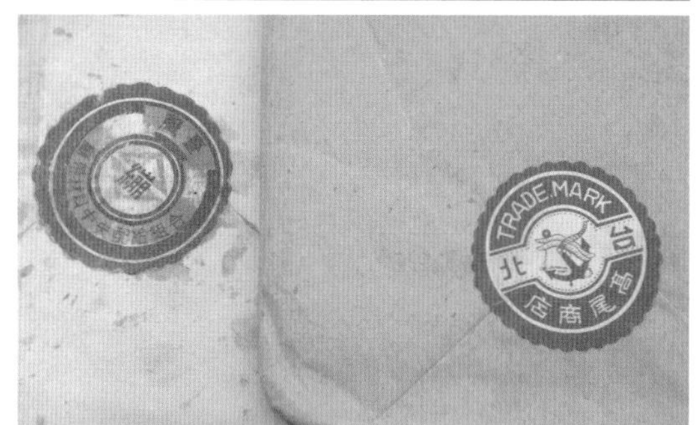

154 紗布包
155 紗布包販賣場商標籤貼紙

蕃童教育所

⊹ 後山日先照：蕃童教育所的設立沿革 ⊹

蕃童教育所的設立是基於殖民政策的考量（圖156），因日治初期時對於蕃人不定時的侵犯感到困擾，所以希冀透過教育的方式馴化他們，二來就學的蕃童在蕃人反抗時亦可作為人質。日治時期台灣最早成立的第一所蕃童教育是明治37年（1904）9月27日，在蕃薯寮廳轄內簡仔霧「蚊仔只」蕃童教育所（現今高雄市那瑪夏區瑪雅里）招收簡仔霧蕃童接受教育。接著明治37年（1904）11月4日，在嘉義廳內阿里山達邦警察派出所，設立達邦蕃童教育所。後有明治40年（1907）6月台中廳白毛蕃童教育所、明治41年（1908）3月深坑廳曲尺蕃童教育所、明治41年（1908）6月台東廳網綢教育所與卓溪蕃童教育所、明治41年（1908）11月斗六廳楠仔腳蕃童教育所、明治42年（1909）10月台中廳稍來蕃童教育所、桃園廳角板山蕃童教育所、蕃薯寮雁爾蕃童教育所與阿猴廳內巴克容

156 台北州蘇澳郡下的蕃童教育所上課

蕃童教育所。

一般而言，管理蕃童教育所的單位是台灣總督府警務局（圖157、圖158），而非台灣總督府文教局。另外如果所屬地區有林業開發，則管理單位又不一，例如達邦蕃童教育所直屬管理單位，是負責當地開採阿里山檜木的台灣總督府民政局

157
158

157 台教化蕃童廣告宣導圖
資料來源：《台北州警察衛生展覽會寫真帖》

158 台南州嘉義郡蕃童教育所
資料來源：《台北州警察衛生展覽會寫真帖》

殖產部。蕃童教育所較特殊之處，是其師資非一般公學校、小學校、或蕃人公學校的教員（含教諭、訓導或囑託等），而是由離該蕃童教育所轄區的派出所警察業餘兼任，或是警察眷屬，甚至更特別的是如果警察執行職務繁忙，就會委由附近寺廟的日本和尚（非神社神職人員）擔任課程教授。由於透過警察系統以強迫或誘導的方式讓蕃童入學，所以就學率頗高，甚至一度高於公學校的體系（圖159、160、圖161）。

再者，明治41年（1908）3月13

159 台東大武支廳タリリク（大里力）教育所卒業證書
160 蕃童出席蕃童教育所倍增廣告宣導圖
資料來源：《台北州警察衛生展覽會寫真》
161 蕃童就學與不就學差異廣告宣導圖
資料來源：《台北州警察衛生展覽會寫真》

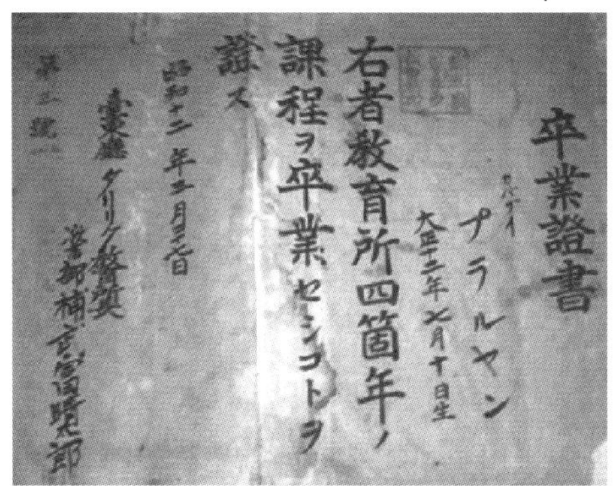
卒業證書
プラルヤン
大正二年七月十日生
右者教育所四箇年ノ課程ヲ卒業セシコトヲ證ス
昭和十二年三月三日
臺東廳タリリク教育所

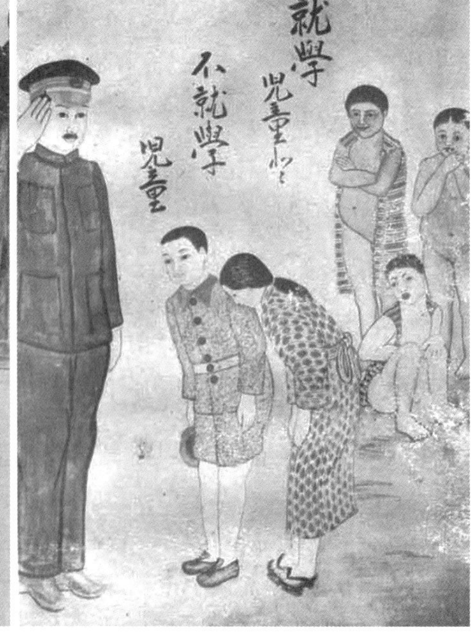

日發布了〈蕃童教育標準〉、〈蕃童教習綱要〉、〈蕃童教育費額標準〉等法令將蕃童教育所法治化後，開始在全台的蕃地山區陸續普設，正式確立漢蕃教育體系分離的時期。但其後因各地的蕃童教育所因應地區的情況，多所不同，修業年限從2年到4年不等，亦沒有專門使用的上課教材。直到昭和3年（1928）台灣總督府重新制定了〈蕃童教育所新教育標準〉後，明定蕃童教育所的名稱設置年限為4年，科目為修身、國語、圖畫、唱歌、體操與實業科等。上述這些教材的教育目的，主要是施以德育，涵養國民必要之性格，使學習國語（日語），成善良之風習（圖162、圖163）。接著昭和5年（1930）發生了讓日本士氣大傷的「霧社事件」，台灣總督府發現同化台灣原住民的目標受到影響，所以促使了台灣總督兒玉源太郎積極催生「理蕃大綱」的制定，研擬廢除「蕃人」稱呼，改稱「高砂族」，而蕃童教育所亦更名為「教育所」，並將鎮壓的強制手段改為教育的同化政策。

162 蕃童受教育廣告宣導圖
資料來源：《台北州警察衛生展覽會寫真帖》
163 蕃童育所遊戲課

162
163

蕃童教育大不同：教育所與公學校的差異

「蕃人」一詞在日治時期的定義是「居住於未開墾蕃地」的台人稱呼，亦即今日的原住民。而依據明治31年（1898）12月栗野傳之成與伊能嘉矩提出「蕃人事件」之復命書，以埔里為分界點，埔里以北的蕃人較未歸順日本，被標定為「未開化」、「智識程度低」的地區，由警察本署、警察局或派出所來辦理教育，因此設立「蕃童教育所」用以教育之；埔里以南的蕃人較歸順，被標定為「已開化」、「智識程度較高」的地區，由台灣總督府學務部或文教局辦理教育，因此設立「蕃人公學校」用以教育之（圖164、圖165）。台灣總督府透過設立「蕃童教育所」來實施「漢蕃分離」的策略，讓原住民接受與漢人不同的教育模式，但實際上，這種「隔離」的目的是為了「以蕃制漢」的規訓，並嚴禁蕃人「獵人頭」，希望徹底革除這項陋俗。

因為漢人仍常跟蕃人有不少衝突，還曾謠傳出現漢人捕食蕃人的現象，還發展出「暗黑料理方式」等，甚至將蕃人的肉、內臟或骨頭熬製成「蕃膏」。清領時期，胡適的父親胡傳曾於光緒18年（1892）來台任台東直隸知州（現今花東地區的最高

164 蕃人公學校蕃童合影

長官），在其撰寫的《台灣日記與稟啟》乙書中提到：埔里所屬有南番，有北番。南番歸化久，出亦不滋事。……。民殺番，即屠而賣其肉；每肉一兩值錢二十文，買者爭先恐後，頃刻而盡；煎熬其骨為膏，謂之「番膏」，價極貴。官示禁，而民亦不從也。這段記載證實了當時的漢人有「殺蕃取膏」的習慣。

直到日治時期，這樣的風氣仍有延續，日治時期大正10年（1921），任職於台南地方法院的通譯官片岡巖在《台灣風俗誌》乙書中提及：南投廳埔裏社以北鄰接番地，住民若殺一個番人時，舉庄都來慶祝，將番人首級插上槍尖，……，打鑼鼓歡呼遊行各莊……有人將番人屍體寸斷煮熟，然後切片分給每一個人吃。作者查閱「台灣總督府公文類纂」一手史料也發現了幾筆特別的食蕃記載，也證實當時的漢人是有食蕃的習慣或習俗，文中也記載不同的蕃肉吃法，除了蕃肉、蕃膏外，亦出現蕃下水、蕃鞭食法，吃法十分多元。

165 霧社蕃人公學校教師與蕃童合影

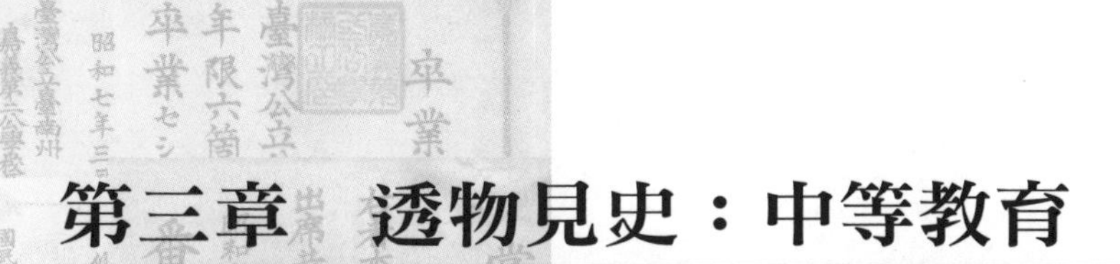

第三章　透物見史：中等教育

歷史是什麼：
是過去傳到將來的回聲，
是將來對過去的反映。

——法國哲學家
Hugo（A.D. 1802-1885）

中等學校

✧ 中等學校二三事：設立沿革 ✧

明治31年（1898）3月，以台灣總督府國語學校第四附屬學校為核心，設立了台灣第一所中等教育學校，隔年開始招收學生10人，但僅限於日籍男子。明治40年（1907）5月設立台灣總督府中學校，接著大正3年（1914）5月成立台灣總督府台南中學校後，台灣總督府中學校也隨即改名為台灣總督府台北中學校（圖166），這兩所一北一南的中學校都僅招收日本學生，至於台灣囝仔想進中學校的大門根本是不可能的任務。

大正3年（1914）在林獻堂、辜顯榮等中部台灣仕紳的奔走與集資下，於大正4年（1915）創立第一所台灣人就讀的學校一台灣總督府台灣公立台中中等學校（現今台中一中）（圖167），讓台灣囝仔在公學校畢業之後有機會繼續升學，但是修業年限僅四年，較內地人就讀的台北、台南中學校少一年。大正11年（1922）第二次《台灣教育令》發布後，中等以上學校放寬可讓日本囝仔、台灣囝仔共學的同時，修業年限亦全部改為五年，同時也在各個地方州陸續增設中學校。大正11年（1922）4月台灣島共新設了：台北第二中學校、新竹中學校（圖168）、台中第二中學校、台南第二中學校（圖169）、高雄中學校等五所，加上先前已設立的台北第一中學校（原稱台灣總督府台北中學

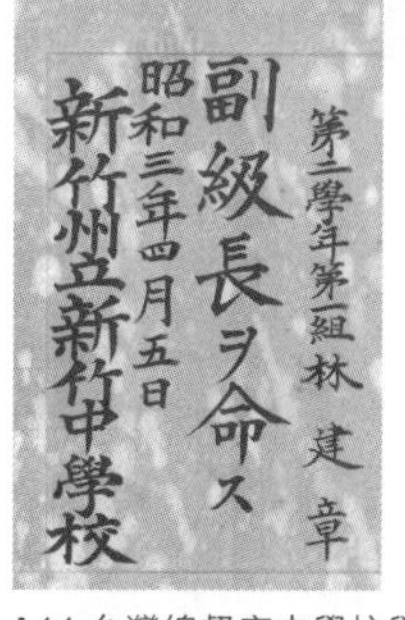
第二學年第一組 林 建章
副級長ヲ命ス
昭和三年四月五日
新竹州立新竹中學校

166 台灣總督府中學校學生見學旅行紀念
167 台北第一中學同窗合影
168 新竹中學校副級長證
資料來源：新竹中學

校）、台南第一中學校（原稱台灣總督府台南中學校）、台中第一中學校，到大正11年（1922）全台共有八所中學校。接著大正13年（1924）4月，嘉義中學校設立，昭和2年（1927）台灣最北端的基隆中學校落成，昭和11年（1936）6月，花蓮港中學校設置（圖170），昭和12年（1937）4月，台北第三中學校成立，隔年的昭和13年（1938）4月，屏東中學校設置，昭和16年（1941）4月至昭和17年（1942）4月，台北第四中學校、台東中學校、宜蘭中學校及彰化中學校也陸續在台灣島內成立。不僅州立的中等學校蓬勃發展，私立中等學校的興辦也很活絡，如大正3年（1914）設立的淡水中學校（圖171）、大正5年（1916）設立的台灣佛教中學校，甚至光緒11年（1885）就已經設立的長榮中學校（圖172）。

同樣的，女子也有中等教育的受教機構，日治時期的女子中等教育機構稱「高等女學校」。全台灣高等女學校的設立順位依序如下：明治30年（1897）設立台北第三高女（初稱國語學校第一附屬學校女子分教場）（圖173），明治37年（1904）設立台北第一高女（初稱國語學校第三附屬高等女學校）、大正6年（1917）設立台南第一高女、大正8年（1919）分別設立台中第一高女、台北第二高女、彰化高女（圖174）。大正10年（19121）設立台南第二高女、大正

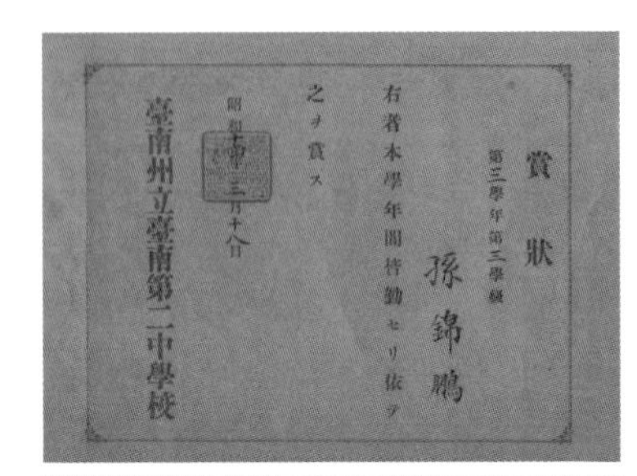
賞狀
第三學年第三學級
孫錦鵬
右者本學年間皆勤セリ依テ
之ヲ賞ス
昭和十三年三月十八日
臺南州立臺南第二中學校

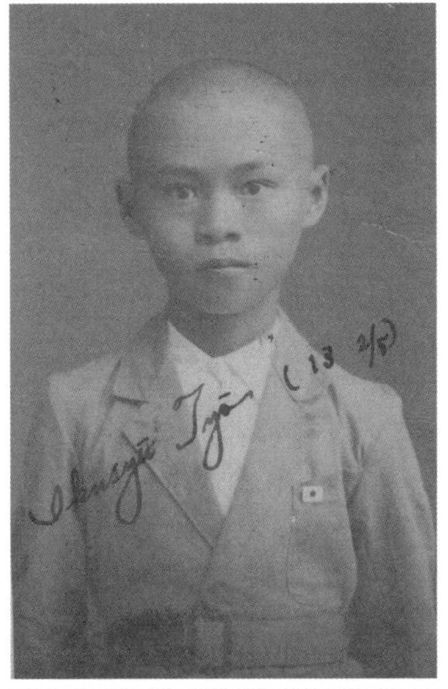

169 台南第二中學校賞狀
170 花蓮港中學校台籍生入學紀念照
171 私立淡水中學校學生個人沙龍寫真照

11年（1922）設立嘉義高女（圖175）、大正13年（1924）年分設新竹高女、基隆高女、高雄高女、昭和2年（1927）花蓮高女、昭和7年（1932）屏東高女、昭和13年（1938）1938年蘭陽高女、昭和15年（1940）分設虎尾高女、台東高女、昭和16年（1941）台中第二高女（圖176）、昭和17年（1942）台北第四高女、昭和18年（1943）1943年分設高雄第二高女、馬公高女。同樣的，除了州立的中等學校外，私立的高等女學校亦相繼改制與設立，例如：淡水高等女學校、長榮高等女學校（圖177）、靜修高等女學校等。

172 私立長榮中學校師生合體合影照

173 | 174
175 | 176
177

精勤賞狀

卒業生 西村きぬ子

硯箱一個

右者四箇年間精勤セリ

仍テ頭書ノ賞品ヲ授與シ

茲ニ之ヲ褒賞ス

昭和十七年三月十一日

臺南州立嘉義高等女學校

173 台北第三高等女學校學藝會表演
174 彰化高等女學校神社參拜紀念合影
175 嘉義高等女學校精勤賞狀
176 台中第二高等女學校學生個人寫真照
177 長榮高等女學校學生與外國籍老師戶外教學

中等學校的制服、帽子與徽章

明治40年（1907）5月設立台灣總督府中學校（後改稱台北第一中學校）時，學生的制服已經採用西式的學生服制服，其樣式為立領款式，夏季顏色為白色或降霜的小倉織材質，冬季顏色為黑色或紺色（帶有紫色的深藍色）木棉或小倉織材質。不過同一時期台灣總督府台南中學校（後改稱台南第一中學校）則是採用折領款式的學生服制服，顏色方面同樣是夏季為白色，冬季為黑色。後由林獻堂、辜顯榮等台灣仕紳在大正3年（1914）創辦的台灣公立台中中等學校（後改稱台中第一中學校），學生制服款式與台灣總督府中學校雷同，只是帽徽與鈕釦不同（圖178）。大正11年（1922）發布了第二次《台灣教育令》後，台灣的教育體制大抵底定，中等學校以上男子制服也承襲過去西式型態的學生制服。但大體來說，夏季與冬季的款式、顏色及材質都極為類似（圖179）。

178
179

隨著中日戰爭爆發，學生制服受到戰爭影響，改以國防色、人造纖維材質為主（圖180），因國防色服裝可以在民間囤存，作為日後國防物資專用，且統一制服亦可減少轉學生製作新制服的成本，降低家庭開銷。昭和11年（1936）台北第一中學校的學生制服也改採國防色，樣式類似軍服但改為折領並附有外口袋，而接著昭和12年（1937）設立的台北第三中學校

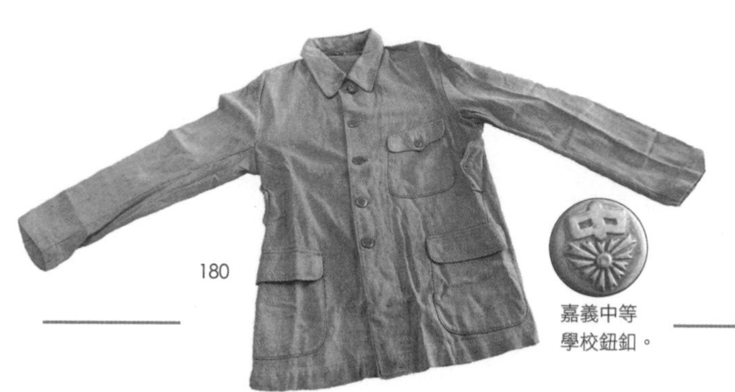

180

嘉義中等學校鈕釦。

178 台中第一中學帽徽
179 中學校制服
資料來源：《台灣學事法規》（昭和十八年版）
180 昭和末期嘉義中學校制服
資料來源：蔡幸伸

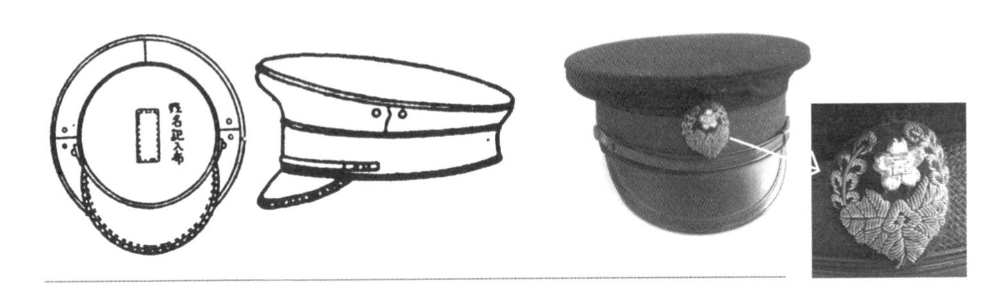

制服也跟台北第一中學校非常類似。昭和13年（1938）台南第一中學校亦跟進，將制服更換國防色的折領制服與綁腿，使學生制服充滿濃濃的軍事色彩。到昭和14年（1939）9月，台灣總督府發布〈學校生徒ノ服裝統制ニ關スル件〉，統一制定全台小學校及中等學校的學生制服，並從昭和15年（1940）4月新學期開始實施。此時的中等學校制服不分季節，採用類似西裝樣式的國防色人造纖維，製作立式折領學生制服，上面正面有五個鈕釦，左右旁及左胸口各有一個口袋，且左胸口袋另有一個鈕釦；下半身長褲與上衣顏色一致。

帽子方面，各校款式大致雷同，不同的地方在於帽徽與帽圍的線條。不過還是可區分為制帽和略帽兩類（圖181），如台中第一中學校，制帽是黑羅紗的海軍帽樣式，帽子側邊正中央有三條白線，線與線間隔一分五厘的木棉蛇腹線段；略帽則是一般的麥稈帽，週圍環繞著三條白線，正面為學校徽章。徽章的內容則是以校徽為主，呈現在帽徽及衣服的鈕釦上。就符號學而言，它是學校表徵的符碼，以抽象的型式象徵學校的存在。透過帽徽就可以知道所屬的學校團體，因為不同的帽徽代表個別的學校團體。日治時期台灣延續了日本內地中等學校的文化，都陸續制定了校徽，如圖182為台北第三中學校的制帽與校徽，圖183為台北第一中學校的制服鈕釦。

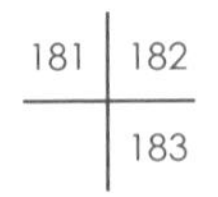

圖183

181 中學校制帽
資料來源：《台灣學事法規》（昭和十八年版）
182 台北第三中學制帽
資料來源：蔡幸伸
183 台北第一中學鈕釦

✧ 台灣囝仔限定的學校：台中第一中學校 ✧

吾台人初無中學，有則自本校始。蓋自改隸以來，百凡草創，街莊之公學側重語言，風氣既開，人思上達，遂有不避險阻，渡重洋於內地者。夫以髫齔之年，一旦遠離鄉井，棲身於萬里外，微特學資不易，亦復疑慮叢生，有識之士深以為憂，知創立中學之不可緩也。歲壬子，林烈堂、林獻堂、辜顯榮、林熊徵、蔡蓮舫諸委員，乃起而力請於當道。大正三年，甲寅三月念四日，蒙佐久間督憲許准，於是委員等自投巨金以為眾率，不辭勞瘁，悉力於募貲鳩工等事，賴各方之踴躍捐輸，共募集金二十四萬八千八百二十圓。乃於大正四年五月開校，同年三月經始建築，至翌年十二月告成，佔地一萬五千坪，工費二十一萬八千一百三十六圓餘，學堂宿舍齊備，蓋亦燦然大觀矣。殘金三萬餘充作圖書備品等費，以供學子研鑽之資。於此可知當時諸委員之辛勤與夫義助者之熱心為何如也。歲遠年深，慮無有知其事者，爰記其大要，並附捐貲者之芳名於後，以告來者。[1]

走進台中一中的校園，映入眼簾的除了美景外,，最引人注目的就是右側花園中醒目的紀念碑，上面記錄著台中一中的由來，且讓我們來閱覽其建校的歷程與故事吧！ 日本統治台灣進入大正時期後，台灣學童的就學機會成為地方的台灣仕紳間熱切關心的議題，因為日治初期中等教育對象以在台的日本學生為主，台籍學生要進入中等學校就讀，限制極嚴苛。大正2年（1913）關心台灣教育的林烈堂、林熊徵、林獻堂、辜顯榮、蔡蓮舫等仕紳，建議籌辦屬於台灣人的中等學校。林烈堂率先捐出，台中州台中市新高町百十八番地的樟樹園一片，約15,000坪土地作為建校基地，並向台灣總督佐久間佐馬太請願設立學校，此外，其他仕紳也積極奔走募款，一共募得248,820円，終於在大正4年（1915）創立了「台灣總督府公立台中中等學校」，首任校長為日籍的田川辰一先生。這對台灣教育史而言，不啻是重要的里程碑，因為它是第一所專門培育台灣優秀青年的學校。大正4年（1915）4月首度招生，應考306人，錄取兩班共計100名學生，學制為四年制，並預計每年招收兩班新生。大正8年（1919）依據〈台灣公立高等普通學校官制〉又可稱「公立台中高等普通學校」。

---

[1] 此版本為日治時期原始版本，因目前的版本，大正年代被塗改為民國，若呈現民國年代則有違史實。

大正11年（1922），台中州通過另外設置的「台中州立台中第二中學校」，專收日籍學生，所以原本的「公立台中高等普通學校」就改稱為「台中州立台中第一中學校」，同樣招收台籍學生（圖184），不過修業年限則由四年改為五年，入學資格為年滿12歲之公、小學校本科或高等科畢業者。台中第二中學校成立時，台灣總督府欲強力將兩校校名對調，引起全校同學及家長反對，但在當時的台中第一中學校第二任日籍校長小豆澤英男堅持下，以辭去校長乙職要脅，認為「一中」就是「一中」，不應該被改為「二中」，所以當時全台唯一稱為「一中」的學校，就是專收台籍囝仔的台中第一中學校。據畢業該校的耆老指出，他們都非常欣賞小豆澤英男校長的霸氣，十分有擔當，並不會因他是日本人就偏袒日籍學生的權益，所以在他們心目中，小豆澤英男校長一直是當年台中一中學子們心中的英雄。昭和1年（1926），建校工作全部告成。昭和11年（1936年）起每年招收三班新生。直到昭和20年（1945）初，台中第一中學校仍然持續為培育台灣知識分子的重地，直到光復前任務不減（圖185、圖186）。

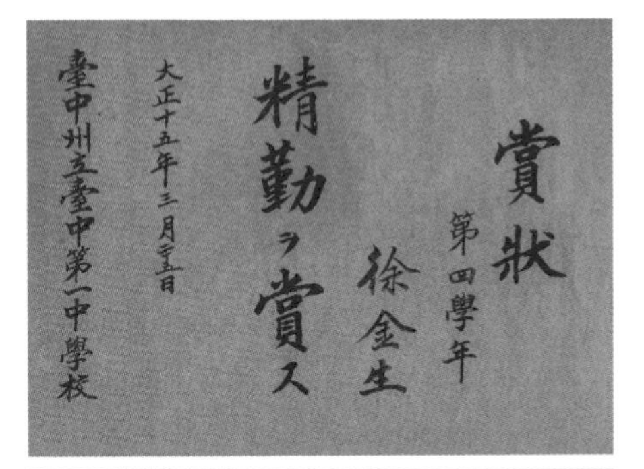
賞狀
第四學年
徐金生
精勤ヲ賞ス
大正十五年三月二十三日
臺中州立臺中第一中學校

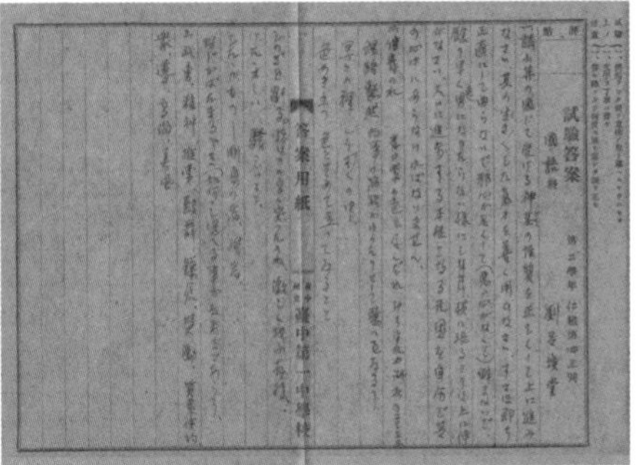
試驗答案
答案用紙
臺中第一中學校

184 台中第一中學賞狀
185 台中第一中學校學生個人寫真照
186 台中第一中學校國語科考卷

台籍醫師製造廠：嘉義中學校

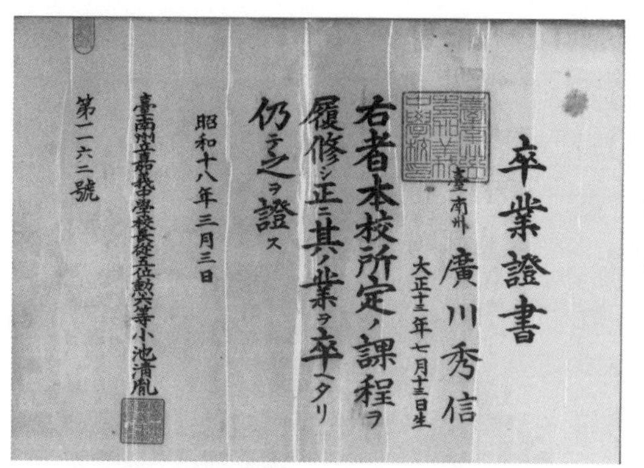
卒業證書

臺南州 廣川秀信
大正十三年七月十三日生

右者本校所定ノ課程ヲ履修シ正ニ其ノ業ヲ卒ヘタリ
仍テ之ヲ證ス

昭和十八年三月三日

臺南州立嘉義中學校長從五位勳六等小池清胤

第一一六二號

187 嘉義中學校卒業證書
188 謝玉書醫師

嘉義市的嘉義中學一直以來被稱為「醫師的搖籃」，而這樣的典故可以追溯到日治時期的嘉義中學校。大正13年（1924）4月設立嘉義中學校，學制為五年制（圖187），校址先行借用嘉義高等女學校舊址的校舍舉行開學及入學儀式，第一屆招生預計由應考的750人中，錄取兩班共計112名學生。接著因新校舍尚未修建完竣，所以同年的5月1日起先行借用嘉義商工專修學校的教室上課。直至大正15年（1926）6月7日，嘉義街郊區的山仔頂第一期磚造校舍竣工後，立即將師生遷回新校區，亦即今日之校區所在地。此時已有三個年級共計六班，學生數達到300多名。而關於嘉義中學的「醫師的搖籃」故事就此展開。

日治時期治病的醫療人員區分有醫師與醫生兩類，此說明已於第二章之小學校校醫的部分詳細說明，故不加贅述。關於當時醫師的職業，必須有相關的學歷及取得證照方能執業，而學歷部分通常是醫學專門學校或是醫學相關大學等。台灣島內早期以台灣總督府醫學校（後稱台北醫學專門學校[2]）為培養醫師之來源，當時台灣島內要當醫師者一律是就讀台北醫學專門學校，如台中第一中學校畢業的張乃賡、陳浴沂等優秀的台籍醫師；新竹中學校畢業的謝玉書（圖188）、顏新

[2] 明治32年（1899），台灣總督府為培養本地醫療人才，協助防疫工作，設置「台灣總督府醫學校」，招收公學校畢業生，並由台北醫院的醫生負責教授醫學知識，可說是當時台灣最高學府。大正8年（1919）「醫學校」改制為台灣總督府醫學專門學校，修業年限由五年延至八年（預科4年、本科4年）。大正11年（1922），改名為台灣總督府台北醫學專門學校，學制比照日本國內醫專，改招收中學校畢業生；昭和11年（1936）1月，併入台北帝國大學。

戶；台南長老教中學校畢業的彭清約、陳敦德等。惟因台北醫學專門學校名額有限，為圓「醫師夢」的莘莘學子如經濟條件允許，會在中等學校畢業後，選擇直接留學日本內地的醫科專門學校，像是台中第一中學校畢業的陳漢周，赴日就讀東京齒科醫學專門學校；台南第二中學校畢業的詹蒼梧，赴日就讀昭和醫學專門學校等。又如畢業於嘉義中學校的劉水樹，也踏上留學之路，赴日就讀岩手醫學專門學校（圖189），畢業後先留在日本的醫院學習數年後（圖190），再回到台灣的台南州水上庄懸壺濟世。

至昭和11年（1936）台北帝國大學設醫學部（透過台北高等學校畢業後可直升台北帝國大學醫學部），並將台北醫學專門學校併入台北帝國大學附屬醫學專門部，但此作法並未增加原本就難考的名額，所以仍有不少台籍生赴日就讀相關的醫學專門學校，並在學成歸國後加入醫師行列，服務鄉里，例如：耳鼻喉科專長的吳溪濤與黃金淮分別於昭和13年（1938）及昭和14年（1939）畢業於昭和醫學專門學校；齒科專長的呂新耀於昭和16年（1941）畢業於日本齒科醫學專門學校。內科專長的蔡秋悟也於昭和16年（1941）畢業於九州醫學專門學校。

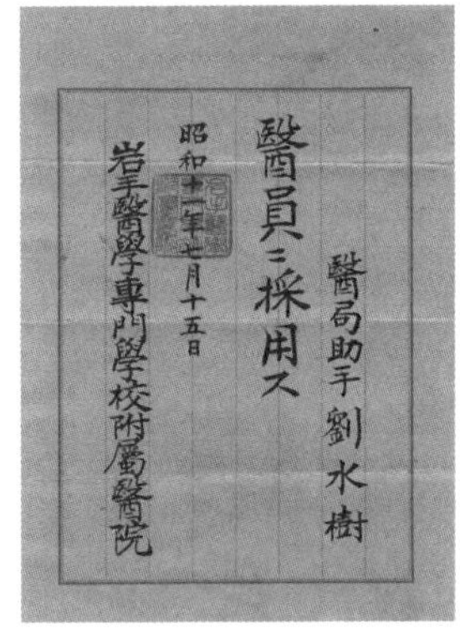

醫局助手 劉水樹
醫員ニ採用ス
昭和十二年七月十五日
岩手醫學專門學校附屬醫院

189
190

189 畢業後赴日留學的劉水樹醫師
190 劉水樹在岩手附屬醫院擔任醫員證書

台南州下有三所中等學校，分別為大正3年（1914）設立的台南第一中學校、大正11年（1922）設立的台南第二中學校、大正13年（1924）設立的嘉義中學校。作者以昭和11年（1936）為起點，以台北高等學校（現今國立台灣師範大學）學校資料室之校史館資料庫中的資料[3]，分析比較了這三所中等學校就讀醫科大學的狀況（從第3屆起有考取台北帝國大學醫學部起算至第21屆）（表6）：

表6. 三所中等學校就讀醫科大學的狀況

	嘉義中學		台南第一中學		台南第二中學	
考取台北高校人數	台籍	日籍	台籍	日籍	台籍	日籍
	42	22	26	64	45	2
考取各帝國大學醫學科系人數	31	3	15	6	28	0
考取醫科各百分比	73.8%	13.6%	57.7%	1%	62.2%	0
考取醫科總百分比	53.1%		23.3%		59.6%	
就讀台北帝大醫學部人數	23	1	9	3	11	0
就讀台北帝大醫學部百分比	74.2%	33.3%	60%	50%	39.3%	0
就讀日本帝大醫學部人數	8	2	6	3	17	0
就讀日本各帝大醫學部百分比	25.8%	66.7%	40%	50%	60.7%	0

資料來源：作者自行參考資料統計後製表

由上面表格的資料比較中可知悉，這三所中等學校畢業生由各帝國大學醫學部系統培養出來的醫師共計83人，分有台灣人74人，日本人9人。就讀台北帝國大學醫學部的共計47人，分有台灣人43人，日本人4人。就考取各帝國大學醫學科系人數而言，以嘉義中學校34人為最高，依序為台南第二中學校28人，台南第一中學校21人。但若就醫科總考取率而言，台南第二中學校為59.6%，高於嘉義中學校的53.1%，主要是因為台南第二中學校以台籍生為主要學生來源，所以日籍學生為少數，而此統計資料顯示台南第二中學校考取醫科的學生掛零。另外嘉義中學校台日籍比例約1：3（圖191），母數上日籍學生有22人，所以拉低了總錄取率；不過若依台籍生的醫科考取率而言，嘉義中學校高達73.8%，高於台南第二中學校的

[3] 國立台灣師範大學數位校史館（2009）。台北高等學校（1922-1949）。2019年11月30日檢索自 http://archives.lib.ntnu.edu.tw/exhibitions/Taihoku/alumni.jsp

62.2%，除此之外，尚有嘉義中學校的學生考取台北帝國大學附屬醫學專門部，所以嘉義中學校在台南州地區素有「台籍醫師搖籃」的美譽，可說是當之無愧。此外，比較特別的是在台北帝國大學醫學部中，嘉義中學校考取台北帝國大學醫學部的比例為74.2%，而台南第二中學校學竟只有39.3%，亦即留日醫科大學的比例高達60.7%。

191 嘉義中學校學生在校園裡合影
資料來源：《嘉義中學校第十四回卒業記念寫真帖》

「返校」番外篇：基隆中學F-Man事件

「你是忘記了，還是害怕想起來？」這句電影中令人毛骨悚然的經典台詞，對曾走過戒嚴時期的人們來說，每當想起那段不知何時會被「抓耙子」舉發的顫慄回憶，應該更能感同身受！在白色恐怖的年代，看幾本黨外思想以外的書、幾句不經意的言論、幾篇抒發思想但不被認可的文字，都可能因此被「查水表」而莫名其妙帶走並人間蒸發，在現代看來這些幾乎是不可思議的事件，在那個行為規訓與思想掌控的年代，卻是再平常不過。而你以為這些驚悚的恐怖事件是戒嚴時期才開始的嗎？錯了，早在日治時期的基隆中學就發生過類似的事件。不過依據當時不同人的經驗與詮釋，這基隆版的《返校》腳本成為羅生門，不過共同點都圍繞著「F-man」與簽名簿等關鍵字，故事的內容是這樣的……。

昭和16年（1941）年12月底，基隆中學第11期應屆畢業班的台籍同學們，趁著假期舉辦了一場餞別會，他們喝著高砂麥酒、抽著最夯的日の出香菸、唱著〈望春風〉、〈滿面春風〉等流行歌，而正值熱血青春、想著要改變現狀的少年們受到離別氛圍影響，找了本簿子嬉鬧寫下看似熱血，實則不具太大意義的「祝福語」。沒想到一本薄薄的簽名簿卻為他們帶來了一場大災難（圖192）。

192 基隆中學第九屆卒業生合影
資料來源：永田俊雄

昭和17年（1942）2月的某一天，台籍學生呂燕卿帶了一本簽名簿到學校，想拿給餞別會當天沒到場的台籍同學簽名，或信手塗鴉留念，或抒發心情故事。但裡面卻出現政治敏感的字句，諸如「血濃於水」、「熱血喚起熱血」等激情澎湃的留言。此外，甚至有人在封面寫下「F-man 萬歲」，F-man意指 Formosa Man（福爾摩莎人或台灣人）。而這些留言不小心被一位日籍學生目睹，效忠帝國的日籍滓田同學開始懷疑這群人對日本不忠，意圖組織類似共濟會（Freemason）的祕密結社或有Fight挑起戰鬥的傾向，因此指稱這些台籍學生想搞分化、推翻日本政府統治，進而舉報他們，更有27名台籍學生在教室被柔道部的日籍同學拿竹刀毆打並羈押在校內，此外亦遭到校方日籍教員惡劣逼問與粗暴對待。

數日後還被特高警察（主要任務是防止及鎮壓各種破壞國家存立根本或擾亂社會安寧秩序的社會運動）及憲兵傳喚；特高警察以「祕密結社」、「意圖造反」等荒謬理由將他們強行收押，所有被動用私刑制裁的台籍學生家中，無一倖免的被密集搜索，家中的個人筆記本、日記和信件都成了羅織他們罪名的物證，他們的人生也就此天翻地覆：有些人被拘禁審訊、虐待毒打、甚至連家人都被無故牽連，隔天莫名其妙就成了名單上的政治思想犯，並被蓋上「問題人物」的標記，不但無法繼續升學，也從此無法在社會上抬頭挺胸地過日子，這27名台籍學生中有5名被捕，拘留數日後強制轉學，其他人則被重處無限期停學。而這就是當年轟動全台的基隆中學F-Man事件（圖193）。

193 基隆中學籃球隊與老師合影紀念
資料來源：永田俊雄

✧ 當號角響起：日治後期中等學校的軍事演練 ✧

大正14年（1925），日本國內實施裁軍政策，因此發布〈陸軍現役將校學校配屬令〉，實施「學校軍事訓練」，將被派遣的現役軍人分配至中等學校以上學校服務，而私立的中等學校亦可以向州廳申請派遣教官前往訓練（圖194）。大正15年（1926），依據台灣總督府訓令35號，台灣中等以上學校開始配置陸軍現役軍官，教練教授課程除了徒手各項教練、列隊教練、小（中）隊教練及持槍教練四類課程外，還增加了射擊、指揮法、陣中勤務、信號旗、

臺北州中等學校
聯合野外演習
來月新莊郡山脚地帶で

臺北州では州下中等學校上級生徒を總動員し協同團結と士氣の昂揚を圖り學校教練の成果を發揮すべく十一月二十五、六兩日新莊郡下山脚一帶で州下中等學校聯合野外演習を實施する事と決定、二十二日午後一時から州會議室に各學校配屬將校の參集を求め實施要綱につき打合を遂げた

194 私立長榮中學校學生於街上行軍貌
195 昭和16年台北州中等學校聯合野外演習報導
資料來源：《台灣日日新報》

距離測量及軍事常識等內容，使學生能學習軍人必備的初階技能與常識，進而向「準軍人」邁進。

學校教練實施之後，規定每年需由教練課教師帶領學生至野外進行為期數天的軍事對抗演習與體驗，甚至以州或學校為單位，各地區中學校舉辦聯合軍事演習（圖195），中等學校每週教練科上課時數，一至三年級每週2小時，四至五年級則每週3小時，且中等學校每年一至二年級至少進行為期4日的野外軍事訓練，三至五年級則至少進行5日。台北各中等學校學生的野外軍事演練地點，則是選定在軍事要塞的新竹州湖口庄，而台南州的中等學校學生的野外軍事演練地點，大都以白河庄的內角陸軍營區為演練基地（圖196）。畢業於嘉義中學校的校友賴彰能回憶：野外軍事教練時通常會要求大

196 嘉義中學師生前往白河庄軍事演練急行軍
197 昭和14年台中一中四年級生校外軍事演練
198 淡水中學學生進行野外實彈射擊
資料來源：《私立淡水中學校第二回卒業紀念寫真帖》

196 / 197 / 198

199 淡水中學學生進行野外軍事偵察演練
資料來源：《私立淡水中學校第二回卒業紀念寫真帖》

家打上綁腿，比照軍人裝備，手持三八式步槍作練習，練習防毒面具的脫戴。我們曾經到白河庄的陸軍營區進行台南州中等學校聯合演習，非常逼真，樣樣都來真的，十足像個軍人。昭和8年（1933）入學的台中第一中學校校友林寶樹就曾回憶：當時進入到所謂戰時體制時代，軍事課程年年加強，有一年一度擴大規模的軍事演習，想起來那時候還真是精神緊張，不勝負荷（圖197）。

同樣的，私立的中等學校亦可以透過申請派遣教官前往訓練，不管是台南長老教中學校、淡水中學校（圖198、圖199）、苗栗中學園等，除了校內的自行演練外，都有野外的軍事教練或演習。例如昭和12年（1937）5月，私立台南長老教中學校就曾舉行全校性的「耐熱行軍」軍事訓練，雖然是行軍活動，但是以軍事訓練精神為基礎，藉以鍛鍊學生的精神與體能，並比照軍事演練的規格，為提高行軍速度，在行軍途中不供應茶水，伙食以粗菜為主，讓學生體驗戰爭實況；紮營方式比照野戰露營模式，讓學生體驗露宿野外、被蚊蟲襲擊的艱苦軍旅。部分學生擔任夜間警戒勤務，以訓練秩序，建立責任感，培養犧牲精神和刻苦耐勞的美德。而這次訓練項目包括：指揮、掌握部隊、行軍中之管理、因地勢選擇部隊運用之隊形、營地的部署與管制、補給勤務、迅速傳達命令、監督是否徹底執行、配置夜間警戒。由此可知，各中等學校的軍事教練除自行演練外，台灣總督府為了稽核各校學生的戰鬥力精進與是否發揮競爭精神，各州廳聯合舉辦聯合軍事演習更成為常態性的檢核方式。

花漾少女情懷：專屬高女生的碎花小提包

高等女學校的課程除了基本的國語、修身、公民、英文、地理、數學、理科、圖書等科目外，亦加入家事、裁縫、手藝、音樂、體操等科目。就讀高等女學校的女學生正值荳蔻年華，常常喜歡自行手作工藝品、飾品或一些裁縫的隨身小物，而裁縫、手藝課程就成為她們學習與練習的最佳場域。畢業於台北第三高等女學校的施素筠說：她們裁縫課時要學習日裁、洋裁跟台裁，通常會先讓她們練習作日裁的和服，甚至是作學校制服。每種縫法都有專門的手法，而這些手法都可以運用在補衣、折衣和縫衣，有時還會教導染布技術或刺繡。台北第三高女學校曾為了配合手藝科的實用教學，在明治42年（1909）至大正5年（1916）間，每年辦理一次技藝品展覽會，展出各項精緻美麗的手藝作品，這項展覽會也開放給附近學校前來觀摩取經。

手藝課是老師教導插花、勞作物品的精緻製作，或是一些小物品的裁縫加工課程。依據嘉義高等女學校的裁縫課程記載：一年級到四年級學生都要修讀裁縫課，而手藝課從三年級開始學習，在具備裁縫基礎技巧的情況下，女學生對於手藝課的工法更游刃有餘，她們通常會縫製隨身的小零錢包，如果

200
201

200 台南第二高等女學校手藝課作品碎花小提包
資料來源：蔡幸伸
201 台南第二高等女學校手藝課作品拼布小提包
資料來源：蔡幸伸

功力了得的話，甚至可以縫出個人專屬的小提包，不管是帶著上學、修學旅行，或是與朋友一同出遊，都是非常摩登時尚的隨身配件。

小提包是如何產出的呢？因為高等女學校的裁縫課，在課堂作業要求制作服飾的過程中，常會有多餘的衣料或剩材，為避免浪費，女學生們私下經常發揮巧思將布料作創意的延伸，所以提包種類十分多元，類似今日的書包、托特包、劍橋包、拼布包、小提包等樣式（圖200、圖201），都能經由她們的巧手施展魔法創作別出心裁的作品。如圖202與圖203中的嘉義高等女學校的兩位女學生手上提的手提包就非常類似托特包的型式，包包中間的小碎花，看起來十分時尚，毫無時代的違和感。如圖204中嘉義高等女學校的五位女學生，左邊第一位、第四位及第五位所提的包包的款式一樣是類似現今的托特包，此外，左邊第二位、第三位所提的包包款式，就非常類似今日的劍橋包款式，前面會有兩條皮帶用來固定包包的開合，跟

202 嘉義高等女學生與自己手工小提包合影（一）
203 嘉義高等女學生與自己手工小提包合影（二）

書包的款式相似。從圖片中的整體造型來看，嘉義高等女學校戴著大甲帽或是林投帽（略帽），並提著自己手作的專屬包包，稚嫩的臉龐漾著青澀的微笑，但其中散發出來的自信優雅，就是專屬那個時代高等女學校的特殊氣質。

204 五位嘉義高等女學生與自己手工小提包合影

⊹解放小腳的第一步：阿嬤的運動初體驗⊹

日治時期進入現代化學校的第一代女學生，大多還延續著纏足的舊習，因為自從小即纏足，甚至連上學都還需轎子代步，基於這樣的生理限制，導致體育課根本不被重視。當時的台北第三高等女學校（初稱國語學校第一附屬學校及第三附屬學校女子分教場），不管是本科或手藝科的課表，完全沒有編列體育課（當時稱體操）。直到明治39年（1906）時體育課才開始發軔，且以每週二小時為限，不過這一時期的女學生仍然有不少纏足的大家閨秀，所以早期的體育課主要以簡單的體操或遊戲為主，此為她們體育課程之初體驗。後來才漸漸延伸至球類、游泳、田徑、弓道、登山等運動（圖205、圖206、圖207）。

女子中等教育逐漸被重視後，女子高等普通學校如雨後春筍般陸續建立，大正8年（1919）時女子高等普通學校的課程開始有正式的體育課，不過教授的內容仍是以體操為主，輔以遊戲及體態教練。大正11年（1922）發布第二次《台灣教育令》後，在中等學校課程的規定上，體操以「均齊身體各部發育，使強健之，四肢動作機敏，整理儀容，精神快活，兼養成守規律、尚協同之習慣」為守則，且時數每週增加至三小時。大正後期興起一股運動熱潮，開始有女學生從台北行軍到宜蘭的創舉，還舉行跨校庭球（網球）比賽，從各式球類、田徑（圖208）、弓道等，甚至連游泳、登山等較高難度的運動項目，都可看到女性身影，以現代思維來看，可說是一種全人教育的體現與轉化。據畢業於台北第三高等女學校周招治回憶：她們那時候在學校流行打桌球，一來運動量較小，再者桌球所需的空間不用太大，適合學校體育場地狹小的高女。而畢業於台南第二高女學校的吳阿嬤則說：當時體育課項目很多，如游泳、弓道、騎馬、足球、庭球、籠球（籃球）、陸上競技等，大家可以自由挑選有興趣的運動學習。

昭和15年（1940）時，游泳課已經是高女學校必備的課程，畢業於嘉義高女的校友王彩娥阿嬤回憶：她從小在嘉義番路山區長大，六年級時才轉學來嘉義市區，後來考上嘉義高女，因為是山上的小孩，所以根本不知道游泳池長怎樣？更別說是泳衣了。第一次在嘉女校內上游泳課時（圖209），大家正值青春期，都很害羞，看到班上很文靜的女孩跟老師說一句：MC來了，就不用換泳衣下水，非常令她羨慕。以為是得什麼疾病，當體育老師要求她與同學一起跳下水時，她緊張的忙中有錯喊出：會死啦！（MC啦！），結果老師就很嚴肅的看著她，不料日籍

205 台北第三高等女學校登新高山
資料來源：《台北三高女創立滿三十周年記念誌》
206 台南第一高等女學校庭球課
資料來源：《台南州立台南第一高等女學校第十三屆卒業紀念寫真帖》
207 台南第一高等女學校排球課
資料來源：《台南州立台南第一高等女學校第十三屆卒業紀念寫真帖》
208 新竹高等女學校學生賽跑比賽
資料來源：陳阿嬤

同學馬上出賣她，老師立刻臉色大變，二話不說，直接把她丟下水，讓她丟臉死了。此外，畢業於新竹高女的校友陳阿嬤回憶第一次接觸籠球的初體驗（圖210）：以前只有在課本中看過籠球的模樣，她第一次摸到籠球時，覺得很好玩，拍籠球會彈起來，但一不小心拍得太大力，結果球往自己臉上砸去，眼睛黑青了一大塊，被同學笑了一整年，十分丟臉。不過後來漸漸掌握了力道，她表示：後來籠球打得不錯，有代表班上出賽，她最擅長中距離投射。

209

210

209 嘉義高等女學校校內游泳池
210 新竹高等女學校學生籃球比賽
資料來源：陳阿嬤

✧與奧運失之交臂的台籍女運動員：林月雲✧

林月雲（1915-1992）（圖211），大正4年（1915年）生於彰化和美庄，就讀彰化女子公學校期間，已經在運動會的三級跳遠和短跑等多項比賽項目屢屢摘金，體育的天份也漸漸嶄露頭角。彰化女子公學校畢業後繼續升學，進入彰化高等女學校，在生理與心理體質的逐步成熟下，林月雲的體育生涯開始邁向顛峰，陸續於昭和6年（1931）在台灣島內的百米賽跑和三級跳遠競賽過關斬將，得牌無數，跑步的成績甚至可媲美日本公認的女子紀錄。所以昭和6年（1931）11月，林月雲在彰化高等女學校在學期間，破格被徵選代表台灣，獲選為首位赴日參加第六回「明治神宮競技大會」的台籍女性。而林月雲並不以代表出賽而感到滿足，在競爭激烈的三級跳遠項目中以10米96的成績打敗群雌，勇奪亞軍（圖212）。

211 林月雲個人照
資料來源：《台灣人士鑑》

挾帶高人氣的林月雲頓時間成為彰化家喻戶曉的明星運動員。昭和7年（1932）時，台灣田徑界甚至一致認為林月雲有機會成為代表日本出戰奧運的女選手（圖213），她也不負眾望的成為代表台灣女性角逐奧林匹克運動會（後簡稱奧運）的第一人，赴「全日本奧運預選會」參與選拔，卻因前往日本的路途遙遠，三日船泊的時間在海上不斷暈船，下船後無法立即恢復理想狀態，又加上水土不服，所以獲得的成績並不理想，只好鎩羽而歸。不氣餒的林月雲又於昭和8年（1933）代表台灣回到競技場上，參加了第七回「明治神宮競技大會」並得到三級跳優勝的殊榮，並在百米、跳遠兩項創下12秒5及5米39的台灣紀錄（表7）。之後，她又在多場賽事中屢創佳績。憑藉著優越的體育成績，林月雲在昭和8年（1933）遠赴日本女子體育

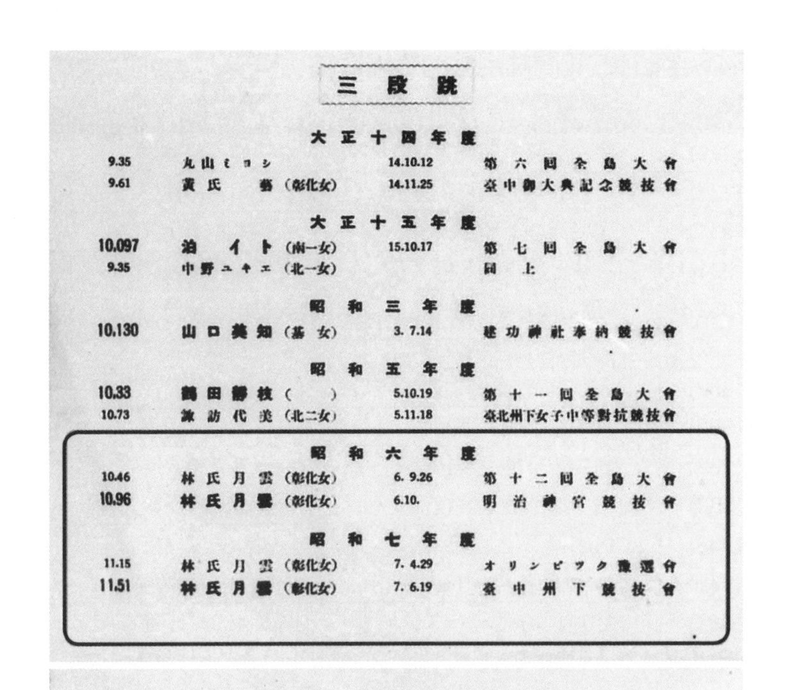

三段跳

大正十四年度

9.35	丸山ミヨシ		14.10.12	第六回全島大會
9.61	黃氏藝	（彰化女）	14.11.25	臺中御大典記念競技會

大正十五年度

10.097	治イト	（南一女）	15.10.17	第七回全島大會
9.35	中野ユキエ	（北一女）		同上

昭和三年度

10.130	山口美知	（基女）	3. 7.14	建功神社奉納競技會

昭和五年度

10.33	鶴田靜枝	（　）	5.10.19	第十一回全島大會
10.73	諏訪代美	（北二女）	5.11.18	臺北州下女子中等對抗競技會

昭和六年度

10.46	林氏月雲	（彰化女）	6. 9.26	第十二回全島大會
10.96	林氏月雲	（彰化女）	6.10.	明治神宮競技會

昭和七年度

11.15	林氏月雲	（彰化女）	7. 4.29	オリンピツク豫選會
11.51	林氏月雲	（彰化女）	7. 6.19	臺中州下競技會

316

其の他一般女子陸上競技會記錄

	種目／競技會名	順位	五十米 氏名	所屬	記錄	百米 氏名	所屬	記錄	二百米 氏名	所屬	記錄
1	臺中御大典記念競技會 大正十四年十一月廿五日	1 2 3	甘氏罌叙 小倉袋子 小野登美	彰化女	7"2	甘氏罌叙 若宮愛子 李氏清良	彰化女	13"8			
2	同上 昭和三年二月十二日	1 2 3	李氏春 法水澄子 甘氏罌叙	彰化女 北一女 彰化女	7"4	法水澄子 李氏春 中田加瀬子	北一女 彰化女 北一女	14"1			
3	同上 昭和三年十一月廿五日	1 2 3				星貞子 林氏月雲 野元ロシ子	 彰化女	14"0			
4	臺南州下 陸上競技會 昭和三年十一月三日	1 2 3	治イト 吉田千代 林氏悅治	南二女 嘉女 二女	7"6	治イト 林氏悅治 永島重子	南二女 二女 嘉女	14"6			
5	同上 昭和四年十一月三日	1 2 3	治イト 中田ツル子 李氏芳	南二女 一女 二女	7"4	中田ツル子 千原初枝 楊氏淑露	一女 〃 二女	14"0			
6	同上 昭和五年十一月三日	1 2 3	中田ツル子 東岡倭子 李氏芳	一女 〃 二女	7"2	千原初枝 中田ツル子 李氏芳	一女 〃 二女	14"7	千原初枝 上原照子 陳氏惜織	一女 〃 二女	30"0
7	臺北支部 陸上競技會 昭和六年五月三十・卅一日	1 2 3				內村貞 山口美知 横山文子	北一女 KRK 基女	13"8	新井爽子 池田芳子 小笠原正子	北一女 基女 〃	28"7
8	臺南州下 陸上競技會 昭和六年十一月三日	1 2 3	(60米) 中田ツル子 李氏芳 後藤ミキ	一女 二女 〃	8"8	鈴木敦子 千原初枝 李氏芳	一女 〃 二女	14"0	鈴木敦子 千原初枝 上原照子	一女 〃 〃	29"8
9	臺中州下 陸上競技會 昭和七年六月十八日	1 2 3				林氏月雲 白鳥スミ 高松芳子 莊氏梅	彰化女 〃 中女	12"4	[illegible]氏緞 鶴田 莊氏梅 山口	彰化女 中女	28"6
10	新竹陸上競技會 昭和七年十月二日	1				一番瀬サエ子	新竹女	14"5	陳氏廷妹	苗栗	31"0

212 昭和6年林月雲三級跳成績
資料來源：《台灣體育史》
213 昭和7年林月雲百米成績
資料來源：《台灣體育史》

212
213

表7.　昭和4年至昭和7年間林月雲的輝煌戰績

年代	賽事名稱	競賽組別與總類	名次
昭和4年(1929)	全台灣陸上競技大會	女子組三級跳遠	第四名
昭和6年(1931)	全台灣陸上競技大會	女子組三級跳遠	第一名
昭和6年(1931)	全台灣陸上競技大會	女子組100公尺	第二名
昭和6年(1931)	日本陸上競技選手權大會	女子組三級跳遠	第二名
昭和7年(1932)	建功神社奉納大會	女子組三級跳遠	第一名
昭和7年(1932)	建功神社奉納大會	女子組100公尺	第一名
昭和7年(1932)	建功神社奉納大會	女子組400公尺接力	第二名
昭和7年(1932)	台中州下陸上競技會	女子組三級跳遠	第一名
昭和7年(1932)	台中州下陸上競技會	女子組100公尺	第一名
昭和7年(1932)	台中州下陸上競技會	女子組200公尺接力	第一名
昭和7年(1932)	台中州下陸上競技會	女子組400公尺接力	第一名
昭和7年(1932)	台中州下中等學校大會	女子組三級跳遠	第一名
昭和7年(1932)	台中州下中等學校大會	女子組400公尺接力	第一名

資料來源：作者自行整理自《台灣體育史》

專門學校（現今日本女子體育大學）求學，求學期間的表現更將她的體育成就推向另一個高峰，可惜的是昭和11年（1936）畢業前夕，她以日本代表選手第一候補者身分，參與第十一屆柏林奧運，最後卻因病落敗，但仍舊不減鋒芒。

林月雲並未因接二連三的挫折而放棄，回到台灣後持續練習，昭和12年（1937）又再度入選第十二屆東京奧運，日本第一候補選手並參與培訓（圖214），為昭和15年（1940）的賽事進行準備，可惜隨著日治後期太平洋戰爭的爆發，昭和15年（1940）的奧運被迫提前宣告停止，林月雲就此失去成為奧運選手的機會，留下令人扼腕的結局。

林氏月雲
黃氏瑞雀
兩孃が
女子陸上代表候補に推さる

東京オリムピック開催決定と共にさきに發表された陸上第一候補と其の後日本陸上競技聯盟技術委員会が銓衡決定した第二候補の中には台灣から[illegible]、[illegible]、[illegible]の三選手が加はつて居り、台灣陸上競技界のために張切つてオリムピック目がけてスタートせんとしてゐるが、之と並んで此の程台灣から女子陸上の双璧、林氏月雲、黃氏瑞雀の兩孃が女子オリムピック候補と決定した、ちなみに月雲孃は短距離、瑞雀孃は投擲である　林氏月雲孃の百米の記録は一二秒[illegible]、黃氏瑞雀孃の砲丸投は九米九三である

214 昭和13年林月雲確定代表參加東京奧運後補報導
資料來源：《台灣日日新報》

✧ 沉潛的海底記憶：嘉義高女的三條崙水難事件 ✧

台灣為日本統治後，游泳活動便被引入台灣。但初期的校園並不重視，所以不甚風行，因為日治初期學校體育處於剛起步的階段，對於各項運動的實施並無直接明文規定實施與否，皆由各校自行安排，明治40年（1907），體育俱樂部設立「水泳部」，選定古亭庄的渡船場附近設立「川泳水泳場」，作為游泳的練習場所。隨著日本推動文化休閒運動的政策，台灣人漸漸改變想法與行為，開始將游泳視為休閒運動的一環，游泳這才逐漸普及起來，並在初等學校、師範學校、實業學校及高等學校的體育課程中占有一席之地。

1920年代後，運動風氣興盛，台北第一高等女校首創游泳教學課程，女學生的游泳運動才在校園中逐步開展，且各地高等女學校的學生開始接觸「臨海教育」，通常多採用合宿方式（女學生居住於海邊鄰近的舊廳舍、機關附屬宿舍、學校校舍、寺廟、旅館，或是自搭帳篷等，做為臨時居住處），實施者也愈來愈多。臨海教育主要指學校在夏季休假期間實施的活動，教育單位讓學生居於近海處，藉由住宿集訓的方式，實施遠泳、課業學習等一系列活動，其目的是鍛鍊身心一體，融合大自然，以養浩然之氣。換言之，臨海教育是一種以游泳體驗學習和學科練習為主的多面向實踐教育。

昭和14年（1939）7月13日，嘉義高等女學校一年級一百七十二名師生到三條崙海水浴場舉辦臨海教育，當日下午3點左右，學生下水游泳時，潮流突然逆轉，造成數十名學生逃避不及而在海面上載浮載沉，教師們立刻出動救援竹筏前往搭救回七位學生，經立即急救後僅四人存活，但扼腕的是尚有十多名學生仍下落不明。當時任海清宮的主任委員吳昆山說：當天天氣非常好，沒有任何跡象或警報，漁民也照常出海，誰也沒有料到會發生這種事。在學校老師與警察、壯丁團或青年團、保甲民等地方搜救人員以「地曳網」搜尋 （利用捕魚用具打撈遺體）持續在大雨與大浪不斷襲擊的海面上搜尋時，因為入夜昏暗、天候不佳顯得更加混亂，後來接續發現了數名學生屍體，最後統計共有十三位學生葬身於這片無情的海域（圖215、圖216）。

三條崙海水浴場，因地形與方位的關係，在日治時期是臨海教育的絕佳場所，每年都吸引無數遊客或學生前往遊憩或教學（圖217），但自從發生震驚全國的溺水事件後，三條崙海水浴場不僅遊客大減，還被媒體冠上「魔海」之名，附近更是靈異現象頻傳，促使四湖庄民建醮祈福，普渡亡魂。

遭難の高女生

死體全部を收容

【嘉義電話】去る十三日北港郡三條崙海岸で行方不明になつた嘉義高女生十名の中殘る鶴田幸子、郭氏其瑞の死體捜査は最早絶望と見られてゐたが、捜査隊員の涙ぐましい最後の活動に依り十六日午後七時より十一時過ぎの間に右二名を發見し、之で全部の死體發見が出來た訳である

嘉義高女の生徒ら水泳中激浪の犧牲

溺死三名、行方不明十名

【嘉義電話】嘉義高女一年生百六十名は[illegible]他五名の職員に引率されて去る十一日より十五日まで臨海教育のため北港郡三條崙海水浴場に滞在中十三日午後五時頃、海水浴中の生徒が突如激浪に呑まれ三名溺死、行方不明十名を出した惨事を惹起した、この急報に驚愕した学校では新美校長以下関係職員が原因その他調査のため直に現場に急行したが北港郡警察課では[illegible]、保甲民、[illegible]を総動員して海上を捜索中である、目下判明せる溺死者及行方不明の者の姓名は左の如し

△溺死者　一年生鈴木スズ子、陳氏[illegible]、黄氏[illegible]

△行方不明　大[illegible]子、黄氏[illegible]、手島トヨ子、[illegible]タツヨ、[illegible]、[illegible]、[illegible]多加子、[illegible]、[illegible]ヨシ子、鶴田幸子

215 嘉義高女三條崙水難報導（一）
資料來源：《台灣日日新報》
216 嘉義高女三條崙水難報導（二）
資料來源：《台灣日日新報》
217 嘉義高等女學校學生臨海教育
資料來源：〈「光榮犧牲」的省思：1939年嘉義高女水難事件之議論〉

✧ 神聖的禁地：高等女學校內的奉安庫、殿 ✧

近年來報章新聞常見到，校園內發現類似保險庫鐵櫃的相關報導，社會輿論不免就以訛傳訛的揣度：裡面是否藏了學校的神秘寶物？或是過往校長的私房錢？以往因校方不諳該文物之用途背景，常在報廢學校財產時，把這類的保險箱或鐵櫃直接丟棄或銷毀。其實「它」根本不是保險庫，而是日治時期用來裝「御真影」（天皇、皇后的玉照）與「教育勅語」的重要設施一奉安庫（奉安箱、奉安櫃），如果是等級較高一等的在室內稱奉安室（奉安所），在室外稱奉安殿。

五七桐花紋是當時日本政府貴族所用的紋章。

日本皇室家紋，十六瓣八重表菊紋。

218 台北第三高等女學校校內御真影奉安庫
資料來源：《台北第三高等女學校創立滿三十年記念誌》
219 嘉義高女學校校內御真影奉安所
資料來源：《台南州立嘉義高等女學校第十二屆卒業紀念寫真帖》

218 | 219

通常公、小學校的等級都只會設置奉安庫（奉安箱、奉安櫃）（圖218），一般學校都是在校長室的角落擺放奉安庫（奉安箱、奉安櫃），其外觀為兩扇櫃門，外部漆有金色的鳳凰雙飛圖樣及蒲葵葉飾，內部通常有三層門板、四層防護。中等學校以上或經費充裕的重點學校才會在校園一處增設奉安室、奉安殿（奉安所）（圖219、圖220、圖221），台灣總督府規定該建築型態需比照日本神社社殿規格，以彰顯神聖之地位，所以材質多用鋼筋水泥打造，而且必須選用防火的材料，足見其地位之崇高。

日治時期每逢國家慶典、天皇誕辰，包括1月1日的新年元旦、2月11日的紀元節（日本神武天皇登基）、4月29日的天長節（昭和天皇誕辰）、11月3日的明治節（明治天皇誕辰）等，校方就會由校長或資深教頭前往校長室將「御真影」取出掛在重要的會場或地點，並由校長恭敬地高舉過眉取出「教育勅語」放在檜木盒或磁盒，進行活動時，再由校長打開檜木盒或磁盒內的「教育勅語」，此時全校師生均要肅立聆聽，不可正視，氣氛莊嚴肅穆。而如果是奉安室、奉安殿（奉安所）形式，會由校長帶領全體師生前往室、殿、所前進行上述的儀式。

220
221

220 台南第二高等女學校內御真影奉安庫
221 台北第一高等女學校校內御真影奉安殿
資料來源：《台北第一高等女學校創立廿五周年記念》

✧女力進化2.0：高等女學校對台灣女性的影響✧

記得孩提時最喜歡回奶奶家，打開門總會看到奶奶坐在落地窗前，靈巧地彈奏鋼琴，口中哼著優雅的日文歌，這場景至今仍歷歷在目。這一輩受過日本教育的台灣女性，不僅身上散發出一種高雅氣質，格外重視自己的儀表，家裡也打理得井然有序。此外，更能讀日本的書報雜誌，並說得一口流利的日文。這種高雅且有條不紊的氣質，皆歸功於她們所受的日本時代高等女學校教育。

日治時期的中等女子教育思潮打破傳統「女子無才便是德」、女性無受教權的框架，欲培養女性展現其自信美與賢內助的角色，這種教育方式有別於日本領台前的傳統書房或家庭教育，鼓勵女子們不受貧富限制，走出閨房求學，對傳統台灣的禮俗是一大挑戰，台灣島內以女性為主的上班族群也漸漸蓬勃發展。因為在台灣清領時期的傳統觀念中，女性幾乎都被視為附屬品，婚前附屬於父母親，婚後則屬於夫家，所以地位很卑微，因此多數的女性的「不受教」並非拒絕受教，而是她們根本沒有教育的環境與權利。

高等女學校的學制基本上是四年，如往後有意願擔任公學校教師，則可以多修讀一年的講習科；當時的台灣女性要考上高等女學校並非易事，因此女學生們皆以穿上高等女學校的制服為榮，不過對手是在名額限制下占優勢的日籍女學生（圖222）。高等女學校的每年的招生員額又分為三種，第一種是日籍女學生專校；第二種是台籍女學生專校；第三種是不分籍女學生。如果以日籍學生專設的高女校而言，日、台學生比例較懸殊，例如：台北第一高等女學校，日、台籍生比例為48：1。換言之，如果在以台籍學生專設的高女校而言，日、台籍學生比例則是台籍女學生稍占多數，例如：台南第二高等女學校，日、台籍生比例均為1：5。又如第三種是不分籍女學生，不專為日籍或台籍設立，但就日、台籍生比例而言，仍然是日籍女學占多數，例如：嘉義高等女學校及虎尾高等女學校，日、台籍生比例均為2：1；新竹高女，日、台籍生比例為3：1。

高等女學校學生主要學習內容除了理科、歷史，地理外，還增加了美術、音樂、茶道，花道，禮儀、家政等課程（育兒知識、營養學、家庭經濟等），而增設這些課程的用意，除了彰顯溫柔賢淑的女性特質，更拓展女子教育的學習廣度，在接受新式教育薰陶下，也不忘恪守傳統女子德行的養成。除了教室內的課程外，尚有戶外課程，諸如：足球、弓道、登山，游泳等運動的身體鍛鍊（圖223）。

222 台北第三高等女學校第一回卒業生
資料來源：《台北第三高等女學校創立滿三十年記念誌》
223 台北第三高等女學校游泳課
資料來源：《台北第三高等女學校創立滿三十年記念誌》

222
223

日治中期，台灣女性受高等女學校教育成效不錯，透過女子教育的推廣，不僅擴大台灣女性的知識領域與生活領域，女學生的活動範圍也得以擴大到家庭之外，教育因而成為女性就業的最佳動力，協助女性走出傳統家庭經濟的範圍，爭取就業機會與獨立經濟基礎，也啟蒙近代中產階級家庭的主婦意識。此外，女子讀書後方能有良好之婦德，才能興國齊家、強國強種，在此強調齊家治國的利基上，女子受教育的理由才被肯定並尊重其人格，與現今鼓勵男女平等的民主意識截然不同。因為這一群「新時代摩登女性」，大多數還是希望回歸家庭，扮演賢妻良母的角色（圖224）。所以多數高等女學生畢業後會短暫投入職場，然後就嫁做人婦，走入家庭。

這群少女，奮力地突破了這道入學的窄門，站在高等女學校的校園，無限的喜悅與對未來的憧憬滿溢胸中，因為這段期間的學生生活不僅是她們人生中最自由、浪漫的歲月，期間習得的知識、涵養，也形塑她們未來的生活品味。學生時期各類書籍閱讀、戶外旅行、休閒活動，開拓了女性新的視野。對台灣社會而言，這一群「新時代摩登女性」無論是竭盡心力打理家庭，或是以其專業貢獻社會，都有十分亮眼的表現。

224 蘭陽高女的林阿嬚畢業後隨即結婚在家擔任賢妻良母
資料來源：林阿嬚

實業學校

✧ 實業學校的履歷：設立沿革 ✧

日治時期台灣的實業教育第一階段的發展，始於明治33年（1900）在台北、台中及台南各地試驗場試行的各種農、工、林、糖事講習所，講習期間為一年。大正3年（1914）第一次世界大戰爆發之後，日本工業突飛猛進，產業快速提升，帶動實業教育新的變革。接著大正8年（1919）台灣開始實行同化政策，也是第一次《台灣教育令》的頒布，同時更是實業教育第二階段的發展時期，這時期同屬日本領土的台灣產業雖然快速成長，卻無法獲得日本內地的人力支援，為解決人才之荒，台灣相關實業教育法令的制定，實屬刻不容緩。因此陸續成立了實業學校，如大正8年（1919）4月將台灣總督府工業講習所改制為台北工業學校（現今國立台北科技大學），關於農業的實業學校則是大正8年（1919）4月設立嘉義農林學校（現今國立嘉義大學）。接著大正10年（1921）4月又設立台中州台中商業學校（現今國立台中科技大學）（圖225）。

225 台中商業學校學生教練課持槍照

大正11年（1922）頒布第二次《台灣教育令》後，實業教育發展也開始進入第三階段，當時針對台灣人的實業教育則區分為實業學校及簡易實業學校兩類。接著依據大正11年（1922）發布的〈實業教育令〉，將台灣實業教育體系包括工業學校、農業學校、商業學校等職業教育，昭和1年（1926）4月新設宜蘭農林學校（現今國立宜蘭大學），設置農業科與林業科；昭和3年（1928）4月新設屏東農業學校（現今國立屏東科技大學）（圖226），設置農業科與畜牧科。為因應日本對台灣殖民的政策需求，台灣的實業教育開始走向多元化，例如農業的發展需要專業的農業知識與實作經驗，而農業學校提供的課程就走向「三明治課程」，兼顧理論與實務，在當時農業社會的台灣受到很大的重視與期待。

而入學資格的取得對台灣人來說非常艱難，在保護日本學生的前提下，設有一定的比例限制及規定。例如台中工業學校招考一百名學生，八十名為日本學生名額，僅有二十名為台灣學生，相當嚴格。而在面試篩選的過程中，也曾因要力保日籍學生而鬧笑話，據嘉義農林學校的校友張岳揚回憶：因日本人跟台灣人都是亞洲面孔，其實長得很像，當時為了區分日本人跟台灣人，面試時會把日本學生標為單號，而台灣學生標為雙號，不過曾經發生過一次疏失，標錯號了，日本學生被錯編為台灣學生，因為主審官口試時「偽台灣學生」講得十分流利，一問之下才發現原來是日本人，急得主審官連忙修改成績。

在這樣的篩選機制下，台灣學生的程度通常較日本學生高，而這些萬中選一的台灣囝仔在受

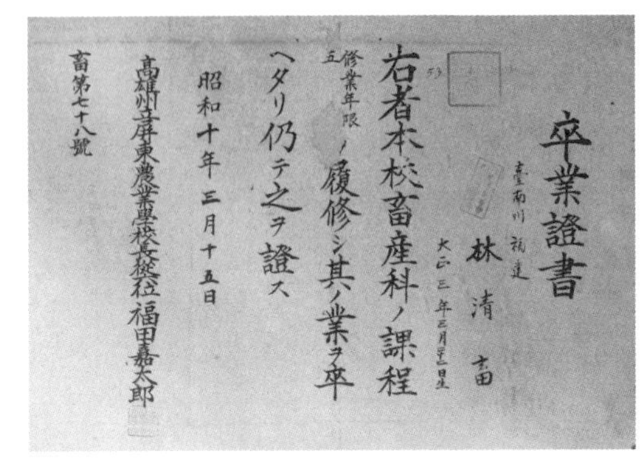
卒業證書

林清[illegible]

右者本校畜産科ノ課程 修業年限五ヶ年ノ履修シ其ノ業ヲ卒ヘタリ仍テ之ヲ證ス

昭和十年三月十五日

高雄州立屏東農業學校長 福田嘉太郎

畜第七十八號

226 屏東農業學校卒業證書

過專業訓練後，也成為另類的「台灣之光」，例如國內著名政治家（曾任總統府國策顧問及資政）—蔡鴻文（1910-1994）先生就是畢業於日治時期的嘉義農林業學校（圖227）。

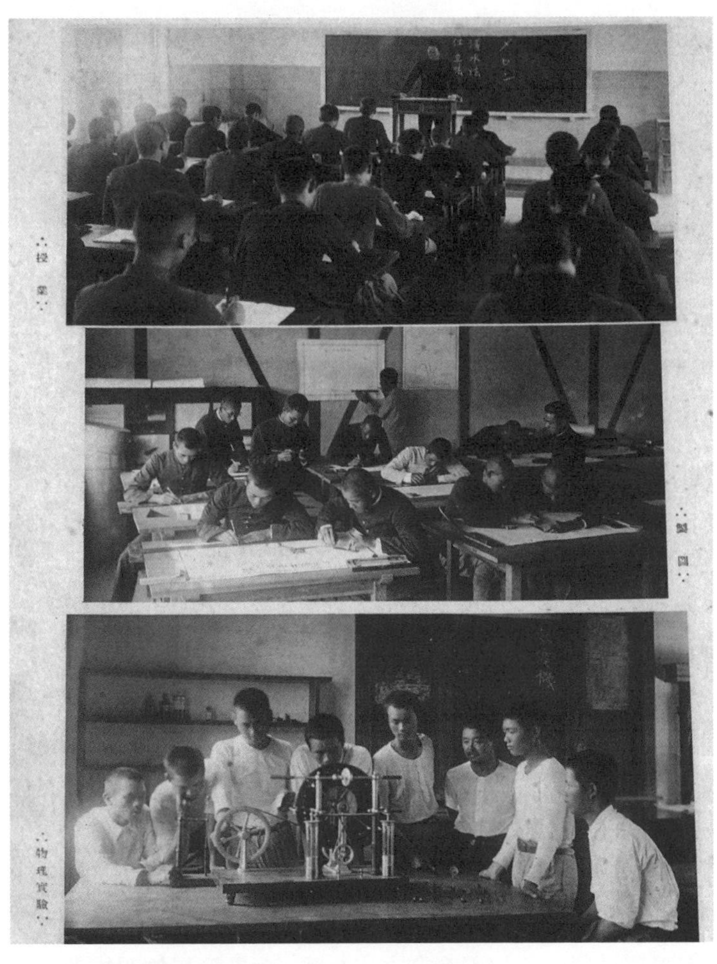

227 嘉義農林學校學生上課學習情形
資料來源：《嘉義農林學校第十回卒業記念寫真帖》

鄰居林伯伯的家是回家必經之途，他的院子總是種滿了五顏六色的花花草草，生意盎然，撲鼻而來的花草香在在說明著主人是個「花草達人」，而多年前一次與林伯伯偶然的閒聊中，才知道原來他是讀「日本冊」的，畢業於屏東農業學校農業科。林伯伯說他以前當過農夫，種的稻子還被日本人評定「優等賞」，而這些種稻的功夫就是在屏農訓練出來的，他非常得意的跟我介紹他在學校念過的書：農業概論、作物、園藝、作物病蟲害、農業製造、農業實習等。足見當時的農業學校訓練有多麼扎實！

實業學校廣義而言分有農林、商業、工業、商船、水產及其他與實業有關的領域，而學習的重點與科目也不盡相同，因此就設立了工業學校、商業學校、農林學校、水產學校以及簡易實業學校（簡易實業學校在此暫不說明，將於其後的實業補習學校章節說明之）等。例如大正8年（1919）4月設立的嘉義農林學校，旨在培養農業及林業人才，幾乎和農業相關的專業科目都要學習：如作物、土壤、肥料、作物病蟲害、農林產製造、農林業經濟、拓殖、農林業實習等都是必修科目。在農業科分科學習科目上還需加強耕種、農業土木、農產加工、農業經濟等課程；在林業科分科學習科目上則有林業土木、林產加工等課程（圖228）。除此之外，農林學校的學生很重視實習課程，如農業科的學生實習就會到肥料桶置場、農業實習地或校內農場等作實習操作；而林科的學生實習就會到林業苗園、果樹園、演習林或校外實習地等作實習操作（圖229）。

228 嘉義農林學校學生田地實習及加工實習課程
資料來源：《嘉義農林學校第十七回卒業記念寫真帖》

再者，商業相關的實業學校，如昭和12年（1937）4月設立的高雄商業學校，以培養商業人才為旨，身為商場的開拓者，語言對他們而言是相當重要的工具，因此學校就積極延攬外籍師資開設暹羅語、馬來語、

229 嘉義農林學校學生在蓖蔴園實習
資料來源：《瑞穗第拾參號》

荷蘭語、西班牙語、英語等課程供學生擇一學習。此外，還需學習商業地理、商業法規、南洋事情、國際金融、貿易經營、商業實踐、商工經營等課程。又工業相關的實業學校，如昭和13年（1938）6月設立的台中工業學校，以培養初級工業人才為旨，分有：機械科、電器科、應用化學科、土木科、建築科等科別，除了共同科目外，各有其專業課程需精進鑽研。例如：機械科的必修專業科目為材料與工程法、應用力學、水力機械、熱機關、電氣工學、特殊機械等。

由上述各類實業學校的課程可以知悉，因為日本對台灣殖民的政策需求，讓台灣的實業教育走向多元化，例如農業的發展需要專業的農業知識與實作經驗，因此農業學校提供的課程就以「三明治課程」的理論實務兼備為主軸，被當時傳統保守的社會視為創舉而廣受好評，因為實業學校的學生在校就學時，因實習課程的安排而提早接觸職場，實力好的學生立即被職場預約。再加上實業學校學費較便宜，對台籍學生較有吸引力，因為唸書的學費與生活費對一般農業家庭而言是一筆不小的開銷，所以實業學校的台籍學生佔大多數（圖230、231）。

230 嘉義農林學校學生在農場實習
資料來源：《嘉義農林學校第二十回卒業記念寫真帖》
231 嘉義農林學校學生在課堂上學習
資料來源：《嘉義農林學校第二十一回卒業記念寫真帖》

230
231

✧ 嘉農之光：柔壇泰斗陳戊寅 ✧

陳戊寅（1922-1994）（圖232），字和平，出生於台南州東石郡六腳庄魚寮村。從小習武，就讀公學校時就向一位唐山的少林武術師傅拜師，得天獨厚的他在十五、六歲時就已經具備成年人的體魄，也對武術產生極濃厚的興趣，更奠定其扎實的武學基礎。但他並不因習武而荒廢學業，陳戊寅認為，有強壯的體格之餘，更應有思辨的腦力，秉持這信念，他在課後苦練武術外，夜深人靜時，仍鞭策自己，點盞煤油燈繼續溫習功課。昭和12年（1937）公學校畢業後，他順利考取嘉義農林學校。進入嘉義農林學校後，在一次武道課中偶然接觸了柔道，竟意外的開啟他的柔道之路（圖233）。

232
233

232 陳戊寅卒業寫真照
233 陳戊寅（左一）近身觀摩隊友練習情形
資料來源：《嘉義農林學校第二十回卒業記念寫真帖》

在課外之餘，他常常跑到嘉義武德殿（現今已拆除）與已是成年人的巡查（警察）過招練習，足見他的柔道技巧遠遠超出同儕，再加上他強健的體魄，根本看不出來他只是一個中學生。後來陳戊寅跟著當時校內的濱田先生（圖234）及台南州嘉義警察署的角田教官，學習柔道技巧與體魄鍛鍊，在兩位延續日本傳統武道的嚴格鍛鍊下，三年級時初次代表學校對外出賽，便一鳴驚人，屢戰屢勝，成績輝煌，在南台灣名聲可說是無人不知，無人不曉，據說他的拿手絕招是多年在北港溪畔沙洲苦練而成的「腳剪」。五年級時，學校特別聘請台南州廳警務部總教官岩淵佶教官加以指導，岩淵佶教官曾獲大日本帝國全國柔道亞軍，更是日本國家級的教練，在教官的調教下，陳戊寅猶如醍醐灌頂，柔道技術突飛猛進，生理技巧與心理素質均達到巔峰，參加校外比賽無往不利。昭和16年（1941）獲柔道初段，昭和17年（1942）參加第二十二回全台灣中等學校柔道大會獲冠軍，畢業前就已柔道三段，可說是當時嘉農的傳奇人物之一（圖235）。

234 | 235

234 嘉義農林學校濱田老師個人寫真照
資料來源：《嘉義農林學校第十五回卒業記念寫真帖》

235 陳戊寅（左一掌旗者）與隊友合影寫真照
資料來源：《嘉義農林學校第二十回卒業記念寫真帖》

台灣近代體育運動是在日本統治之後才開始有系統地實施。1920年代，在台的日本公務員、軍人及學生開始從事棒球運動，可說是台灣棒球運動的先鋒。昭和1年（1926）小、公學校的體操教授被要求加入「遊戲與競技」的項目。遊戲包含競爭遊戲，以及投技、球技等項目，其中棒球就被列為球技之一。這也是台灣囝仔在校園中接觸棒球的初體驗。而中等學校以上體育課程也加入棒球的課程，棒球賽是更成為校際體育角力抗衡的熱門賽事，如嘉義的嘉義農林學校與嘉義中學校，每年都會有戰況激烈的棒球校際對抗賽。

昭和3年（1928）4月嘉義農林學校成立該校第一支棒球隊「嘉農棒球隊」。自昭和3年（1928）至昭和4年（1929）間由安藤信哉、山本繁雄及濱田次箕等人擔任球隊指導，由於安藤信哉等人並非棒球科班出身，所以戰績並不出色。直到當時的校長樋口孝先生聘請近藤兵太郎擔任教練，才開始有了亮眼的成績。昭和6年（1931）夏季，嘉義農林學校就如同出柵的猛虎般，接連擊退實力堅強的台中第一中學校、台中第二中學校、台南第一中學校及台北商業學校，打破該項比賽八年來冠軍皆由台北球隊奪冠的傳統（圖236）。換言之，大會的優勝錦旗首度在濁水溪之南飄揚。這次的勝利為嘉農取得了台灣參加第十七回甲子園的台灣代表權（圖237）。

昭和6年（1931）嘉義農林學校在甲子園決勝戰以0：4敗給甲子園唯一達成三連霸（1931-

嘉農大捷

臺中一中敗退

次入臺中一中。與嘉義農林之比試。其時爲零時三十二分。竟以十五對零。歸嘉農大捷。至一時四分閉戰。

嘉農選手

遠征の途につく

236 嘉農大捷新聞報導
資料來源：《台灣日日新報》
237 嘉農選手準備遠征
資料來源：《台灣日日新報》

1933）的中京商，其拼鬥精神和耐戰韌性引起日本棒壇極大讚賞，給予「天下嘉農」之美譽。接著分別在昭和8年（1933）夏季、昭和10年（1935）春季、昭和10年（1935）夏季、昭和11年（1936）夏季總計五次打進甲子園，是台灣棒球史早期非常重要的一支棒球勁旅。昭和6年（1931）得到甲子園亞軍的嘉農棒球隊，由於陣中成員擁有日本人、台灣漢人與原住民等三種族群，因此其成就被視為「三民族合作」，其所彰顯的正是同化政策所強調的一視同仁乃至內台融合的表現。三民族的團結，代表台灣內部的民族超越族群界限，聚合成為一個「同調集團」，嘉農的征戰甲子園的優異表現，象徵著台灣對日本國的認同與「表現忠誠」，在帝國內的競爭中脫穎而出，也顯現出三民族合作是對日本帝國服從輸誠的表現。

近藤兵太郎（圖238）畢業於日本高中棒球名校－「松山商校」，他曾以主將的身分參加過甲子園的比賽，大正14年（1925）他來到嘉義商工學校服務，昭和4年（1929）嘉義農林學校的校長樋口孝先生聘請他擔任棒球隊教練。而近藤教練訓練球員的原則是，上課時間之外，只要太陽高掛的天氣，都用來練習跑步、投球、打擊。這種斯巴達式的嚴格訓練，也培養出許多台籍優秀的棒球員，如蘇正生、陳耕元、吳明捷、吳昌征、吳新亨、洪太山（後人稱「台灣貝比魯斯」）等人，更造就後來嘉義農林學校棒球隊優異的表現。已故的嘉農第一代球員—蘇正生（1912-2008），在〈嘉農人〉雜誌第二期專訪的文章中，他提到近藤教練的棒球哲學與多元訓練方式。近藤教練認為球員就是要去適應比賽，不能專挑自己喜歡的球路，否則對方一旦知道你打擊習性，一定會針對缺點而攻擊，而且嚴格要求練習的打者一定要將球打出去（圖239）。

在防守上，近藤教練極度重視野手的判斷力，他認為優秀野手必須在短時間內判斷球的飛向、速度及可能的落點。在打擊上，他非常重視選球，並能正確地擊中球心。此外，善用推打的技巧，把外角球順勢推打到內野與外野手之間形成安打（圖240）。而「第二棒」的人選更為他所器重，他須能短打護送上壘的第一棒前進二壘，加上速度快，能在採用觸擊戰術後也能形成內野安打而上壘，在壘上又能盜壘，造成對方守備上的壓力。這三種能力完全在蘇正生的身上展露無遺，當然他也成為了隊中當家的第二棒兼中外野手。而近藤教練嚴厲的要求不僅止於場上的訓練及比賽，為了保護選手的視力，甚至規定不准看電影，因為看電影很傷眼，又容易讓人著迷，要求球員放棄玩樂，全心全意打球。而近藤教練這套棒球哲學帶領著嘉農棒球隊的台灣囝仔勇闖日本甲子園，並締造了「天下嘉農」的美名（圖241）。

238	239
240	241

238 近藤兵太郎個人寫真照
239 嘉義農林學校贏得比賽後主力球員合影留念
資料來源：《嘉義農林學校第十三回卒業記念寫真帖》
240 嘉義農林學校棒球隊練習英姿寫真照
資料來源：《嘉義農林學校第二十回卒業記念寫真帖》
241 嘉義農林學校棒球隊參加全島中等學校棒球選拔賽勝利寫真照
資料來源：《嘉義農林學校第二十回卒業記念寫真帖》

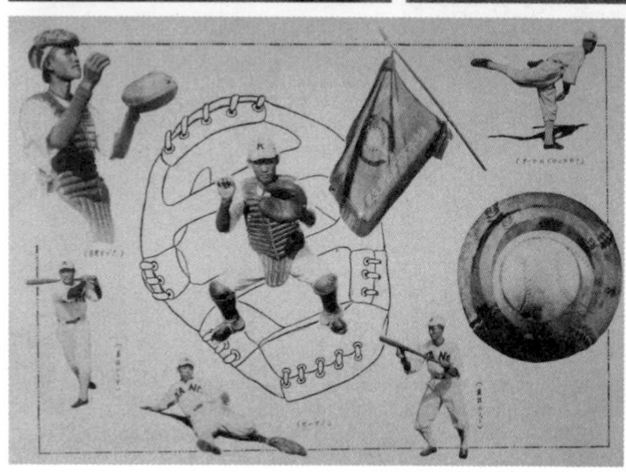

設立於大正8年（1919）的嘉義農林學校（以下簡稱嘉農）（圖242），主要是培養農業專精的人才，而組成的學生以台籍學生為多數，反觀大正13年（1924）設立的嘉義中學校（以下簡稱嘉中）（圖243）大多數的學生卻為日籍學生。一直以來學校內的台、日學生就互看不順眼，衝突不斷，而這戰火也延續到校外，政府當局為調解此紛爭，積極促成「台日共學」的政策，但水火總是無法共存。以台南州的嘉農與嘉中為例，第一，在學生數組成上，兩校的台、日籍學生組成比例相反，文化迥異；第二，在地理位置上幾乎比鄰而居，易生摩擦；第三，兩校又各自擁有棒球隊，競爭意味濃厚。物理距離過近與組成因子雷同已讓兩校產生競爭意識，再加上學長們的舊仇新恨與口耳相傳，針鋒相對的現象更是愈演愈烈，甚至還曾經發生一件驚動嘉義市市尹（類似今日的市長）關心的互毆致死案。

兩校的恩怨其來有因：以實業學校著稱的嘉農，除了課堂上的課程外，通常都還有課外農科實習課，實習時的工作十分辛苦，大熱天底下要挑水肥，或是在牛舍裡將牛糞取出，放至發酵桶內使其變成肥

242 | 243

242 嘉義農林學校學生個人寫真照
243 嘉義中學校學生個人寫真照

料後再取出使用，實習課程結束後經常就一身臭氣（圖244）。因為當時的嘉中沒有類似的實業課程，所以他們無法體會，為什麼一樣都是在學校唸書的學生，要天天挑肥與屎尿為伍？有時下課後在嘉義街上遇見，因為嘉農的學生剛上完實習課，渾身草屑泥巴，汙穢髒亂，嘉中的學生就會戲謔的以英文大喊「farmer」，話語中帶著濃厚的歧視意味，讓嘉農的學生心生不滿，日積月累，兩校的恩怨便由此開始。嘉農畢業校友張岳揚回憶：嘉中與嘉農是死對頭，嘉中的學生常常看不起我們嘉農的學生，覺得我們是拿鋤頭的（圖245），而他們是拿筆的（圖246），嘉中的日本學生比較多，嘉農則是台灣人比較多，常常嘲笑我們挑水肥、撿牛屎。所以在嘉義街上若聽到有兩校學生打架，十之八九鐵

244

245

244 嘉義農林學校學生拿鐮刀及鋤頭務農情況
資料來源：《嘉義農林學校第十三回卒業記念寫真帖》

245 嘉義農林學校學生拿鋤頭務農後合影
資料來源：《嘉義農林學校第二十回卒業記念寫真帖》

定是嘉農與嘉中的學生，嘉農畢業校友林清嵐回憶：記得一年級時，嘉農學長與嘉中球員在火車站前打群架，打的非常激烈，原本只是兩隊少部份的球員，後來愈來愈多學生參與打群架，所幸無人帶武器，當時員警也在場，也不知道為何事發生衝突，只知道有人被石頭丟到滿臉都是血。

而這種小衝突不斷發生，後來終於釀成學生打群架的場面。嘉農畢業校友蔡鴻文回憶：有一回，兩邊學生在街上相遇，不小心撞在一起，一言不合下，竟大打出手，積怨已久的憤恨一觸即發，嘉農的學生竟然一不小心用棍棒打死了一名嘉中的日籍學生，不巧的是，這位嘉中學生的父親竟是巡查，所以他父親當然不肯善罷甘休，鬧得非常激烈，揚言要嚴懲嘉農的打架學生，甚至想一命抵一命。後來嘉農日籍校長柳川鑑藏與多方協調與仲裁後，議決凡是參加打架的學生，依情節重大被記警告、申誡，甚至關禁閉等，這才免去牢獄之災，讓這場紛爭告一段落。

246 嘉義中學學生上課情形
資料來源：《嘉義中學校第十二回卒業記念寫真帖》

你不可不知的學長文化：學寮內的潛規則

日治時期就讀中等學校的學生，因為來自於各地，所以校方通常會提供學生們學寮（宿舍）的住宿，若校內沒有學寮，也會安排他們住到學校附近的私人學寮去。而學寮的生活管理則仰賴舍監協助，原則上舍監是由校內老師兼任並管理學生的日常生活。學寮生活相當制式化，就寢前學寮生需衣著整齊，列隊於寢室前（圖247），等待值班舍監的晚點名，早點名時全校學寮生集合在網球場或籃球場中，等值班舍監點完名，再面向明治神宮和皇居方向遙拜行禮；學寮有嚴格的管制門禁，例如〈宜蘭農林學校的寄宿要覽〉就記載：學寮生如果要外出，要填寫外出登記簿並交由室長簽章，且要向值班舍監報備，領取臨時外出許可證方可外出，返回學寮後要向值班舍監通報，並歸還臨時外出許可證。

舍監為了方便管理學寮的學生，通常會在一間寢室內設室長與副室長兩職，用以協助舍監掌控學生的生活狀況，若有疑難雜症的問題均可直接反應。室長與副室長兩職位通常是選派高年級學長擔任，而藉由高年級學長建立起一套嚴密的訓育組織，「學長學弟制」的不成文規定在學寮生活中發揮高效能的管理功用，建構出專屬學寮層級節制的管理組織，他們在舍監的授權下，指揮學寮的學弟們自律執行各項職務，例如：負責監督寢室生活秩序、起居管理和環境衛生等，室長與副室長有權力訂定寢室值班表，執行按週輪流值班的勤務以振興改善宿舍風氣等（圖248）。而有時候還常會看到學長修理學弟的事件發生，學寮中也常發生台、日學生衝突的不服管教事件，但再怎麼不服管教，他們仍然情同手足，總會在開學前或學期結束後拍上一張學寮紀念照（圖249）。

247 宜蘭農林學校就寢前值班舍監點完名
資料來源：《宜蘭農林學校第五回卒業記念寫真帖》

中等教育

248
249

248 嘉義農林學校學生在學寮的生活狀況
資料來源：《嘉義農林學校第十七回卒業記念寫真帖》

249 宜蘭農林學校學寮合影紀念
資料來源：《宜蘭農林學校第五回卒業記念寫真帖》

250
251

學寮學長的權力究竟多有大？畢業於嘉義農林學校的校友陳保德回憶：學長在學寮中擁有極高的權威，一年級的學生在學寮好像學長的貼身書僮：斟茶、整理榻榻米、掛蚊帳、鋪棉被等各項雜務，樣樣服務到家，但也由於這種忍讓服務的磨練，無形中也養成學弟們吃苦忍讓的精神和毅力。同樣的畢業於台灣商工學校校友廖欽福回憶上述事蹟，他說：住學寮時，晚上就寢前要替學長掛蚊帳、鋪床，早上疊被、收蚊帳等，這是學長制下，我們份內的工作。在傳統觀念的學寮自治中，認為低年級替高年級學長服務與擔任公共服務的制度，可以養成學生自治的能力，學校內外的大大小小事情，不須經由老師或教官叮嚀、關照，就可由高年級學長處理妥當，自然也提升學生的自治能力和責任感，這就是「學寮精神」的真諦（圖250、圖251）。

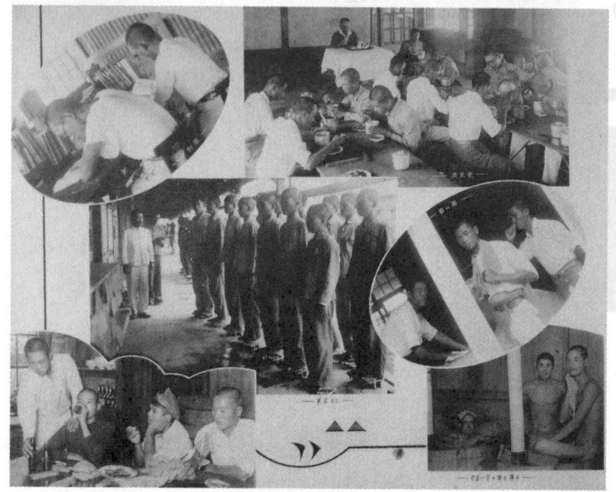

250 嘉義農林學校學生在學寮的生活作息（一）
資料來源：《嘉義農林學校第二十一回卒業記念寫真帖》
251 嘉義農林學校學生在學寮的生活作息（二）
資料來源：《嘉義農林學校第二十回卒業記念寫真帖》

「釦」人心弦的小祕密：賽璐珞鈕釦上場

日治時期的帽徽或鈕釦通常是銅質的材質，而中等學校以上的學校則視各校特色，將校徽的圖騰烙印在帽徽或鈕釦中，作者在蔡幸伸校長收藏的學校古文物－鈕釦中，發現了兩顆特別的賽璐珞（celluloid nitrate）材質的鈕釦（圖252）中右邊二顆栗黃色）。而依據鈕釦的圖騰與「農」字，作者立即判斷出是宜蘭農林學校的制服鈕釦（圖253）。賽璐珞的材料在日治時期已經被多方應用，而會被拿來製成鈕釦的原因，是質地輕盈、容易加工。傳統的銅質鈕釦，因鈕釦正面是突起的校徽圖騰，當它被縫在衣服長期使用後，校徽圖騰容易被壓扁甚至磨平，有損美觀，例如在朝會時或重大節慶時，制服上的鈕釦若缺三漏四或擠壓變形，都顯得非常不莊重，所以才會縫以賽璐珞鈕釦作為替代品。且賽璐珞在成型後不易變形，但唯一的缺點是遇火容易燃燒。烙印有宜蘭農林學校圖騰的鈕釦，推論非坊間或私人製造，因為開模的成本高且少量製作生產根本不符成本，所以應該是學校委託廠商統一製作。

252

253

252 宜蘭農林學校學生與校旗合影
資料來源：《宜蘭農林學校第五回卒業記念寫真帖》
253 宜蘭農林學校制服鈕釦
資料來源：蔡幸伸

賽璐珞是一種合成樹脂的名稱，也是一種塑料所用的舊有商標名稱，是人類歷史上最早發明的加熱後可塑性樹脂。以「硝化纖維」（學名為纖維素硝酸酯）和「樟腦」在增進其可塑性後，再添加其他染料和物質製成的化合物。賽璐珞外觀呈有色、無色透明或不透明的片狀物，性軟，富有彈性。不溶於水、苯、甲苯，但卻溶於乙醇、丙酮、乙酸乙酯中，且它具有很大的抗張力強度及耐水、耐油、耐酸等特質。硝基纖維是賽璐珞的其中一個成份，而它的化學元素也是火藥的基礎原料之一，所以它最大的缺點就是遇火或高熱極易燃燒。較長時間的儲藏會讓賽璐珞逐漸發熱，若蓄熱不散就會引起自燃。而賽璐珞另一個成份則是樟腦，因為賽璐珞在日治時期的1930年代被廣泛應用於各個領域如：鉛筆盒、梳子、鈕釦、鏡框、底片、唱片等。在這樣的民生需求下，讓原本產樟腦佔當時世界第一產

254 台中山區的樟腦寮

量的台灣（年生產佔世界總產量的70%）也供不應求（圖254），但因德國人造樟腦亦適時問世，大正8年（1919）為力抗這強敵而成立台灣製腦株式會社，宣布於昭和9年（1934）強制解散，改由台灣總督府專賣局經營製腦事業，並專賣支局與出張所經營與販賣（圖255），以國家公權力的力量制衡外貿的影響。至日治時期結束前，台灣樟腦的生產與銷售皆由官方所經營。

255 台灣總督府專賣局台南出張所

✧ 課餘時間的異想世界：各種社團的活動參與 ✧

學校對群育、體育及美育也很重視，除課堂上學習外，課後的社團活動也是學習管道之一。以嘉義農林學校為例，規定學生至少要參加一項社團。社團種類繁多，文藝社團類如學藝社、音樂社、寫真社（圖256）、雜誌社、園藝社等。體育社團類如劍道社、柔道社、庭球（網球）社、角力（相撲）社、野（棒）球社等。社團活動時間通常在正式課程結束後，學生留校練習。幾乎全台中等學校以上都有各式各樣的社團活動。

早在1877年（明治10年）初，即被提出「體育」的概念，意為「身體的教育」。然而，在十九世紀，體育成為身體訓練的重要手段，並為軍國民主義的產物，於是體操因應而生，幾乎成為「體育」的全部，而極力擴張帝國版圖的日本，亦提倡兵式體操，以訓練人民，並企圖導入學校教育。日人在領台初期，台人對於體育，甚至武道（劍道、柔道、弓道）活動並不熱絡，包括劍道（圖257）、柔道、馬術或者網球等活動均是到了大正末葉才開始蔚為風潮，原本台人之間，僅有原本的中國式武術，而無所謂「運動」，但後來因運動風氣盛行，武道活動也從原先的軍警主流族群跳脫出來，開始於社會與校園間普及流行。畢業於屏東農業學校的校友蔡園墻回憶：那時候我是參加劍道社，因為那時候我很崇拜日本

256 嘉義農林學校學生寫真班攝影操作
資料來源：《嘉義農林學校第二十一回卒業記念寫真帖》
257 嘉義農林學校劍道部
資料來源：《嘉義農林學校第二十一回卒業記念寫真帖》

256 | 257

武士精神，覺得要把劍道練好，才能像他們一樣優秀。依據統計資料，昭和8年（1933）有劍道、柔道、弓道社團的實業學校有（表8）：

表8. 各實業學校的武道社團

	劍道	柔道	弓道
工業學校	台北工業學校、	台北工業學校	
農業學校	宜蘭農林學校、嘉義農林學校、屏東農業學校	嘉義農林學校、屏東農業學校	屏東農業學校
商業學校	台中商業學校	台中商業學校、台灣商工學校	台中商業學校

資料來源：《日治時期台灣武道教育的傳承》

而體育社團除了劍道、柔道、弓道等活動蔚為風潮外，相撲與棒球也是當時非常熱門的社團選項，如畢業於嘉義農林學校的校友周登科回憶：學校也要求學生必須選擇參加棒球、柔道、劍道、相撲（圖258）、網球或競技等各種體育社團，重視學生的體育活動，也有其他靜態的社團，如寫真班、音樂社等，並提供了各種專業的器材，鼓勵多方面的學習，這樣的課程安排，已經達到現今學校教育所強調的五育並重的標準。而他那時候就參加相撲社，到現在還是很喜歡看相撲比賽。又如畢業於高雄商業學校的校友李明恭回憶：因為學校有規定每個人要參加一個社團，那時候嘉農棒球隊正風行（圖259），所以班上很多同學下課後都會去社團裡借用球棒跟手套，甚至會討論跟高雄工業學校棒球友誼賽的戰術，現在想起來還真是熱血。

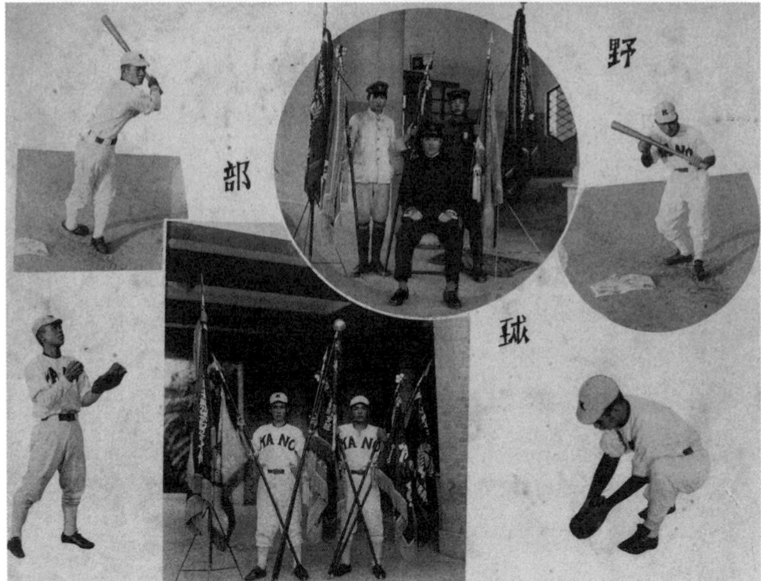

258 嘉義農林學校相撲部
資料來源：《嘉義農林學校第二十一回卒業記念寫真帖》

259 嘉義農林學校野球部
資料來源：《嘉義農林學校第二十一回卒業記念寫真帖》

258
———
259

實業學校積極開始實施校外軍事演練，主要是從大正14年（1925），《陸軍現役將校學校配屬令》發布後，開始實施「學校軍事訓練」，將現役軍人分配至中等學校以上學校服務。大正15年（1926），依據台灣總督府訓令35號，台灣中等以上學校開始配置陸軍現役軍官（圖260），而實業學校同樣一起實施。實業學校每週教練科的上課時數與中等學校一樣，一至三年級每週2小時，四至五年級則每週3小時，而實業學校五年制，一至二年級需進行4日的野外軍事演習，三至五年級則進行6日。

尤其是進入戰爭末期後，軍訓課程的落實與軍事演練的強度，都是以往的雙倍以上，因為他們認為實業學校的學生，體能較一般中等學校優秀。畢業於嘉義農林學校的校友北村嘉一回憶：當時除校內外之軍事操練外，每年暑假還會有一個星期的時間到台南白河陸軍演習廠接受軍事訓練。畢業於台北工業學校的校友廣畑猛回憶：教練課與入伍訓練一樣，一、二年級是徒手訓練，三年級則是進行實槍訓練，由部隊分派來的將校、後備軍人及士官等擔任教練，訓練非常嚴格。行軍的活動似乎就此成為家常便飯。畢業於嘉義農林學校的校友曾水池回憶：某一次的行軍經驗，只能攜帶限量的水，差不多現在一瓶米酒頭的容量，中途無法補給水，中間僅休息吃便當（圖261、圖262）。肩上還背著兩塊磚頭，徒步由學校來回往返大林糖廠。畢業於新竹工業學校的校友楊熾浩回

260 昭和14-15年嘉義農林學校配屬將校教官

261 嘉義農林學校校外軍事演練
資料來源：《嘉義農林學校第十七回卒業記念寫真帖》
262 嘉義農林學校教練課的兵器擺設
資料來源：《嘉義農林學校第十七回卒業記念寫真帖》

261
262

憶起當時苦行軍的情景：學校厲行軍事化教育，第一次行軍到新埔時還可以邊走邊玩戰鬥遊戲，但第二次行軍到苗栗頭份時，就需要個個全副武裝，穿軍服、戴軍帽、打綁腿，還背著裝有飯盒、毯子等物的背包。

各州廳聯合舉辦野外軍事演習的情況，在戰爭末期後更是常態，畢業於台中商業學校的校友林榮華回憶：聯合演習是台中全部的中學校要到台中附近，一邊從豐原前進，一邊從彰化前進，各自以不同顏色代表不同軍隊，模擬戰爭實際狀況。有飛機丟炸彈，好像身處實際戰場上（圖263）。當時就讀台中工業學校三年級黃俊敏回憶：那時候，據說南洋戰況激烈，學校要求必須加強野外演練，所以我們二年級的也被要求要參加野外聯合軍事演習，要分紅隊跟藍隊互相對抗，用以訓練各種軍事技巧（圖264）。由此可知，將校配屬政策與台灣總督府對體操科中要求教練科目的再強化，使軍事教育在台灣中等學校以上，已經積極且徹底的落實展開，在戰爭動員體制下，學生經常處在軍事訓練、演習或勤勞奉仕狀態，學校多遭停課，學生學習也幾乎中斷。

263 台中商業學校學生列隊檢閱並準備分組演習
資料來源：林榮華
264 台中工業學校學生參加野外聯合軍事演習
資料來源：黃俊閔

263 | 264

與神同行：獻給神社的「神饌米」

依據日本傳統的習俗，「神饌」係指神的食物，亦即供奉神祇專用的米、水、鹽、酒、鳥獸魚貝、蔬果等，皆統稱「神饌」。而此處的神祇，當然就是神社中所供奉的神祇。最早在中等學校中設置神饌田的首例，出現在台北州的宜蘭市，昭和16年（1941）〈教育敕語〉實施四十周年，宜蘭農林學校以此為由，在校園內設置121坪的神饌田，田地分成本田和預備田，四周圍上竹籬，並特地新鑿水井作為灌溉用水，由全校學生負責奉仕工作，收成後的神饌米以每個神社一升份量，獻給島內各神社在新嘗季使用。

其後每年的春耕時節都要先舉辦地鎮祭、播種祭和田植祭等，後來陸續在全台的各級學校中實施，因查詢史料並沒有規定神饌田的設置原則或標準，不過我們可以發現從農業或農林學校的卒業寫真帖照片刊登以及《台灣日日新報》的報導中發現：其神饌田較一般商業或工業學校常出現，理由很簡單，因為農林學校有實習課，實習課就需要實習田耕作，所以神饌田出現頻率較高是理所當然，甚至有街庄動員農林學校協助耕作的報導（圖265、266）。而較郊區或是山

265
266

265 嘉義農林學校學田植祭前儀式
資料來源：《嘉義農林學校第二十一回卒業記念寫真帖》

266 屏東農業學校神官在田內進行祈求豐收儀式

上的公、小學校，若有空地亦會撥出部分作為神饌田使用。神饌田的耕作不以學校為主要單位，因為戰爭末期後，在台灣總督府有計劃的動員下，昭和14年（1939）神饌奉獻開始達到高峰，設置神饌田彷彿是全民運動般，極盛時期甚至喊出「一市郡一神饌田」的口號。

一般而言，我們都會把參拜與奉仕神社作為主要的祭祀圈場域，其實神社的奉仕還包含了神饌田的耕作，因為神饌田所生產的穀物或米是要用來奉獻給神的，所以在耕作期時，學生在神饌田裡插秧耕作前，校方便會邀請附近神社中的社司或出仕（神社的神職人員職稱）等神官人員進行祈求五穀豐收的儀式後，由神官人員指示數位同學拿著鋤頭進行播種儀式（圖267），日後由師生共同耕作，這時就算是平時頑皮搗蛋的學生，也會嚴肅的配合莊嚴的儀式；等到夏季時節再舉行拔穗祭，將收成的糙米齋沐、揀選，再分裝成所謂的神饌米，奉獻給各地神社，透過整體的儀式進行與耕作過程，來涵養學生的敬神思想與尚農精神（圖268）。

267

268

267 神社神官指導嘉義農林學校學生播種儀式
資料來源：《嘉義農林學校第二十回卒業記念寫真帖》

268 嘉義農林學校的神饌田收成的穀物與果實
資料來源：《嘉義農林學校第二十回卒業記念寫真帖》

實業補習學校

實業補習學校看過來：設立沿革

大正11年（1922）發布了第二次《台灣教育令》後，台灣的實業教育機關主要分為實業學校與實業補習學校兩類。前者主要是五年制，只收男性。而實業補習學校與一般實業學校的差異在於，它是一種簡易的實業學校。實業補習學校的彈性較大，它的設立經費來自州、廳等地方政府，亦可由市、街、庄及市街庄組合（數個市街庄合辦之意）設立之，甚至也有私立的實業補習學校。其型態大致可分為農業、工業、商業、漁業及家政等數類，性質上偏向「職業教育」，且得視地方之需求而適當選設之。實業補習學校的入學資格較其他學制的學校寬鬆，公學校、小學校畢業者即可報考，除學費比其他學制的學校便宜外，還可以讓學生選讀日後想從事的職業相關訓練或學習課程。

實業補習學校的修業年限為一到三年，該學制多以「補習學校」、「專修學校」（圖269）或「家政女學校」（圖270）為名，農業補習學校初創時多為2年，商工業補習學校及家政女學校則多為3年。工業、商業、水產業的補習學校基本上不收女生；部分農業補習學校男女兼收，所以女生人數極少。因此名稱為「家政女學校」、「實踐女學校」才是專以女性為對象的實業補習學校。1930年代以後，公、小學校畢業生大幅增加，原有的中等教育升學機會僧多粥少，想要進入中等教育窄門的台、日籍學生如雨後春筍般暴增，所以實業補

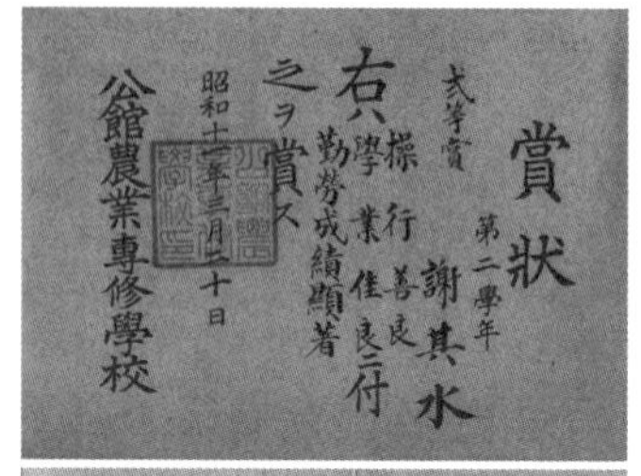
賞狀
弍等賞
第二學年
謝其水
右ハ操行善良
學業佳良ニ付
勤勞成績顯著
之ヲ賞ス
昭和十[illegible]年三月[illegible]十日
公館農業專修學校

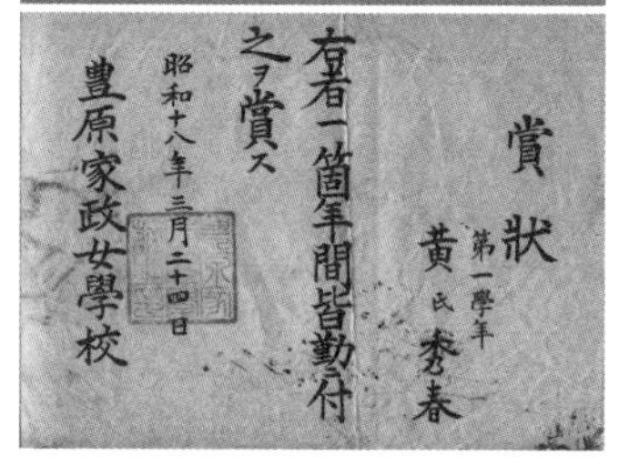
賞狀
第一學年
黃氏秀春
右者一箇年間皆勤ニ付
之ヲ賞ス
昭和十八年三月二十四日
豐原家政女學校

269 公館農業專修學校賞狀
270 豐原家政女學校賞狀

習學校在當時升學激烈競爭的中等學校、師範學校或實業學校來說，學制較有彈性、修業年限較短，因此成為台灣人升學的重要管道。

根據台灣總督府文獻資料記載，至昭和11年（1936）12月止，台灣境內（含澎湖廳）已設有多達50所的實業補習學校，其中36所為農業類的實業補習學校。昭和12年（1937）進入戰時體制後，相關產業人力需求增加，工業類及家政類的實業補習學校一年內迅速成立了10所以上。在家政類的女學校中，亦有名為實踐女學校、技藝女學校、淑德女學校之名，名稱在不同時期稍有更改，整體來說，還是以「家政女學校」之名最常使用。最早的家政女學校為昭和7年（1932）設置的台南女子技藝學校，戰前共計有30所，其中位於台南州者即佔了10所之多。日本內地為因應戰時體制，於昭和11年（1936）實施《青年學校令》，廢止了實業補習學校，並將實業補習學校與青年訓練所合併為青年學校。而台灣的實業補習學校因階段性任務的調配，也賦予其重要的任務（圖271）。昭和18年（1943），內閣議決制訂「關於教育的戰時非常措置方策」，規定昭和19年（1944）起，男子商業補習學校轉型成工業補習學校、農業補習學校或女子商業補習學校（圖272），若無法轉型者則縮小規模。在此政策下，台灣各地的實業補習學校開始蛻變。昭和20年（1945），多數家政女學校皆改為農業實踐女學校，以配合帝國戰爭所需之人力及物力調配。

271 斗南專修學校園藝部學生合影
資料來源：《斗南專修學校第二回卒業記念寫真帖》

272 私立台中商業專修學校國語及文法課上課狀況
資料來源：《台中商業專修學校第六回卒業記念寫真帖》

糗了，過錯生日的北港家政女學校

民國105年（2016）11月24日雲林縣北港國民中學歡慶70歲生日，不過「她」似乎報錯戶口，過錯了生日。因為該校依據網頁校史沿革與《創校五十周年紀念專輯》、《從笨港到北港》、《北港鎮志》三項資訊直指，該校創設於民國35年（1946）4月。不過卻也有另外不同的說法，如《雲林縣鄉土史料》記載北港鎮耆老林良盛指出：此家政女光復後改為北港初中。再者，雲林縣立北港國民中學出版的《創校五十周年紀念專輯》，更曾記載光復後有三屆北港女子家政職業學校畢業生外，在校史的介紹中也說明：該校設自日據時代，原名稱為北港家政實踐女學校。再加上日治時期學校曾經送給畢業學生的紀念碗，烙印著「北港家政女」的字樣（圖273）。兩方的說詞，著實令人霧裡看花。究竟這兩方的說詞，誰才是正確的呢？

在作者田野調查訪談了北港實踐女學校第一屆畢業校友林兼子（陳玉霞）及比對相關文獻考據後（圖274），作者十分確定雲林縣北港國民中學是創設於昭和13年（1938）的北港實踐女學校，民國105年（2016）校慶時，「她」其實已經78歲了，貨真價實是報錯戶口、過錯生日。或許讀者會覺得納悶：為什麼一下稱北港實踐女學校？一下又稱北港家政女學校？在前面的實業補習學校介紹中曾提到，昭和19年（1944）起因應國家政策，導致全台各實業補習學校校名更迭不斷。而雲林縣北港

273
274

273 烙印北港家政女學校的瓷碗
資料來源：雲林縣立北港國民中學
274 昭和13年一年級林兼子與同窗合影（左二）
資料來源：林兼子

275 | 276

北港實踐女

入學式は二十二日

275 北港實踐女學校錄取名單
資料來源：《台灣日日新報》
276 昭和15年北港家政女學校家事課程寫真照
資料來源：北港文化工作室

國民中學在日治時期的校史沿革與校名，更迭順序應為：昭和13年（1938）5月11日，北港實踐女學校（圖275）；昭和16年（1941）4月1日，北港家政女學校；昭和19年（1945）4月1日，北港農業實踐女學校。

就讓我們來替雲林縣北港國民中學的身世之謎解碼吧！作者根據《台灣日日新報》的多篇報導將其系統化整理後，追溯北港國民中學名稱變革如下：昭和12年（1937）3月31日通過北港實踐女學校設立許可。原先預定在昭和13年（1938）5月22日借用北港女子公學校場地舉辦開學典禮，提前至5月11日上午11時盛大舉行開學典禮。昭和16年（1941）4月1日，改稱為北港家政女學校。昭和20年（1945），多數家政女學校為迎合帝國戰爭在人力物力上的需求，皆改為農業實踐女學校。昭和19年（1944）4月1日起，原本的北港家政女學校也依台灣總督府的規定更名為北港農業實踐女學校（圖276）。

歷史，是人類社會發生與發展的歷程，是自然界和人類社會生活中一切現象發生、發展、變化的總過程中所遺留下來的痕跡。歷史的脈動更是一種無聲的語言，其建構必須符應人們的認知，才能拉近人與地域間的距離。錯誤的學校歷史為何要被勘正與澄清呢？因為錯誤的校史記載可能誤導學生的知識學習，甚至衍伸出脫軌的意識形態，造成人們的謬誤。校史教育極為重要，因為正確的校史教育可以幫助我們，瞭解學校在時代巨輪下的演變與更迭，甚至透過文字記載與圖像呈現當時校園文化的氛圍，所以錯誤的史實有必要被勘正與澄清，因為這些知識的導正將引導著我們走向更璀璨的康莊大道，這也正是我們為雲林縣立北港國民中學「正名」的主因，澄清其前身即為「北港實踐女學校」，還原歷史的真相，並告訴北港的居民，那個你每天上課、上班都會經過的北港國民中學在民國109年（2020）4月時已經82歲了，別再讓錯誤記載為北港地方教育史蒙上定位不明的陰影，而是讓北港的教育史實得以澄清勘正，撥雲見日（圖277、圖278）。

277
278

277 昭和13年北港實踐女學校第一屆裁縫課程寫真照
資料來源：北港文化工作室
278 昭和13年5月11日開學典禮寫真照
資料來源：北港文化工作室

✧來不及用上的護身符：增本光春的千人針✧

民國106年（2017）暑假期間，作者曾赴日本九州旅遊，順道拜訪長年旅居日本佐賀市的老朋友，把酒敘舊後聊到近況，朋友知悉作者長年耕耘台灣教育史，突然聯想到他家附近有一位老太太的哥哥，以前曾在台灣當過教員。職業敏銳度驅使，立即請老友連繫對方；隔天午後，依稀記得是飄著細雨的天氣，看著老友電話中用流利的日語一來一往，臉上綻出又驚又喜的表情，似乎連繫上對方。於是我們一行人在傍晚來到這位90多歲本田光子（原名增本光子）老太太家，簡單的寒暄後，作者馬上向老太太說明來意，並詢問她哥哥在日治時期來台灣擔任教員時的故事。遺憾的是她哥哥早已在幾年前過世，不過老太太對哥哥的故事卻是記憶猶新。

她的哥哥增本光春，昭和9年（1934）畢業於台南師範學校普通科，畢業後被派往台南州善化公學校任訓導乙職，後因結婚關係舉家搬遷自嘉義，故於昭和14年（1939）申請調任台南州東門公學校（現今嘉義市民族國小），後因個人因素申請調任台南州嘉義家政女學校（現今嘉義市嘉義國中）任助教諭乙職（圖279）。日治末期戰爭吃緊，昭和20年

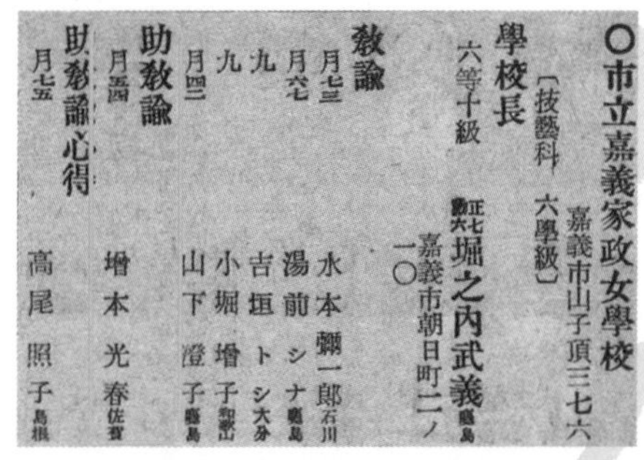
○市立嘉義家政女學校　嘉義市山子頂三七六
〔技藝科　六學級〕
學校長
六等十級　正七勳六　堀之內武義　鹿島
嘉義市朝日町二ノ一〇
教諭
月七三　水本顯一郎　石川
月六七　湯前シナ　鹿島
九　吉垣トシ　大分
九　小堀增子　和歌山
月四二　山下澄子　鹿島
助教諭
月五四　增本光春　佐賀
助教諭心得
月三五　高尾照子　島根

279 昭和16年增本光春擔任嘉義家政女學校助教諭
資料來源：《台灣總督府及所屬官署職員錄》（昭和16年）

（1945）5月中旬，第二次世界大戰已漸漸進入尾聲，但校園中仍然充斥著帝國主義與歡送台、日籍教師出征的場景。此時本田光子回憶：那時候7月底開始酷熱，有一天哥哥從學校下班後回到家，保正突然拿了一張紅單來到我們家，那時候正在吃飯，媽媽跟嫂嫂看到時，眼眶馬上流下眼淚，那時候的我根本不知道怎麼一回事，後來保正離開後，一問之下才知道，原來哥哥被徵調上戰場了。那一夜哥哥跟嫂嫂的臥房裡，傳來嫂嫂的陣陣哭聲，而我也輾轉難眠。

後來他服務的嘉義家政女學校也知道他被徵召的事情，學校馬上到街上去找寫真館，準備幫他拍張出征前的學校師生的紀念照，過沒幾天他就拿回來了這張寫真照片（圖280），而嫂

嫂也被迫成了「征婦」，她到街上的布行買了一塊長布，準備製作「千人針」讓哥哥入營前攜帶（圖281）。所謂的「千人針」，是源於日俄戰爭時期的一種民間祈禱儀式與護身符。習俗上由軍人的女性家眷，手持白色布矗立於街頭，請過路女性在布上縫一個結，並祈禱出征者武運昌隆，待縫滿千結後，交由出征者隨身攜帶或直接裹在腹部，據稱因有千人念力加持，使「千人針」具有防彈的效果，可以庇佑當事人平安歸來。在台灣總督府官方刻意宣傳下，在台灣也相當普遍，目的是要鼓勵台人積極協力戰爭，形成當時台灣街頭一種特殊的時代風貌。「千人針」相傳由一千名女性每人一針、在白色棉布條上用心地繡出圖案，將她們的愛、信念與祝福透過針線贈給勇赴沙場的日本皇軍，並祝福皇軍武運長久。當時據說「千人針」可以避彈，而對其親屬家人而言，有更深一層的祝福與祈求平安的意涵。

好景不常，日軍在南洋戰事節節敗退，在美國向日本廣島丟下原子彈不久後，昭和20年（1945）年8月15日，裕仁天皇向全國發表了錄音廣播的「玉音放送」，對日本民眾宣布戰敗且無條件投降，並於同年9月2日簽署投降書。而當嫂嫂幾天前才剛書寫完「祈武運長久」字樣將其縫入透光棉布的內側，正準備開始上街請大家給予千人針祝福時，收音機那頭卻傳來「玉音放送」的投降消息，嫂嫂聽到後不禁喜極而泣，這一刻才深深體認到「親情」戰勝「國家」的本質。而這一塊來不及用上的護身符—千人針，則在戰後陪他引揚回到日本，並繼續在學校擔任教職，本田光子講到此時，早已淚流滿面。

280 | 281

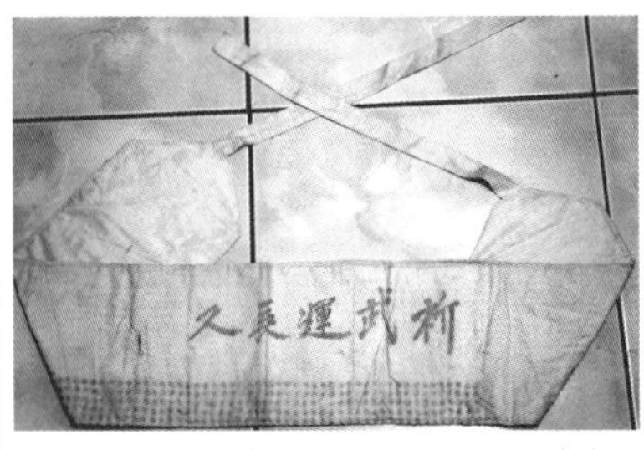

280 昭和20年增本光春出征前與學校師生合影留念寫真照
資料來源：本田光子

281 增本光春出征前其妻子為他縫製的千人針
資料來源：本田光子

戰火修業限定：特殊實業專修學校

1930年代的戰爭末期，為充實後勤糧食的儲存與整備，導致農業人才的需求大增。農業人才的培育除了一般實業學校或正規實業專修學校外，台灣總督府還特別設立了特殊的農業教育機構，修業年限以一年為原則。至戰爭結束前，依據現有史料記載，這類型的特殊實業專修學校至少有四所。分別為昭和6年（1931）先在台北州七星郡士林庄三角埔設立了「台北州農業傳習所」。接著昭和8年（1933）又在新竹州竹南郡竹南街崎頂設立「新竹州立新竹農業傳習所」（當地人通稱崎頂農業傳習所）（圖282）。昭和9年（1934）在台南州曾文郡官田庄烏山設立「台南州嘉南塾」（農業國民學校嘉南塾）。昭和15年（1940）在花蓮港廳的玉里設立「玉里國民學校熱帶農業塾」（圖283）。

玉里に 熱帶農業塾創設 四月一日より開塾

花蓮港廳玉里郡は由來廳下に於ける熱帶資源地として知られ棉花、蓖麻、黃麻其他の熱帶產業に最好適とされ總督府に於ても數年來試作を實施しつつある、郡では右熱帶資源開發と優良農村子弟養成のために、玉里熱帶農業塾を設置する計畫を樹立、豫て廳に陳情中であつたが廳に於いてもその適切を認め新年度豫算中補助費二千圓を計上玉里街及び產業組合の經營として愈よ四月一日より開塾することゝなり廳下各方面より塾生を募集することゝなつた、入塾資格は十七歲以上の男子、小公學校卒業後二箇年以上農業に從事せるもので、學科は熱帶農產業に關する一般知識及び技術、並に國民精神涵養を基調とする教育方針をとり塾生は全部塾內に收容物心兩方面より優秀なる農村子弟を養成せんとするもので、各方面から大いに期待されてゐる。

282 崎頂農業傳習所牧場（新竹農業傳習所牧場）

283 玉里國民學校熱帶農業塾設立報導
資料來源：《台灣農林新聞》

這四所特殊農業教育機構的主要任務，以培育農村中農業生產的領導青年為主軸，除了教導他們如何增加農作物產值的技術與知識外，更深耕愛國教育：如每日需參拜神社、實施國民講演、練習國民武道和國民體操等，目的在強化日本國民精神的教育。以台北州農業傳習所為例，其每日的學校生活作息如下（表9）：

表9.　台北州農業傳習所每日的學校生活作息

時間	行程	細項
6:00	起床	起床時間依季節微調
6:05	點名	各寢室前排隊
6:20	玄關前集合、神宮遙拜、國民體操、感想發表	各寢室打掃
6:40	除草	環境美化
7:30	早餐	
8:00-12:00	學科上課	
12:00	午餐	
13:00-16:00	實習課	上課至日落
18:00	晚餐、入浴	
18:30	晚自習	
21:00	點名	
21:30	就寢	

資料來源：〈台北州農業傳習所〉

由上述資料顯示，台北州農業傳習所的每日學校生活作息十分規律，且非常重視實務操作與學科的結合，學科方面除了公民、國語（日語）外，主要是學習農業大意、土壤及肥料、植物生理及育種、作物、畜產大意、家畜飼養管理、農業加工、農業經濟等，通常是中午前上學科課程，下午就直接到實習農場操作或演練到日落才休息。特別的是，塾生們也有見學旅行；他們的見學旅行非常特別，是到台灣各地觀察農業經營的地形、土質、氣候等，或是到農村瞭解作物栽種、飼養家畜的狀況，既實用又富饒趣味，且台北州農業傳習所的學期起訖與一般學制的學校也不一樣，一般學制通常是4月1日開學到隔年的3月底，而其學制是每年的12月底至隔年的12月底。

另外在昭和9年（1934）設立台南州農業國民學校嘉南塾，昭和16年（1941）後改稱為台南州嘉南塾，主要依據台灣總督府令第七十三號而設立，於昭和9年（1934）5月5日在烏山頭舉行入塾儀式，塾長為川村直岡，當時塾生僅有19人，當天台南州教育課長伊藤英三、州知事今川淵等當地60名重要官員列席參加，參加的人物都是當時州廳重要的官員，由可知台灣總督府非常重視此類特殊的農業教育機構的設立。以下是台南州農業國民學校嘉南塾每日的學校生活作息（表10）：

表10. 台南州農業國民學校嘉南塾每日的學校生活作息

時間	行程	細項
5:00	起床	盥洗、大麻參拜、掃除
6:00	升旗	神道夢想流杖術
6:30	早餐	朗誦食時五觀
7:30-11:30	實習課	
12:00	午餐	含休息兩小時
14:00-16:00	學科上課	上課至日落
17:30	降旗	
17:30-19:30	晚餐、入浴	
19:30-21:00	晚自習	
21:00	靜坐遙拜、就寢	

資料來源：〈農業國民學校嘉南塾〉

從上表的台南州農業國民學校嘉南塾的學校生活作息觀之，兩者非常類似。不過台北州農業傳習所與台南州農業國民學校嘉南塾的入學資格不同。台北州農業傳習所招收身強體壯肯吃苦、16歲到25歲及小、公學校畢業或同等以上之學歷者。而台南州農業國民學校嘉南塾除了第一項一樣外，在年齡上改為18歲到25歲。學歷上則限定要小、公學校高等科以上。由此可知，台南州農業國民學校招收學生的心理素質與生理素質應該會高於台北州農業傳習所。而這四所特殊的農業教育機構的畢業生，確實為當時的農業生產貢獻不少技術與知識，國民政府來台後，他們仍繼續在農業的專業領域耕耘奉獻。

師範學校

師範學校的軌跡：設立沿革

日治時期有關師範教育機構，最早是明治28年（1895）所設立的芝山岩學堂，並於明治29年（1896）改設為台灣總督府國語學校。此外，明治32年（1899）又另行成立台北師範學校，但因公學校之發展未如預期迅速，台籍教師供過於求，所以明治35年（1902）奉令停辦，並將該校學生分別撥入國語學校與台南師範學校。大正8年（1919），第一次《台灣教育令》公佈後，正式改「國語學校」降級為「台北師範學校」。同年4月1日，公佈〈台灣總督府師範學校官制〉，將台南分校改為台灣總督府台南師範學校與台灣總督府台北師範學校，都隸屬於台灣總督府下。昭和2年（1927）5月13日，修正〈台灣總督府各級學校官制〉，台北師範學校劃分為二校，原台北師範學校改稱為台北第一師範學校（現今台北市立大學）（圖284），而另設台北第二師範學校（現今國立台北教育大學）。昭和18年（1943）台北第一師範學校與台北第二師範學校再度合併回「台北師範學校」，並成立該校預科，同時設立女子部。同年，台灣總督府修正《台灣教育令》將台灣的師範學校改依據日本〈師範教育令〉辦理，將原來中等教育程度的師範學校升格為專門學校。升格後改稱「台灣總督府台北師範專門學校」，校本部為原台北第二師範學校校址，另外設的預科及女子部校址則為台北第一師範學校校址。

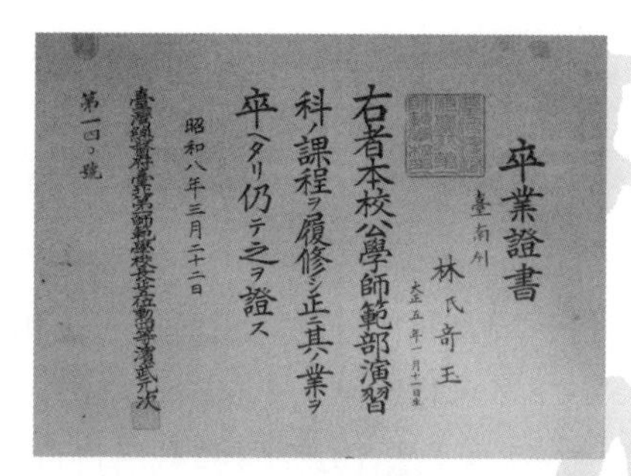
卒業證書
臺南州
林氏奇玉
大正五年一月十一日生
右者本校公學師範部演習科ノ課程ヲ履修シ正ニ其ノ業ヲ卒ヘタリ仍テ之ヲ證ス
昭和八年三月二十二日
第一四〇號

284 台北第一師範學校卒業證書

明治32年（1899），於彰化文昌廟內設立台中師範學校，不過其與台北師範學校一樣，因公學校之發展未如預期迅速，台籍教師有供過於求之慮，所以明治35年（1902）奉令停辦，並該校學生分別撥入國語學校與台南師範學校，直到大正12年（1923）又以創校的名義讓台灣總督府台中師範學校復校，並設置演習科，修業年限為七年。接著昭和18年（1943）升格為台灣總督府台中師範專門學校。明治32年（1899），於台南三山國王廟內設立台南師範學校（圖285）。不過入學率不如預期，所以於明治37年（1904）奉令停辦，將其學生全數編入國語學校師範部就讀。大正7年（1918）以台灣總督府國語學校台南分校之名復校，大正8年（1919）更名為台灣總督府台南師範學校。昭和18年（1943）升格為台灣總督府台南師範專門學校。

昭和15年（1940），設立新竹師範學校，昭和18年（1943）併入台中師範學校，成為該校豫科（預科）。昭和15年（1940），設立屏東師範學校，接著昭和18年（1943）併入台灣總督府台南師範專門學校，成為該校豫科（預科）（圖286、圖287）。昭和19年（1944）4月1日，創辦台灣總督府彰化青年師範學校，與台灣總督府台北師範學校、台灣總督府台中師範學校、台灣總督府台南師範學校並立，直屬於台灣總督府文教局，以培養青年師資為目的，設本科，修業年限為三年；講習科，修業年限為一年。由於經費不足，初期沒有校舍，是借用成立於昭和12年（1937）的台中州立彰化商業學校（現今彰化高商）上課。

285 | 286
287

285 台南師範學校至屏東見學旅行合影
286 台南師範學校預科副級長證書
287 台南師範學校書成績通知票

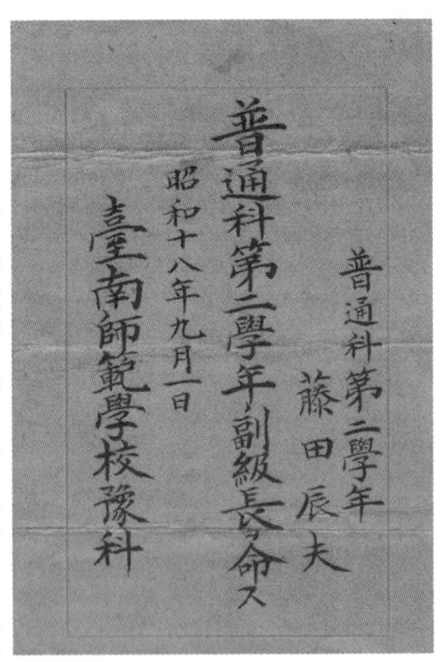

普通科第二學年
藤田辰夫
普通科第二學年副級長ヲ命ス
昭和十八年九月一日
臺南師範學校豫科

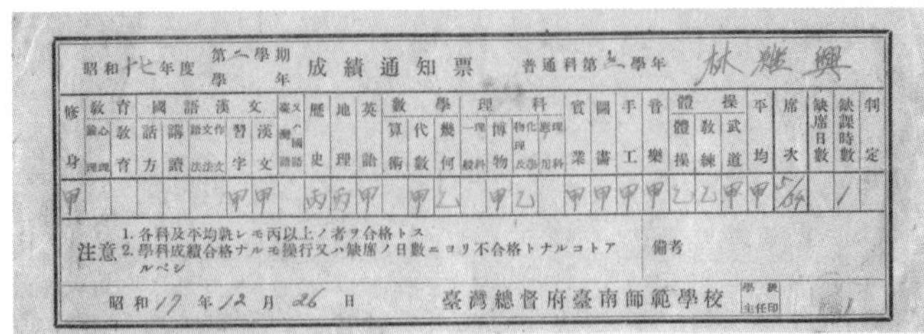

昭和十七年度 第二學期 學年 成績通知票 普通科第二學年 林燦興

修身	教育		國語漢文					[illegible]	歷史	地理	英語	數學			理科				實業	圖畫	手工	音樂	體操			平均	席次	缺席日數	缺課時數	判定
	心理論理	教育	話方	講讀	作文文法	習字	漢文					算術	代數	幾何	一般理科	博物	物理化學	[illegible]					體操	教練	武道					
甲						甲	甲		丙	丙	甲		甲	乙		甲	乙		甲	甲	甲	甲	乙	乙	甲	甲	5/[illegible]		1	

注意
1. 各科及平均孰レモ丙以上ノ者ヲ合格トス
2. 學科成績合格ナルモ操行又ハ缺席ノ日數ニヨリ不合格トナルコトアルベシ

備考

昭和17年12月26日　臺灣總督府臺南師範學校　學級主任印

✧ 我猜我猜我猜猜猜：台中師範學校第一任校長究竟是誰？ ✧

台中師範學校（現今國立台中教育大學）創立於明治32年（1899），距今（2020）已邁入創校121 年。但歷史年代如此悠久的臺中師範學校，第一任校長究竟是誰？這問題在台灣教育史學術界中曾一度引起廣泛討論。查考台灣總督府職員錄中，明治33年（1900）的《職員錄(甲)》及明治33年（1900）5月12日的《台灣總督府報》第七四七號均記載台中師範學校第一任校長為日籍木下邦昌。但魔鬼藏在細節裡，實際上台中師範學校第一任校長並非木下邦昌，而是稻垣兵太郎（圖288）。

台中師範學校設立初期，台灣總督府調派原任職於大稻埕公學校的校長木下邦昌負責籌備，因此木下邦昌接任台中師範學校實屬眾望所歸，加上官方媒體於明治32年（1989）7月4日《漢文台灣日日新報》第350 號及明治32年（1989）10月25日第445號也陸續發布其轉任台中師範學校校長之消息，惟同年10月25日發布校長任職令時，卻跌破眾人眼鏡，竟然是由鐵道專長出身的稻垣兵太郎擔任台中師範學校校長乙職，當時的木

●師範校長　臺北師範學校長現已任命小林鼎君而臺中師範學校長事務取扱則以木下邦昌君派徃昨府報經昭人耳目間耳

288 前排右二為稻垣兵太郎
資料來源：〈台湾縱貫鉄道の建設〉

289 木下邦昌接任事務取扱報導
資料來源：《台灣日日新報》

下邦昌僅接任事務取扱（類似代理校長）之職位（圖289）。直到明治33年（1900）5月，木下邦昌才正式接任校長總攬校務。

令人感到驚訝的是台中師範學校的第一任校長並非教育專長，而是一個大學畢業才三年的台灣總督府鐵道部技師。稻垣兵太郎究竟是何許人也？他為何能空降擔任台中師範學校校長呢？有兩派說法：一派說法說他是台灣鐵道之父一長谷川謹介的得意門生，當初稻垣兵太郎隨同老師長谷川謹介來台，預定要他協助建設台中地區的鐵路，但因當時時局不穩，為顧及學生的生計，身為老師的長谷川謹介先透過人脈向台灣總督府「關說」，先幫稻垣兵太郎在台中地區的相關政府單位安排職務，以填補其未進鐵道部前的經濟空窗；因其是畢業於東京帝國大學土木工學科的高材生，安排的職務職等自然不會太低，明治32年至明治33年（1989-1900）間正逢台中師範學校籌備興建（圖290），因長谷川謹介在日本的鐵路界地位極高，連總督兒玉源太郎都要敬他三分，所以趕緊知會後藤新平另作人事安排。因此後來才幫稻垣兵太郎安排，暫時擔任台中師範學校校長乙職，而原預定的木下邦昌則僅擔任事務取扱而已，但因稻垣兵太郎有其它重要任務在身（建設台中地區的鐵路），所以很少在學校，實際校務全都由木下邦昌通盤處理。

另一派說法是依據木下邦昌履歷書上的記載作推測，當初雖然已經確定木下邦昌派任台中師範學校校長乙職的人令，但因為木下邦昌在行政上有所疏失（在履歷書上僅記載其犯文書或公文上的錯誤，未作詳細說明之），而遭受譴責或暫時性的行政處分，並未如期擔任台中師範學校校長乙職。而稻垣兵太郎初抵台時，正逢台中師範學校校舍興建，剛好老師長谷川謹介推薦州知事，希望借重稻垣兵太郎的工程專長來規劃校舍興建，所以改派稻垣兵太郎擔任校長乙職，而犯行政疏失的木下邦昌，先以事務取扱職輔助稻垣兵太郎作校舍的規劃興建，俟任務完成後，再由木下邦昌接手進行校務的營運。

上述的兩派說法都各有論點與佐證，目前尚未有充分且相關的史料佐證，所以無法確定他為何可以空降擔任台中師範學校校長，但稻垣兵太郎是台中師範學校第一任校長的史實，卻是不容置疑。

290 昭和10年時期的台中師範學校校景
資料來源：《台灣始政四十年史》

如果台灣的學生運動歷史，你只知道四六事件、台大哲學事件、野百合學運、野草莓學運和太陽花學運等，那就太孤陋寡聞了！這些活動日治時期的先拜（前輩）早就引領風潮。日治初期，台灣學子缺乏公平的高等教育管道培育，僅有仕紳階級的子弟有能力留學日本受高等教育，而留學生受到大正民主、民族自決的影響與啟蒙，回台後漸漸對殖民政府的歧視政策或教育制度感到不滿，這群以蔣渭水、林獻堂、蔡培火為首的知識分子，在大正10年（1921）10月創立台灣文化協會。該協會成立之時會員中1,032人竟有台北醫學專門學校、中央研究所農業部（後稱高等農林學校）、台北師範學校、台北工業學校、台中商業學校共計279人，其中台北師範學校人數最多，有136人。

台北師範學校第一次學生運動，發生在大正11年（1922）2月3日至5日，當時台北師範學校學生杜榮輝等數十人，因靠右走的交通紀律問題，與大稻埕新街派出所的日籍巡查栗生山發生衝突事件，栗生山前往台北師範學校的校舍向舍監要求對師範學生訓誡，引發該校300名學生的不滿並抗議，於是將其圍住投石，當時為台北南警署獲報，派2名警察前往處理，結果卻引起學生更大的憤怒與反彈，瞬間集結的學生數多達600人，再度向這兩名警察投石抗議，不久台北南警署岡野才太郎署長親率3名特務警察到校，拔刀威脅恐嚇學生，強力壓制學生的反抗，結果該校學生共45人於2月16日及18日兩天分別被捕，並持續扣押至2月21日才被釋放（圖291）。事後，警察當局宣稱此一事件是文化協會的幹部蔣渭水在幕後策畫與煽動，乃對台灣文化協會施加壓力，並透過官方報紙《台灣日日新報》大肆公開抨擊台灣文化協會的不是，各校當局更強迫學生陸續脫離台灣文化協會，總計到同年5月止，被迫退出該會者共有台北州37人，新竹州33人，台中州65人，台南州12人及台北師範學生205人，台中商校學生73人，共計425人。

自第一次台北師範學生運動發生以來，台北師範台籍學生的反日意識愈見激昂，常與學校當局發生大小不斷的衝突，終於在大正13年（1924）11月，再度引爆更具規模的第二次台北師範學校學生運動。這次的導火線是「敬禮問題」，台籍學生以「對日籍學生敬禮」為發端，向學校當局提出強烈抗議的要求書，卻未獲改善。同年11月，「宜蘭修學旅行」的地點選定也成為導火線，導致台日籍學生間的分派對立，結果，學校當局因偏袒日籍學生，引起台籍學生強烈的不滿。所以大正13年（1924）11月18日，當天123名學生以缺席來抗議不公。學校當局被迫宣佈自19日起臨時停課一週（圖292），但學校當局仍不改強硬態度，蠻橫地以退學、停學等處分來嚴懲這些學生，最後竟演變成為200多名學生絕食抗議，後來台灣文化協會彰化支部積極介入，經斡旋後學校也同意退讓，萬萬沒想到，後來仍有36名學生慘遭秋後總算帳被迫退學，其中包含了著名的畫家陳植棋。這些學生被退學後並未因此氣餒，相反的，他們在台灣文化協會的資助下，分批前往東京、廈門、上海等地留學奮鬥，多人日後更成為台灣本島民族運動的鬥士與中堅份子。

臺北師範生暴行事件の顛末

左側通行の注意を肯かず遂に本島人生徒數百名警官を包圍す

檢束者四十五名を算す…昨日釋放の恩典

不健全なる思想に驅られて身を誤るの愚を爲すは憫むべし、身苟くも師範學生として將來は後進子弟教養の一大責任を負ひながら不幸此の渦中に投じて輕擧盲動せりとすれば本島教育界の爲め實に是れ戰慄に値する問題でなければならぬ、然かもこの不祥事は遂に現實として吾人の前に展開された。それは去る二月五日の出來事であるが當局は事件取調の必要上その發表を禁止したので今日まで事の顛末を報道するの自由を有しなかつた處、昨日漸く之が解禁となつた次第で玆に當時の事件顛末を報道する事とする……

不遜なる生徒の群

巡査を馬鹿呼はりする

臺北師範 一週間休校

臺北師範學校の生徒百二十名が校規に反し同盟して休學した事は朝刊所報の通りであるが學校では即日當局と審議した上十九日午後全校休業する事に決し在校生六百五十餘名に對し一週間歸宅を命じ午後四時から七時迄の間に夫れぐ歸宅させると共に校門を閉めて了つた。が學生等は不穩の形勢もなく歸宅したが學校では引續き今後の處置に就いて協議中である

291 台北師範學校學生暴行事件始末報導
資料來源：《台灣日日新報》
292 台北師範學校停課一週
資料來源：《台灣日日新報》

291
292

✣ 矛與盾的衝突：台籍師範生的「隱性抗議」 ✣

日治時期老師與醫師的職業，被認為是台灣菁英的兩大出路。而台灣總督府當局也積極鼓勵台籍的菁英學生朝這兩條路前進；台灣人當醫師，主要是希望能改善台灣的公共衛生，而擔任老師則是為了教化公學校的台灣兒童，兩者都是殖民政策下的產物。而台籍老師最主要的來源則是師範學校的畢業生，師範生原則上均屬公費性質，是各地最優秀的子弟，為了培植這群學生，台灣總督府全力給他們完備的福利與權益，例如：伙食津貼、旅費及治療費等費用都以公費支出，畢業後則由台灣總督府分派至畢業生戶籍內中的各州廳小、公學校（國民學校）任教，以利他們能回鄉服務，成為地方社會的新中堅份子，發揮積極向上的影響力。

早期能就讀師範學校的學生，大多數以傳統仕紳家庭的囝仔居多，

293 左二為莊嵩
資料來源：《台中市珍貴古老照片專輯第二集》

而這也導致當他們發現家族的傳統知識、文化或國族認同與學校所教導的有所落差時，就產生意識上的矛盾衝突，並試圖與之抗衡。作者曾提出這種現象稱作「隱性抗議」。「隱性抗議」係指，日治時期初等學校的少數台籍教師受到知識的啟蒙後，察覺到自身的被殖民處境，但由於身份矛盾，所以僅能透過努力教學以達「隱性抗議」來抗拒日本的殖民統治。再者，日治時期初等學校的少數台籍教師透過課堂教學、課後補習教學的途徑進行「隱性抗議」，讓臺灣囝仔能在社會流動中躍升至中、上階級，所以課堂教學、課後補習已不僅是教師單純展現個人能力的方式，更帶有反思後殖民地的情結存在。例如：出生於彰化鹿港書香世家的莊嵩（圖293），其父莊士哲為廩生，叔父莊士勳中舉人，可以說是台灣仕紳的典型代表。明治35年（1902）莊嵩畢業於台中師範學，畢業後隨即被派往彰化廳鹿港公學校任職，他非常熱愛教書，一共在鹿港公學校教了6年的書，但因為在課堂中他不斷譴責日本殖民的不公，並對學生灌輸傳統文化，強烈的民族意識屢遭日籍老校長戶田清市的警告撻伐，後來甚至被上報州廳，台灣總督府相關教育單位裁決後，竟以教學不力的荒謬理由將其解職，亦即今日的「不適任教師」。

再者，如大正9年（1920）畢業於台北師範學校的吳濁流（本名吳建田），畢業後被派往新埔公學校照門分校擔任教職，因當時大正思潮傳入台灣，民族自決的呼聲不斷，文筆不錯的吳濁流隔年參加了新竹州舉辦的教育論文比賽，以〈學校與自治〉乙文徹底的抨擊殖民政府的昏庸與乖誕，論述內容被認為思想偏激且危險，校長中村生臣也感到校譽受損，遂以柔性的勸說方式，希望他能調校以維護校譽。而他也於大正11年（1922）自願調往四湖公學校任職（圖294）。調校後也曾傳出他行事作風讓日籍校長白山吉助不認同，又將其調往四湖公學校五湖分教場支援。不過昭和2年（1927）又調回四湖公學校，後來昭和12年（1937）輾轉來到關西公學校（圖295），日籍校長林田德治曾要求要在宿舍祭祀神宮大麻，但吳濁流表面上說好，私下卻根本不理會校長的要求。日籍校長在外曾聽說吳濁流的流言蜚語，已有先入為主的刻板印象，某次的講習中吳濁流反駁日籍教員的命令，因而被扣上侮辱教員及有辱大日本帝國精神的罪名，在面對日籍校長的指正時，又大肆揶揄校長表裡不一，引發日籍校長的強烈不滿，昭和15年（1940）將其調往關西公學校馬武督分教場，等於是發配邊疆。昭和15年（1940）新埔庄舉辦公學校聯合運動會，因日籍督學在運動會欺負台籍教員，吳濁流挺身而出替台籍教員出氣並頂撞日籍督學，導致場面十分尷尬，事後他憤而辭職以示抗議。

上述兩位都是師範學校的優秀台籍畢業生，畢業後都擔任公學校教職，因為傳統觀念中，老師往往將自己定位為執行上級命令的公務員，具有濃厚的「官方意識」。再加上老師常常被視為軍人擬像表徵，必須重視品德、操守與思想的教育，因為他們代表著精神國防的一環，使教師往往被要求有較高的政策服從性，以便符應統治階級傳播合於統治階級利益的思想，所以在這種特殊身份下，也讓日治時期的台籍教師背負著國防精神的任務，更造就其身份的特殊性。而莊嵩與吳濁流抗拒日本殖民的行為主要是因為國家認同驅使，加上受到知識的啟蒙後，漸漸知道需要透過教育才能扭轉局面，但矛盾的是他們必須在自身接受日本知識涵蘊與陶冶的情境裡，從啟蒙他們的脈絡中，反省與察覺當中的被壓迫及歧視，進而抗拒與反擊，十分撼動人心。小蝦米最終無法對抗大鯨魚，他們兩位被迫離開教職，但從中學到的啟示則是：壓迫就是一種馴化，為了不再成為壓迫力量下的祭品，人們必須從中突破，進而改變這樣的情況！

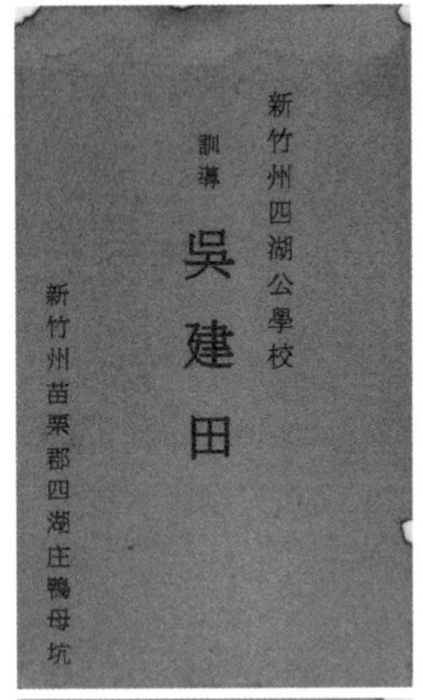

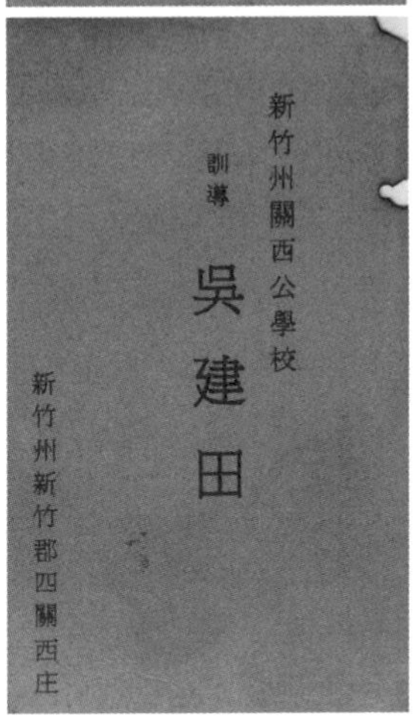

294
295

294、295 吳建田服務新竹州四湖公學校、關西公學校時的名片

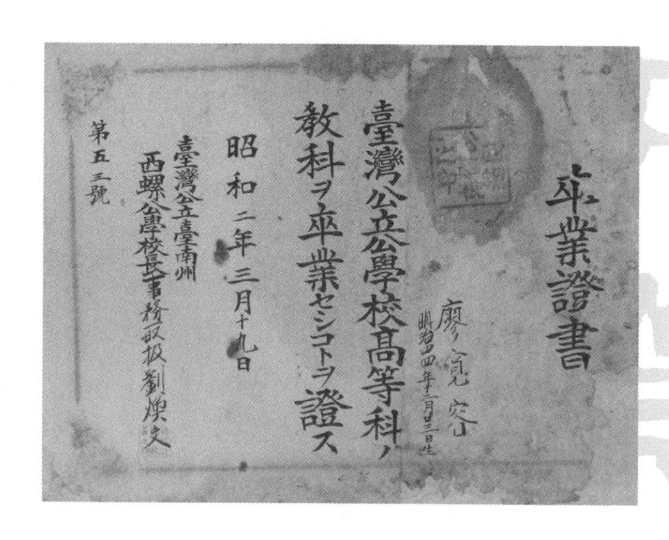

卒業證書

廖寬容

明治四十四年十二月廿三日生

臺灣公立公學校高等科ノ

教科ヲ卒業セシコトヲ證ス

昭和二年三月十九日

臺灣公立臺南州

西螺公學校長事務取扱劉煥文

第五三號

296 劉煥文著文官服寫真照
資料來源：《新修西螺鎮志》
297 西螺公學校卒業證書裡劉煥文擔任代理校長乙職

另外明治35年（1902）畢業於台中師範學校的劉煥文（圖296），畢業後被派往斗六廳他里霧公學校任教，隔年立即請調返鄉回到西螺公學校任教，這一待竟然長達33年，他雖然受殖民政府教育的培養並任職於殖民政府下的教育制度，但是對殖民政府的制度亦有所不滿（例如：日籍教師有六成的加俸），加上在殖民體制內身分的敏感，老師難以違背國家教育體制和文官體制，但為表現自身對民族意識的責任，所以他選擇避免與殖民政府直接衝突，改以透過認真教書，白天在學校用日語教學，幫想要繼續升學的囝仔免費補習，而課餘時間則到書房教導鄉民學習漢文，這種「明教日語，暗授漢文」的行為，一直沒被台灣總督府發現，甚至由於他在校教學態度認真，日本帝國教育會還曾表揚他對日本帝國的教育之功，更在日治時期擔任過代理校長（圖297）。

翻開日治時期的抗爭運動史，盡是賴和與林獻堂、蔣渭水等民族鬥士的血淚奮鬥軌跡，他們靠著拋頭顱灑熱血的情懷努力對抗日本殖民的不公，但除了這些前仆後繼的烈士，用鮮血留下一頁頁抗日歷史之外，或許台籍教師的「隱性抗議」也可被視為另一種低調的「抗日英雄」。

皇民精神的種子教師：彰化青年師範學校

民國34年（1945）11月，台灣省行政長官公署接收台灣時，對各地的師範學校進行清查與財產盤點，發現彰化青年師範學校內許多教材極度宣揚皇民化，校園內貼滿皇國精神標語的海報，認為該所學校是「軍國教育與皇民化教育的溫床」，更是皇民思想的遺毒，最重要的是學校內毫無可利用之軟、硬體資源，故建議台灣省行政長官公署直接將其廢除。

當討論到日治時期的師範學校時，大都會圍繞著台北師範學校、台中師範學校、新竹師範學校、台南師範學校、屏東師範學校等校，鮮少會提及彰化青年師範學校。彰化青年師範學校是時代下的產物，它是現今彰化師範大學的前身。昭和18年（1943）起各地陸續成立多所青年學校，昭和19年（1944）起更進一步將青年學校納入義務教育中，以因應大量的師資需求（曾就讀該校的台灣小說作家鍾肇政將此學校培養出來的教員稱為「教官」）。台灣總督府於昭和19年（1944）4月1日以府令一四六號發布〈台灣總督府青年學校規則〉，並於台中州彰化市南郭設立彰化青年師範學校（圖298），開始正式培養青年學校教員，原則上修業年限為三年。初期沒有校舍，是借用成立於昭和12年（1937）台中州立彰化商業學校（現今彰化高商）上課。據說昭和20年（1945）日本戰敗以前，當時日本全國一共成立了八所青年師範學校，而其中一所就在台灣。青年師範學校的入學資格有四類：一、中等學

府青年師範學校
出願期日は三月十五日まで

298 彰化青年師範學校成立報導
資料來源：《台灣日日新報》

校畢業者；二、其他青年師範學校預科修畢者；三、專門學校入學者檢定規程檢定合格者；四、修畢教授及訓練期間五年的青年學校課程。此外，為了盡快培訓「種子教官」，亦設立了修業年限一年的講習科。昭和19年（1944）4月，彰化青年師範學校共有教員31人、本科學生246人、講習科114人。

台灣小說作家鍾肇政，昭和18年（1943）從淡水中學畢業後，於昭和19年（1944）進入彰化青年師範學校講習科就讀，他回憶：雖然都是畢業後要擔任「種子教官」的職務，但在校時期台、日籍生歧視與衝突仍然不斷，早上起來常常會遇到我們台籍學生被日籍學生揍得鼻青臉腫，說我們不夠有皇民精神，要好好教化我們，他們稱之「鐵拳制裁」。而當時南洋戰事吃緊，身為彰化青年師範學校的畢業生，展現愛國精神的最佳表現似乎就是投身軍旅、為日本帝國服務犧牲。鍾肇政於昭和20年（1944）3月畢業，都還沒到青年學校教書，就隨即被徵召入伍，擔任「學徒兵」，同樣是彰化青年師範學校的畢業生一胡茂生牧師，也是彰化青年師範學校一畢業，就立即被徵召入伍。彰化青年師範學校校史很短，因為二戰末期台灣空襲頻繁，幾乎無法上課，往往踏入校園不久，學校就會通知師生開始疏開（疏散），或是進入防空洞躲藏。昭和20年（1945）第二年招收的學生，因戰時的需要，紛紛被編入台中農林專門學校、台中師範學校、台南師範學校等校。

高等學校尋常科

揭開台北高等學校尋常科的面紗：設立沿革

在大正11年（1922）4月以前台灣沒有相關高等教育的法令或制度，在大正11年（1922）發布了第二次《台灣教育令》，依據〈高等學校令〉設立的當時臺灣唯一的高等學校—臺北高等學校，是日本戰前38所高等學校之一，亦是日本最南端的一所高等學校，直到戰後民國38年（1949）7月才正式廢校，短短的27年間，大約有2,600名卒業生，其中台籍生約占四分之一，而這四分之一的台灣菁英，在戰後初期推動台灣社會的建設扮演非常重要的角色。

大正11年（1922）4月1日，設立「台灣總督府高等學校」，第一任校長由原台北一中校長松村傳兼任。台北高等學校校徽由畫家鹽月桃甫以芭蕉闊葉及椰子樹葉尖所設計，因此又稱為「蕉葉校徽」（圖299）。其中代表的意義包括：椰子葉：勝利、正義、向上。三角形：平等、安定、進步。三角的頂角：真善美、科學藝術宗教、教育道德體育之不偏的理想。台北高等學校是一所七年制的高等學校，設校時先設立四年制尋常科（與中學校同程度，約12-16歲），由公、小學生的畢業生為主要來源。台北高校尋常科於大正11年（1922）開始招生，每年招生約40名，第一年招收一年級（41名）與二年級生（40名），作為三年後（1925）高等科成立之準備。往後的「尋常科」每年台、日人共僅招收40人，台灣人每年能考入「尋常科」者不超過5-6人，嚴格來說平均不到4人。

299 蕉葉校徽的制服鈕釦

換言之，如果當年度要考上台北高等學校，必須是當年全台灣公學校與小學校兩類總卒業生數的前6名，甚至更前面者，才有機會進入台北高等學校就讀，可說是難度極高。考上的學生被稱為天之驕子、菁英中的菁英一點也不為過；而這一群「尋常科」學生亦獲得日本的最高肯定，當他們考上「尋常科」的那一刻（圖300），就會被認定是最值得栽培的菁英，除非遭退學，否則可一路直升台北高校「高等科」、帝國大學，等於是一輩子只需考一次試。台灣大學醫學院教授張寬敏回憶：小學校四年級開始，就被老師灌輸不要唸台北一中、台北二中，直接把高等學校尋常科當作第一志願，以考上「它」為第一首選。

尋常科程度相當中等學校階段，但修業年限四年（中學校五年），課程特色在於減少實科（實業科、作業科），加強一般學科課程。1934年至1942年間尋常科三大學科每週平均授課時數：人文類（包括修身、公民、國語、漢文、歷史、地理）共計11小時、數理類（數學、理科）共計7.3小時、藝能類（圖畫、音樂、手工藝）共計2.5小時、外國語（英語）6.3小時、體操5.0小時。人文類、數理類及外國語，每週上課時數均高於中等學校，主要原因是要讓尋常科學生在四年內養成基礎學力，並一路往高等科及大學前進，所以摒棄其他實科課程（圖301）。

300
301

300 脫穎而出考上台北高校尋常科與姊姊合影留念
301 台北高等學校全體教職員合影留念

筆墨下的文青思維：班級刊物《雲葉》

早年國內關於台北高等學校的研究寥落晨星，近10年來才漸漸有專家學者或是碩博士生投入研究，而要瞭解台北高等學校的校園生活，校園發行的刊物是最直接反映校園生活的文本或一手資料。校刊等類的文本，可以讓我們窺見台北高等學校學生在戰爭時期的校園中，如何進行藝文活動的互動與傳承；甚至可用另一個角度來詮釋：台北高等學校學生的同窗或同儕藝文理念之來源啟發或互相交流的方式，這些都是台灣教育史較缺乏的文學與哲學之議題探討。

當時的刊物分有學會刊物、寮誌、早期文學同人誌、班級刊物、校園共同刊物、後期同人誌等。而班級刊物又分有《曙》、《同人》、《南十字星》、《亞熱帶》、《猩々木》、《濁酒》、《シルエット》、《凡》、《雲葉》、《真洞》等十種班級刊物。其中《雲葉》（圖302）、《真洞》分別由昭和15年（1940）及昭和16年（1941）入學的尋常科學生所編輯與發行。

本段作者將以班級刊物《雲葉》作相關的介紹與論述。《雲葉》是由學生自主籌編的刊物，出刊前不需經過學校的思想審查，對一個12-16歲的學生來說，自由發揮的空間很大，可以說是「最真」、「最原始」的學生意識書寫，這是與《台高》、《翔風》兩本刊物（屬校園共同刊物，發刊印刷前都要經過思想審查）的最大不同。《雲葉》是「孤本」，亦即發行僅1份（唯獨創刊號發行25份）。《雲葉》不但是由尋常科學生所編輯與發行，刊物的投稿者亦是同批的學生，加上它僅限於班級內傳閱。至於《雲葉》成員背景，如江熊昭次（父親為牙醫）、龜山忠典（父親為檢察官）等都是白領階級之子，甚至是台灣總督府官員之子，從這些學生的背景皆可再次印證作者在前段中對台北高校學生的形容—天之驕子。

在特色方面，《雲葉》刊物最後面幾頁設有〈批評欄〉及〈尋常科日誌〉；〈批評欄〉的用途是維繫班級成員的關係，另一方面亦有班級成員間的作品賞析及回饋，藉以提升刊物的品質；而〈尋常科日誌〉則非常有趣，內容類似班級日記，不外乎是學校或國家的重大事件、教師人事異動、課外活動、奉公勞動、體育活動、軍事活動等（圖303），都是非常珍貴的校園生活記載。《雲葉》文本內容，大致上分為「外在環境題材」與「內心世界題材」兩大類素材。

「外在環境題材」中又細分為三小類：第一、自然風景與季節變化。第二、旅行見聞。第三、日常生活景象。自然風景與季節變化類型的文章中，多以描述台灣鄉土為觀察與分享，大量出現台灣本土的意象，例如各期號的《雲葉》中曾提到：關帝廟、拇指山（台北盆地東側的南港山系的山峰）、大溪公園、面天平（台北盆地陽明山系的大屯山西方）、角板山、鐵線橋、紅樹林等等。再者，旅行見聞類型的文章中，透過旅行的相處培養互信的友誼，經由細膩的對話描述，進一步展現同窗的深厚友情。同時這類的文章中，亦有探討當時台灣勞動階級的困境，如大窪隆夫在《雲葉》發表的〈漁港〉及倪侯德的〈出入坑〉，他們用自身的思維體悟當時勞工為了生存，被迫遊走死亡邊緣的景象，並為此感到敬嘆與同情。

此外，當時已經進入戰爭時期，日常生活中的軍事活動在所難免，如下川逸雄在《雲葉》發表的〈海洋訓練〉、佐々波、上瀧、橋本及高野發表的〈六尺節〉，也都生動的描寫他們參與軍事演習的過程（圖304）。「內心世界題材」中亦細分為三小類：第一、內化知識。第二、想像世界。第三、追求真理。內化知識類型的文章中，分有理科知識及文科知識，這些文章不外乎知識性的主題探討，亦刊登不少德國或英國的翻譯文章，這些翻譯文章的內容是高校生吸收西化知識的重要管道，可以從文章

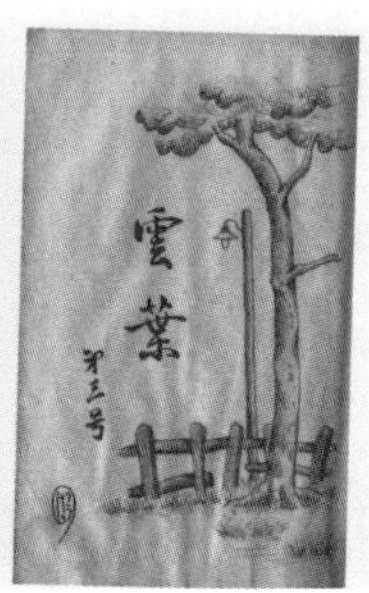

302 現存的《雲葉》8冊
轉引自：《菁英、文藝與戰爭：由舊制台北高等學校傳閱雜誌《雲葉》與《杏》看菁英學生的精神樣貌》
303 《雲葉》的封面由東敏男及山內龍保等人繪製
轉引自：《菁英、文藝與戰爭：由舊制台北高等學校傳閱雜誌《雲葉》與《杏》看菁英學生的精神樣貌》

中掌握時代的脈動與世界的走向，一來是對投稿者翻譯能力的挑戰，二來是透過〈批評欄〉的機制，可以讓投稿者獲得具建設性的回饋，這些功能對高知識份子而言，都是自我成長與自我超越的最佳捷徑。

最後，追求真理類型的文章中，則回到人類的起點，探討起生死的意義，並藉由文字的描繪與論述，影射在殖民地下的台灣人如何追求磨練自身的人格與培養應有的學養，以高積哲夫在《雲葉》發表的〈苦難〉最為經典，本名高基錕，他是在皇民化政策下改日本姓名，這篇文章，讓他開始思索怎樣如何吃苦磨練並建立快樂的人生觀與善念。還有在文章中找到各類的名言佳句成為自己的座右銘，更是台北高校生努力實踐的知識啟蒙（圖305）。

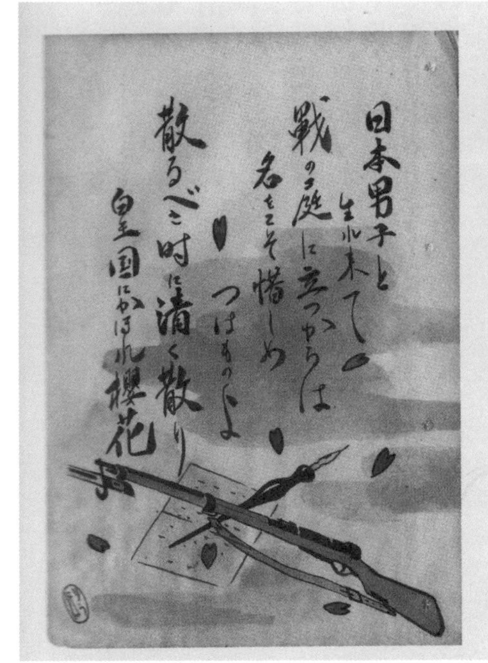

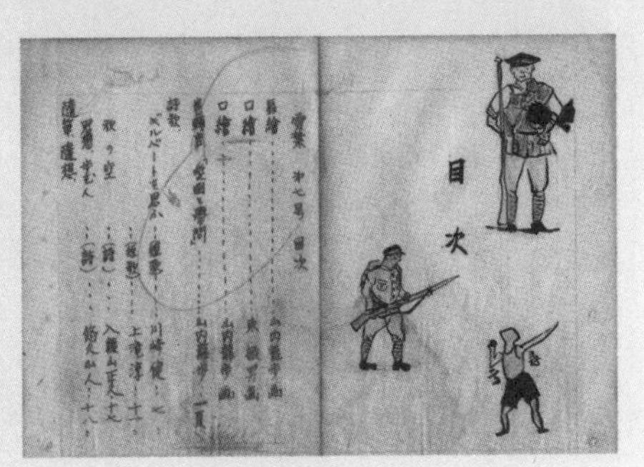

304《雲葉》的內頁出現軍事相關的繪圖與漫畫
轉引自：《菁英、文藝與戰爭：由舊制台北高等學校傳閱雜誌《雲葉》與《杏》看菁英學生的精神樣貌》

305 昭和19年1月《雲葉》成員攝於草山
轉引自：《菁英、文藝與戰爭：由舊制台北高等學校傳閱雜誌《雲葉》與《杏》看菁英學生的精神樣貌》

第四章 透物見史：高等教育

旗中黃虎尚如生，國建共和怎不成。
天與台灣原獨立，我疑記載欠分明。

——賴和（A.D. 1894-1943）

專門學校

白袍戰士的搖籃：台北醫學專門學校

明治28年（1895）日本人領台後，鑒於台灣衛生環境極度不佳，疾病叢生，醫療人力不足，隨即在台北大稻埕的千秋街創辦了「大日本台灣病院」，當時病院編制醫師10人、藥師9人及看護婦（護士）20人，全部由日本內地派台支援。明治30年（1897）4月12日，日籍院長山口秀高（圖306），評估台灣醫療的未來發展，認為在台推動醫學教育勢在必行，所以向初期治理單位—台北縣申報，將「大日本台灣病院」改稱「台北病院」並在院內附設「醫學講習所」（又稱土人醫師養成所），該講習所編制醫師4人及藥師2人，由這6人兼職擔任講師，教授日語、物理、化學、地理、歷史、動植物學、數學等課程，試辦初步醫學教育，以培養台灣本地醫師為最終目的。首屆招收30人，但因台灣人不諳日語，所以就算只是學習各科的基礎課程也是十分吃力，退學的退學，落後的落後，一年後僅存5人。明治31年（1898）以同樣方法再招收第二屆30多名學生，透過地方仕紳勸誘鼓勵，共招收漢醫或傳統藥房的30多名子弟入學，但不久後人數也僅剩10餘名。山口秀高只好祭出以生活費和津貼等經濟誘因，並針對已有日語程度的「國語傳習所」台籍畢業生或私

306 山口秀高院長

立國語（日語）學校台籍學生招募，成效仍不彰。

明治31年（1898）3月，第四任台灣總督兒玉源太郎就任後，啟用具醫師背景的台灣總督府民政長官一後藤新平，他上任後隨即視察「醫學講習所」，並以醫師專業的角度分析後，向兒玉源太郎總督建議台灣醫學教育有提升之必要，台灣必須成立一所正式醫學教育學校。明治32年（1899）3月，以勅令第九五號公布〈台灣總督府醫學校官制〉設立台灣總督府醫學校，命台灣總督府台北醫院院長一山口秀高擔任醫學校教授兼任校長，台灣第一所醫學校終告創立。該校專收台籍學生，修業年限預科一年，本科四年。而預科的課程包含：動物學、植物學、物理、化學、數學、地理、歷史、倫理、外國語、體操等。本科的課程包含：解剖學及實習、生理學及實驗、化學及實驗、醫用動物學、醫學歷史、醫用植物學、胎生學、組織學、皮膚病學、處方學、調劑術實習、藥物學、病理學總論（圖307）、外科學總論、病理解剖學、診斷學、繃帶學、病理學各論、外科各論、梅毒學、小兒病學、醫用器械學、外科手術學、內科學臨床實習、眼科學及實習、產科學、外科學、臨床實驗學、法醫學、精神病學、婦人病學、衛生

307 醫學專門部病理學實習課
資料來源：《台北帝國大學附屬醫學專門部第二回卒業寫真帖》

學、衛生制度、細菌學、醫學歷史、外國語、體操等。

大正7年（1918）4月，又以府令第一九號〈台灣總督府醫學校醫學專門部規則〉，於醫學校附設醫學專門部，修業年限四年，主要以招收日籍生為主。接著同年6月，又依據府令第三九號重新修訂〈台灣總督府醫學校規則〉，除原有的預科、本科外，還新增熱帶醫學專攻科，並得斟酌設研究科。最後又於同年6月，再以勅令第二五七號修正原勅令第二二二號中〈台灣總督府醫學校官制〉部分條文，將其中原規定「教育訓練公醫候補生」的限制刪除，完成醫學專門部的相關規定與建置。直到大正8年（1919），發布第一次《台灣教育令》，其中規定，施行專門教育之學校稱為專門學校。台灣總督府醫學校遂於同年4月升格為台灣總督府醫學專門學校，並於同年同月以府令五七號及府令第五八號分別發布〈台灣總督府醫學專門學校規則〉及〈熱帶醫學專攻科及研究科規則〉，於台灣總督府醫學專門學校內設預科（修業年限四年）、本科（修業年限四年）、熱帶醫學專

308 醫學專門部學生掌校旗
資料來源：《台北帝國大學附屬醫學專門部第二回卒業寫真帖》

攻科（修業年限一年）。

再者，大正11年（1922）年發布第二次《台灣教育令》，並施行「台日共學制」。第二次《台灣教育令》中規定台灣總督府的專門學校有：醫學專門學校、高等農林學校、高等商業學校，而台灣總督府醫學校醫學專門部的存廢就成為問題，所以大正11年（1922）4月，以府令第八七號將原〈台灣總督府醫學專門學校醫學專門部規則〉改稱為〈台灣總督府醫學專門學校規則〉，將專門部及醫學專門學校作合併（圖308），但因「舊制」與「新制」之間沒有銜接管道，所以讓舊制的醫學專門部學生得經由考試插班到新制的醫學專門學校，並提供原舊制的台籍畢業生一些補救措施。自此，校內台、日籍生共學，修業年限四年；每學年自4月1日起至翌年3月31日止，分為前、後兩學期；畢業考試及格者，由學校發給畢業證書，畢業生不論是日籍生或台籍生，皆得稱為「台灣總督府醫學專門學校醫學士」，屬於大學的高等教育。緊接著昭和2年（1927），以敕令第一一三號修正〈台灣總督府諸學校官制〉部分條文，仿效日本文部省直轄學校及朝鮮總督府諸學校之例，於台灣總督府直轄學校冠上所在地地名，台灣總督府醫學專門學校，遂改稱為台灣總督府台北醫學專門學校。最後於昭和11年（1936）4月，台北帝國大學增設醫學部於台北市東門町，並將台灣總督府台北醫學專門學校整併之。醫學部部長由醫學博士三田定則擔任，並且合併台北醫學專門學校為大學附屬醫學專門部；採行醫學部與醫學專門部併行的雙軌制（圖309、圖310）。

309
310

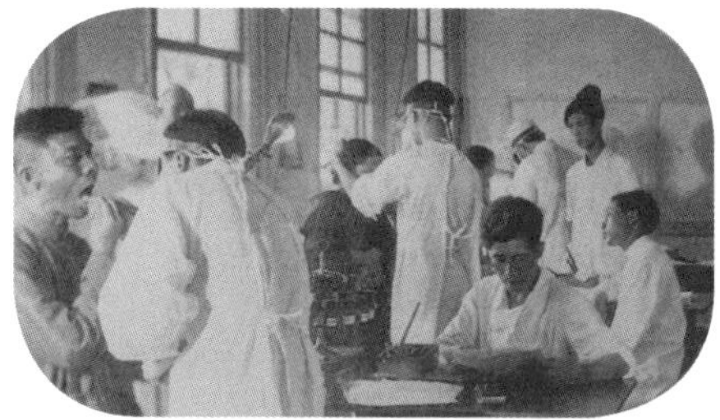

309 醫學專門部於舊患診療室
資料來源：《台北帝國大學附屬醫學專門部第二回卒業寫真帖》
310 醫學專門部病理學講座課程
資料來源：《台北帝國大學附屬醫學專門部第二回卒業寫真帖》

✧CEO訓練班：台北經濟專門學校✧

大正8年（1919）4月，以勅令第六一號在台北州設立台灣總督府高等商業學校，設置本科，修業年限三年，主要招收日籍學生，大正11年（1922）後才陸續有台籍學生就讀，旨在培養南方貿易的第一線人才。同年亦在台南州設立台灣總督府商業專門學校，主要招收台籍學生。同年（1922）2月，校方為進一步提高師生研究風氣，以調查研究南支南洋經濟等事項為目的，成立「南支南洋經濟研究會」，出版《南支南洋經濟研究》，作為該校師生研究成果的發表園地，同時也積極與日本內地的相關高等商業大學或圖書館進行該刊物的交流與互贈（圖311、圖312）。據統計，該刊物所登載的120篇學術論文中，南支南洋相關研究多達半數以上。而這也使台灣總督府高等商業學校，搖身一變成為當時南支南洋的重鎮。

大正15年（1926）8月，台灣總督府商業專門學校改名為台南高等商業學校，台灣總督府高等商業學校改名為台北高等商業學校（圖313、圖314）。昭和4年（1929）3月，台南高等商業學校被編入台北高等商業學校，並改名為台北高等商業學校台南分校。昭和5年（1930）3月，為配合台南設立高等工業學校設立，台北高等商業學校台南分校廢校。昭和11年（1936）1936年3月，以勅令第二三號增設貿易專修科，修業年限一年，台籍學生佔多數，主要是培養前往

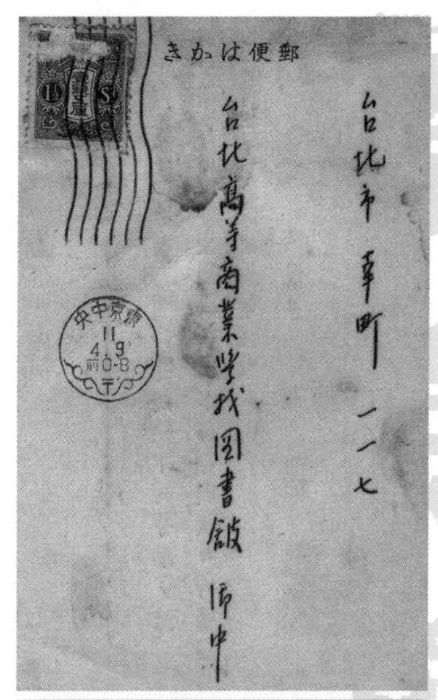

郵便はがき

台北市幸町一一七

台北高等商業學校圖書館 御中

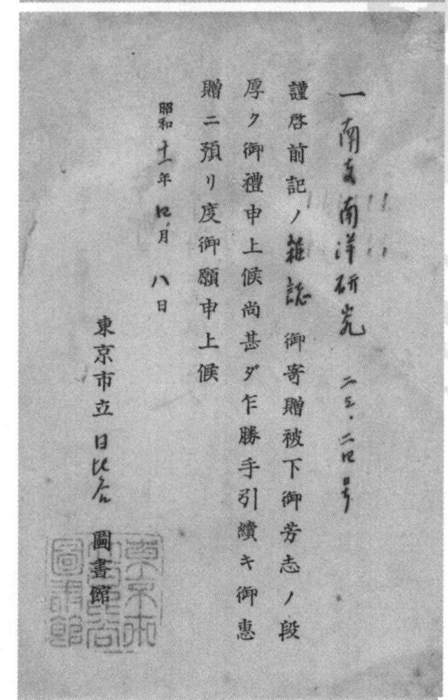

一 南支南洋研究 二三・二四号

謹啓前記ノ雜誌御寄贈被下御芳志ノ段厚ク御禮申上候尚甚ダ乍勝手引續キ御惠贈ニ預リ度御願申上候

昭和十一年四月八日

東京市立日比谷圖書館

311
312

311、312 東京日比谷圖書館回覆台北高等商業學校贈《南支南洋研究》之繪葉書

南支南洋從事貿易之「商業戰士」，昭和15年（1940）1940年3月，因應中日戰爭爆發後，對中國貿易人才的需求大增，又將本科分為第一部和第二部（支那科）。昭和16年（1941）4月，陸續增設東亞經濟專修科，修業年限一年，傳授有關中國經濟知識，提供專事短期建設大東亞共榮圈所需人才。又昭和18年（1943），貿易專修科改稱為南方經濟專修科。昭和19年（1944）改稱為台北經濟專門學校。

台北經濟專門學校十分注重南支、南洋經營人才的培養，所以課程中設有南支南洋經濟事情、台灣事情、殖民政策、殖民地

313 昭和11年時期日籍校長切田太郎
資料來源：《台灣總督府台北高等商業學校第十五回卒業寫真帖》

314 台灣總督府台北高等商業學校校門口
資料來源：《台灣總督府台北高等商業學校第十五回卒業寫真帖》

313
314

法制、熱帶衛生學、民族學、熱帶農業、南方資源論、南洋史、南方民族及社會事情、南方經濟事情等課程；而且也重視溝通工具—「語言」，所以第二外語也規定，必須學泰語、越南語、馬來語、菲律賓語、緬甸語等多種南洋語言，甚至是廣東語、福州語、廈門語等多種華南方言課程。除正式課程外，特別重視田野調查研究，每年均派遣教授前往華南、南洋各地從事調查研究，並撰寫研究調查報告書；為了協助師生掌握各地最新情勢，規定在每年舉行一次學生海外修學旅行，想參加的學生都要先行想好研究主題，在旅行途中順便進行資料的調查與蒐集，返台後撰寫成調查報告（圖315）。昭和20年（1945），日本戰敗後，國民政府接收該校，並改名為台灣省立台北商業專科學校。緊接著民國35年（1946）9月，升格為台灣省立法商學院。民國36年（1947）1月，併入國立台灣大學法學院，並改稱為國立台灣大學法學院商學系。最後於民國76年（1987），自國立台灣大學法學院獨立，改組為國立台大學管理學院。

315 台灣總督府台北高等商業學校師生修學啟程合影留念
資料來源：《台灣總督府台北高等商業學校第十五回卒業寫真帖》

高階農業專家的誕生：台中農林專門學校

大正8年（1919）4月，設立台灣總督府農林專門學校，設預科修業年限六年（招收公、小學校畢業生）及本科修業年限三年（招收中學校畢業生）並設有農業科、林業科兩科。又大正11年（1922）4月，改名為台灣總督府高等農林學校。接著昭和2年（1927）5月，改稱台北高等農林學校（圖316）。昭和3年（1928）4月，併入台北帝國大學，並更名為台北帝國大學附屬農林專門部。昭和14年（1939）增設農藝化學科。直到昭和17年（1942）4月，脫離台北帝國大

316 台中高等農林學校學生在氣象教學教室

317 台灣總督府台北高等商業學校師生修學啟程合影留念

資料來源：《台灣總督府台北高等商業學校第十五回卒業寫真帖》

316

317

學並獨立設校，稱為台灣總督府台中高等農林學校（圖317）。昭和17年（1942）10月，奉令將校址遷往台中州台中市。由日籍校長野田幸豬領隊，帶領志佐誠教授等全體師生人員，護送校內各類設備運送至台中市，並承租兩列火車，學生們全副武裝並佩帶軍訓用長槍，一行人浩浩蕩蕩的將各式設備與儀器安全運抵台中市驛站（火車站）。隨後學生們又接著一路行軍到達台中的新校舍，先把槍枝置放於火車站後方的兩處宿舍中並派員駐守，然後所有學生全部入住宿舍。昭和18年（1943）4月，升格為台灣總督府台中農林專門學校（圖318）。

318 台灣總督府台中農林專門學校入口處

台中農林專門學校重視高階的農林業專業人才，所以在農業科、林業科的各科課程上十分多元且專業，例如林業科的學生需修習氣象學、地質學、土壤學及肥料學、森林測量學、森林植物學、造林學、森林保護學等近30多門課程外，亦須學習相關法規，如法學通論、森林法規等。緊接著昭和20年（1945），日本戰敗後，國民政府接收該校，並改名為台灣省立台中農業專科學校。民國35年（1946）9月改制為台灣省立農學院。民國50年（1961），升格為台灣省立中興大學。民國60年（1971），改稱為國立中興大學。

日治初期的台灣著重於培育醫學、農業與商業等人才，對於工業人才需求較低，僅靠台北工業學校培養的學生就足以應付，但該校僅為中學校性質，尚無法培育高階工業人才。日治中期後，台灣情勢日趨穩定，台灣總督府開始在全台進行大規模的經濟建設，例如全台鐵路的構築、日月潭水力電氣工事及高雄港築港工程等，卻發現台灣竟然缺乏高階的專門工業人才，此時的高階工業技師皆需仰賴日本輸入方能推動建設，台南高等工業學校就是在此時代背景與需求下成立的學校。昭和4年（1929）3月，內地的大日本帝國議會貴族院通過台灣總督府特別預算案，正式撥款予台南設立高等工業學校（圖319）。

臺南高工 生徒募集

來る四月開校さるゝ臺南高等工業學校においては第一學年に入學すべき生徒の募集中であるがその要項次の通りである

△募集人員
機械工學科 約三十名
電氣工學科 約三十名
應用化學科 約三十名

△出願期間は
無試驗検定 自一月二十五日 至二月十五日
試驗検定 自一月二十五日 至三月五日

尚詳細は一月十五日の府報を參照さるべく未決定の[illegible]、成績證明書等の書式に付ては十六、七日中の府報に發表される筈である

319 台南高等工業學校招募學生新聞報導
資料來源：《台灣日日新報》

昭和6年（1931）1月，以勅令第二號在台南州設立台灣總督府台南高等工業學校，設有機械工學科、電氣工學科、應用化學科等，為台灣第一所高等工業學校。昭和15年（1940）日本政府為了因應國防工業及配合實業界（包括肥料、鹽業、鋁業等株式會社和電石廠、電極廠、電鍍廠、飛機引擎廠等）之需要，所以在昭和15年（1940）3月，決議增設電氣化學科並於當年度立即招生。接著昭和18年（1943）台灣總督府下令修改規程，機械工學科下分設機械工學部和化學機械部（圖320、圖321）；電氣工學科下分設電

320 放在冷凍實驗室角落的滑翔機
資料來源：《成功的基礎：成大的台南高等工業學校時期》
321 台南高等工業學校機械工學科午後製圖課合影
資料來源：《成功的基礎：成大的台南高等工業學校時期》

320
321

力工學部和通信工學部；應用化學科下分設纖維化學部與油脂化學部。昭和19年（1944）4月，改制為台南工業專門學校，機械工學科改稱機械科，電氣工學科改稱電氣科，應用化學科改稱化學工業科，電氣化學科不變，並另行再增設土木科及建築科二科。

台南工業專門學校也同樣聚焦於高階工業人才的培養，所以除了共同科目如修身、體育、英語、數學外，更依據各科專長設置專門科目，例如機械工學科（含機械工學部和化學機械部）必修課程有：材料力學、熱力學、金屬材料學、電氣工學、機械設計法等30多門課程（圖322、圖323）。昭和20年（1945），日本戰敗後，國民政府接收該校，但當時並未立即處理後續改制事宜，直到民國35年（1946）3月，才將其改制為台灣省立台南工業專科學校，同年10月又將其改制為台灣省立工學院。民國45年（1956），再次升格為台灣省立成功大學。民國60年（1971），改稱為國立成功大學。

322 台南高等工業學校相關活動
資料來源：《南國首工拾年紀：成大首任校長若槻道隆珍藏相片目錄》

323 昭和19年機械科學生穿國防色卡其衣加綁腿在本館前合影
資料來源：《成功的基礎：成大的台南高等工業學校時期》

曇花一現的女子大學：私立台北女子專門學校

1920年代後半段的台灣，由於高等女學校畢業生的持續增加，影響所及為升學管道的缺乏，因此以在台的日本人為主體，開始積極爭取設置女子專門學校。戰前日本高等教育體制下，專門學校是制度上唯一提供女性升學的管道。但台灣總督府對開設公立女子專門學校所需負擔的龐大教育預算頗為吃力，因而遲無進展。最後決議採取「私立官營」的方式，由半官方的教師專業團體「台灣教育會」出面經營，減輕官方負擔又可直接管轄，於是在昭和6年（1931）4月，創設私立台北女子高等學院（圖324、圖325）。直到昭和19年（1944），因男性教員紛紛被徵召入伍，離職後，高等女學校教職出現大量空缺，加上連結台、日兩地的交通線淪陷，師資缺額無法繼續依賴日本內地遞補，台灣本島的女性師資成為燃眉之急的人力需求。加上日籍校長久以來的升格期待，剛好與戰時的國家需求一致，台籍女子專門教育的培育目標才得以實現，所以原台北女子高等學院於昭和19年（1944）正式廢校，改由國庫補助，在原校舍重新開辦私立女子專門學校，校舍由新設之私立台北女子專門學校繼續使用，不過隨著日本戰敗，這間學校開辦不到兩年即宣告夭折。

私立台北女子高等學院以培育「賢妻良母」、「完美新娘」為教育目標。分有本科及研究科，研究科又區分為文科及家政科。修業年限本科為二年，研究科為一年。課程內容分有兩類：一、普通科：（一）必修：修身、體操、教育、國語、歷史、公民、外國情事。（二）選修：心理、哲學、生理衛生、英語、美學及美術史、自然科學、社會學（任選一科以上）。二、實科：裁縫手藝、家事、音樂、繪畫、花道、茶道、園藝（任選二科以上）（圖326）。以上的課程除培養女學生們獨立思考的能力外，並打造出上層家庭「賢妻良母」的典範。而這些習得的知識技能在她們往後的人生中，成為在家庭角色外，積極轉化成個人發展與自我實踐的有利條件。該校畢業的名人如：楊千鶴、杜潘芳格、周秋綢、邱金蓮等，甚至連前總統李登輝的夫人曾文惠女士，亦是該校校友。

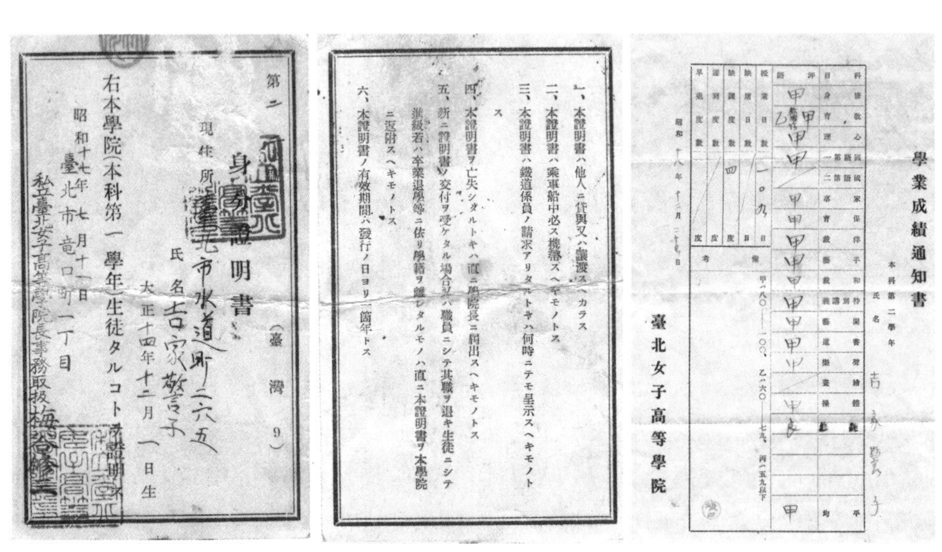

第二　身分證明書　（臺灣 9）

現住所　臺北市水道町二六五

氏名　吉家敬子

大正十四年十二月一日生

右本學院（本科第一學年）生徒タルコトヲ證明ス

昭和十七年七月十一日

臺北市竜口町一丁目

私立臺北女子高等學院長事務取扱　梅谷修三

一、本證明書ハ他人ニ貸與又ハ讓渡スヘカラス
二、本證明書ハ乘車船中必ス携帶スヘキモノトス
三、本證明書ハ鐵道係員ノ請求アリタルトキハ何時ニテモ呈示スヘキモノトス
四、本證明書ヲ亡失シタルトキハ直ニ學院長ニ屆出スヘキモノトス
五、新ニ證明書ノ交付ヲ受ケタル場合又ハ職員ニシテ其職ヲ退キ生徒ニシテ進級若ハ卒業退學等ニ依リ學籍ヲ離レタルモノハ直ニ本證明書ヲ本學院ニ返附スヘキモノトス
六、本證明書ノ有效期間ハ發行ノ日ヨリ一箇年トス

學業成績通知書

本科第二學年

氏名　吉家敬子

臺北女子高等學院

324、325 吉家警子（鄭警）就讀私立台北女子高等學院學生證
326 吉家警子（鄭警）就讀私立台北女子高等學院成績單

324 | 325 | 326

政治、法律絕緣體：臺灣人的唯「醫」選擇？

日本戰敗，日本人紛紛離台後，不久就爆發二二八事件，並進入白色恐怖年代，各階層的人民都感受到，整個社會籠罩在行為規訓與思想掌控的肅殺氛圍，鬱悶又壓抑的悲歌繚繞不已，這令人恐懼的旋律竟演奏了近50年。國民政府撤退來台後，一方面為了積極籌備反攻大陸，一方面又為了維持台灣島內秩序的控制，乃透過一黨訓政的威權體制，刻意塑造英雄造時勢的強人政治，來合理化台灣威權統治的情勢，並以國家安全為由，陸續實施戒嚴、動員戡亂等諸多侵害人權的法令與政策。教育是國家機器的霸權工具，透過國家版本的教科書傳遞意識型態是最佳的途徑，因此我們一直被灌輸日本人統治台灣近50多年來，只准許台灣人習醫，不准學習其他科系的假歷史，其實在台北帝大醫學部成立之前，進入台北帝大的台灣人，大多進入文政學部政學科，例如辜顯榮之子辜振甫，就是就讀台北帝大政學科。之所以不讓台灣人讀政治、法律等科系，認為台灣人習讀這些科系會萌生抗日意識，日人就難以統治的說辭，其實是國民政府的一種仇日、恨日的政治教育史觀使然。

日治時期的台灣人真的只能讀醫而無法研讀政治、法律嗎？背後的真相是：讀醫的固然多，但研讀政治、法律的也不在少數。依據相關的統計資料顯示，台灣在日治的這50年期間，前前後後所訓練出來的台籍西醫師約近2,500多名（包括：台灣總督府醫學校、台北醫學專門學校、台北帝大醫學部、日本國內各大專醫學系）。可是讀其他各科系估計約超過7,000多名，主要攻讀政治、經濟、法律等學系，比例之高令人咋舌（少數讀美術、音樂），與「台灣人只能念醫」的說法完全抵觸。

但為何會有台灣人只能讀醫，不能碰政治、法律的謠言呢？作者認為有三個主要原因，第一，當年的醫師行業非常賺錢且社會地位崇高，坊間流傳著一句「第一賣冰，第二做醫生，第三開查某間。」而這些台籍醫師有近六成是來自中下階層，因為台灣的仕紳若非大地主就是富裕人家，根本不需賺這種辛苦錢，但對於勞工或務農階級出身的囝仔而言，當上醫師卻是翻身的開始，所以日治時期的醫學校非常多台灣人就讀的說法，應是針對當時較廣的中下階層的學生而言，因為他們都想當醫師，導致台灣人只能學醫的謬誤說不脛而走。第二，當時的日籍學生比較不愛唸醫科，名額自然是台籍學生佔多數，而且當時非常多的台灣人赴日就讀醫學專門學校，並不透過少額的大學窄門系統取得醫師資格，也造就出台灣人愛唸醫科的印象（圖327）。第三，當時念法律、政治都是以通過國家官吏考試為最終目標，成為高級文官、律師、檢察官或法官，但名額相當稀少，考上者都是人中龍鳳（圖328），所以該科系的學生職業選擇比起醫師更少。也因此台灣人比較傾向當醫師，因為當時醫師考試是採「標準參照測驗」的錄取方式，只要各科達到標準，就可取得醫師證書（圖329、圖330），比起國家官吏的考試標準更寬鬆一些。而且台灣總督府並未限制台灣人民不能從事政治，如日治初期官派的參事到後來民選的協議會員、市政委員也有不少由台灣人擔任（圖331、圖332、圖333），甚至地位崇高的台灣總督府評議會員亦有極少數台灣人入選（圖334、圖335、圖336）。

國民政府來台初期為鞏固政權，極力謊稱日本人殖民時不准台灣人選讀政治、法律科系，卻未說明真正原因，直接抹黑台灣總督府。背後隱藏的真相卻是：為了避免日後又培養出

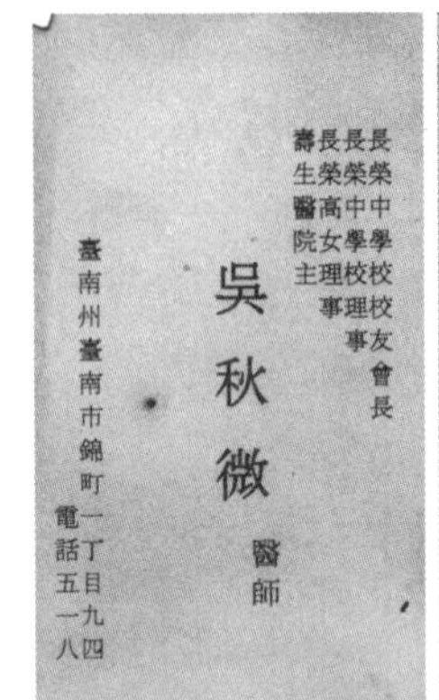

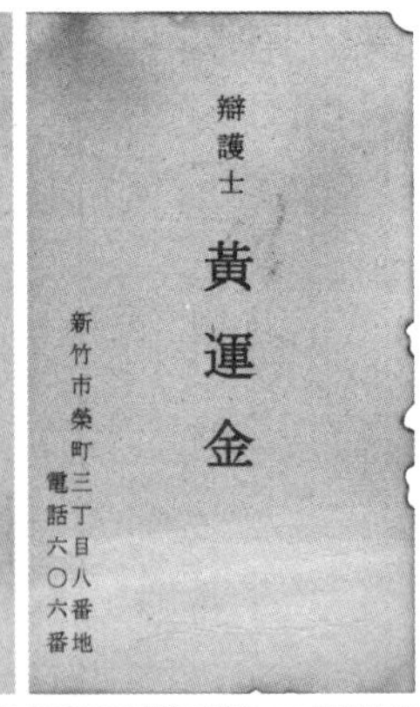

327	328
329	330

327 吳秋微醫師名片
328 黃運金辯護士(律師)名片
329 北港名醫林麗明於大安醫院所用之藥袋
330 台北名醫蔣渭水於大安醫院所用之藥袋

一批挑戰統治權威的知識份子，所掩人耳目的說詞。但令人莞爾的是，學醫的人卻更熱衷於政治或法律。國民政府來台初期，許多日治時期的醫師們也熱烈的參與政治活動，並紛紛當選了民意代表，而這些優秀的知識份子，在國民政府官員眼中是不受控制的一群，一直被政府視為眼中釘，將其歸類為皇民的遺毒，這種恨日仇日的史觀教育更加以醜化醫師的形象，甚至霸道的認定醫生應謹守行醫救人的本分，不該涉入政治跟法律。這也許是當初極力塑造台人愛學醫、想避免高級知識份子涉入政治的國民政府，所始料未及的結果。

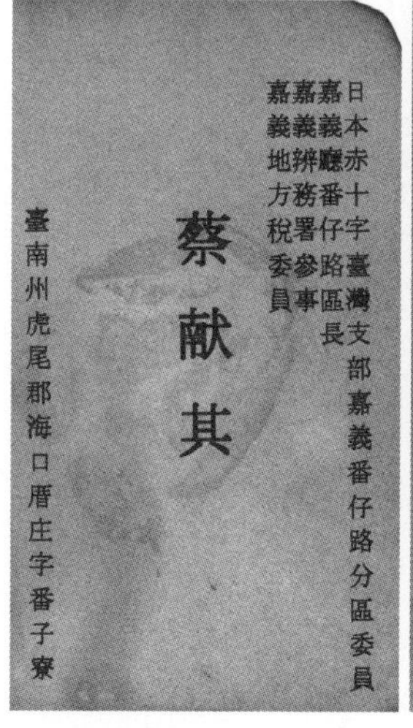

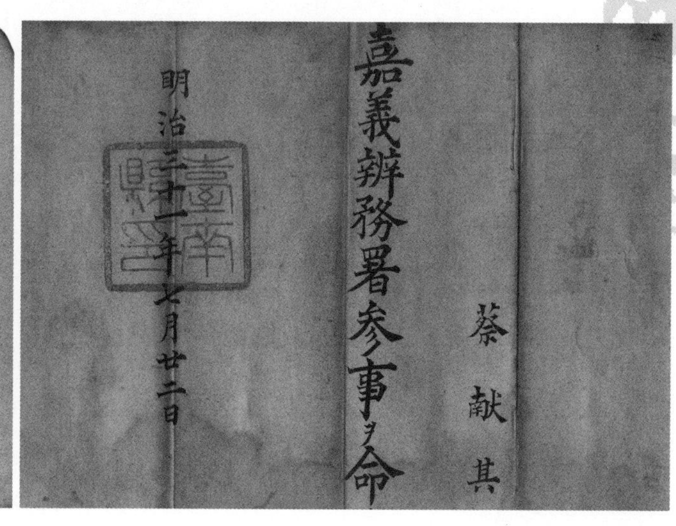

331 蔡献其擔任番仔路區長名片
332 蔡献其擔任嘉義辨務署參事任命狀

331 | 332

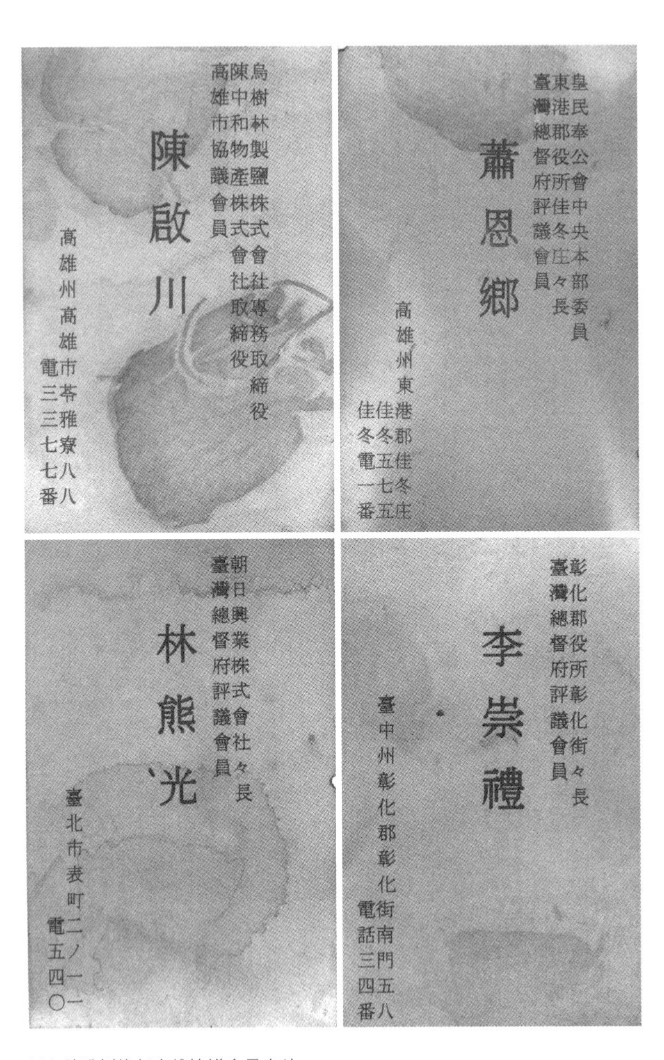

333 陳啟川擔任高雄協議會員名片
334 蕭恩鄉擔任台灣總督府評議會員名片
335 林熊光擔任台灣總督府評議會員名片
336 李崇禮擔任台灣總督府評議會員名片

333	334
335	336

高等學校高等科

✣台北高等學校高等科的檔案：設立沿革✣

台北高等學校除了「尋常科」（約12-16歲）以外（以下簡稱台北高校），尚設有「高等科」（約17-19歲）。「高等科」每年招收160人（其中40名開放由「尋常科」直升），台灣人每年能考取人數平均在30人以下[1]，「高等科」的學生卒業後原則上「免試直升」日本境內各帝國大學（包含台北帝大），除非是比較熱門的學校，如想就讀京都帝大法學部，尚需筆試或面試，否則完全不必考試即可進入大學就讀。第二，能進入台北高校的學生通常家中經濟優渥，而且社經地位也較高，大體而言白領階級占大多數，而這樣的概念可以用P. Bourdieu的「文化資本」（cultural capital）理論解釋，文化資本係指孩童在社會化過程中從家庭繼承高社經地位的豐富、菁英文化，如上流文化的語言及生活方式等資源，讓他們贏在起跑點上，這也是他們為何能順利進入台北高等學校成為天之驕子、社會菁英的原因之一（圖337）。

大正14年（1925）台北高校高等科（3年制）開始招生，分文、理兩科，又依主修之外語不同而分甲、乙兩類，甲類以英語為第一外語，德語為第二外語；乙類則以德語為第一外語，英語為第二外語。文甲、文乙、理甲、理乙等共計4班，每班招生名額約40名，一年共招生約160名，扣除從尋常科直升的大約40名學生後，每年招生約120名（圖338）。課程上，文科有修身、國語及漢文、英語、德語、歷史、地理、哲學概說、心理及論理、法制及經濟、數學、自然科學、體操等12個科目；理科有修身、國語及漢文、英語、德語、數學、物理、化學、植物及動物、礦物及地質、心理、法制及經濟、圖畫、體操等13個科目。到民國35年（1946）9月止共21屆的台北高校畢業生總數為2,627名，其中台灣人有654名，約佔總人數的24.9%（圖339）。

[1] 台灣人平均每年能考入台北高校高等科者不到30名，這些學生除來自尋常科之外，多是來自台北州立台北第一中學校、台南州立台南第一中學校、台中州立台中第一中學校、台北州立台北第二中學校、新竹州立新竹中學校、台中州立台中第二中學校、台南州立台南第二中學校、高雄州立高雄中學校、台南州立嘉義中學校、台北州立基隆中學校、花蓮港廳立花蓮港中學校、台北州立台北第三中學校、高雄州立屏東中學校、台北州立台北第四中學校（按設立時間序）等台灣各地頂尖中等學校的頂尖學生，角逐區區30個名額，因此被認為通過台北高校考試，是全台灣升學的最大難關，稱台北高校的學生是「菁英中的菁英」並不為過。

337 沈雲龍就讀台北高校時的個人寫真
338 台北高校學生於校內的操場集體合影
339 台北高校生在台北朝日寫真街上合影
轉引自：《太陽旗下的制服學生》

337	338
329	

台北高校的學生群，主要是來自日本內地的中學校及台灣島內的中學校畢業生，而島內的台灣中學校，依學制又可分為三類：中等學校、實業學校及師範學校，作者整理後如下（表11）：

表11. 台北校生出身台灣島內中等學校、實業學校及師範學校的人數分布

學制	校名	國籍		總人數
中等學校	州立：台北第一中學校（484人）、台北第三中學校（11人）、台北第四中學校（1人）、新竹中學校（99人）、台中第一中學校（59人）、台中第二中學校（60人）、嘉義中學校（64人）（圖340）、台南第一中學校（90人）、台南第二中學校（47人）、高雄中學校（89人）、屏東中學校（2人）、花蓮港中學校（5人） 私立：台北中學校（2人）、淡水中學校（1人）、國民中學校（4人）	日	657	1,018人
		台	361	
實業學校	台北商業學校（1人）、台北工業學校（1人）	日	2人	2人
師範學校	台北第二師範學校（1人）	台	1人	1人

資料來源：作者整理自「台北高等學校網站—國立台灣師範大學數位校史館」[2]

就讀台北高等學校總人數的前三名中學校分別為：台北第一中學校（484人）、新竹中學校（99人）、高雄中學校（89人）。而台籍學生最多的前三名是：新竹中學校（72人）、台中第一中學校（57人）、台南第二中學校（45人）。相反的日籍學生最多的前三名是：台北第一中學校（440人）、台南第一中學校（64人）、台中第二中學校（50人）。

台北高等學校的學生比較特別的是，有來自實業學校及師範學校的兩軌畢業生，像實業學校的畢業生有來自台北商業學校的日籍學生井上正明，台北工業學校的日籍學生松尾正三，他們之後都選讀法律相關科系，井上正明回到日本就讀東北大學法律部，松尾正三則選擇留在台北帝國大學就讀文政學部的政學科，兩人日後都從事法律相關工作。昭和12年（1937）松尾正三從台北帝國大學畢業後，留在台灣服務，進入政府相關單位擔任法律顧問。終戰後，最後一任台灣總

[2] 國立台灣師範大學數位校史館（2009）。台北高等學校（1922-1949）。2019年11月30日檢索自 http://archives.lib.ntnu.edu.tw/exhibitions/Taihoku/alumni.jsp

督府總督安藤利吉，因無法忍受獄中等待審判的煎熬，於是服用藏在衣服內襯中的氰化鉀自殺身亡，當時與其一起入獄的松尾正三也傷心的懸樑自盡，結束了松尾正三的一生。

另外是畢業於台北第二師範學校的鄭熙炳，畢業後沒有分發到公學校服務，而是考上台北高等學校繼續升學，之後直升台北帝國大學工學部機械工學科，終戰後，他直接轉入台灣大學工學院機械系就讀，但不幸的是，他與同學傅煒亮和羅吉月等人也捲入白色恐怖的案件裡。

340 嘉義中學校畢業後考上台北高校的鄭啟炘與姐姐鄭警合影

✧「敝衣破帽」的天之驕子✧

台北高校是日治時期台灣島內唯一的一所高中，考得上高等科的學生們都是萬中選一的菁英份子。當時的高校生就學制而言，已隸屬於高等教育的範疇，甚至堪稱「準大學生」，其制服有幾項特徵：立領學生制服、燙直的西裝褲、亮晶晶的皮鞋，加上鑲有台北高校獨特「蕉葉校徽」的帽子及帥氣的黑色斗篷，這些拉風的基本配備不啻是種耀眼的身分表徵，走在街頭上，羨煞不少中學生（圖341）。

台北高校的學生是經過眾多優秀的學生競爭中脫穎而出的佼佼者，進入台北高校後他們似乎「轉大人」了，不必再像中學生般被約束與規範。當時如果在街上看到一大群學生勾肩搭臂，將完整的高校帽的帽頂撕破，再特意用白線縫上，戴著破帽，留著長髮故意把頭髮拉出帽外，腰際再繫條長手巾隨風搖擺，腳上穿日式木屐，清脆地敲響西門町電影街，那種旁若無人、顧盼自傲、挑戰世俗眼光的模樣，活脫脫是二戰後嬉皮世代的東方版本，這就是當時台北高校生的寫照，台北高校的畢業校友王育德稱此現象為「敝衣破帽」，高校生必須透過這樣的裝扮，才能稱得上是

341 台北高校生見學旅行至阿里山看日出

「獨立自主的高校生」，而「放浪形骸」、「不修邊幅」的形象就成了辨識他們的最好特徵。台中第一中學校畢業後進入台北高校的楊基銓說：在中學校唸書時尚被認為是小孩，一旦進入高校，突然受到像成人一樣的款待，學生可以留髮，不必剃光頭。據說當巡查（警察）在街頭上看到他們這般光景，非但不會責難他們，還會走上去友善的向他們致意，可以說是威風十足。

台北高校學生並不以穿上光鮮亮麗的皮鞋而驕傲，反而以換上高腳木屐，走路時發出喀啦喀啦的聲響，散發出獨特的「台式日本味」為樂，下課後一窩蜂的聚集在「喫茶店」（類似今日的咖啡廳，只供應咖啡、茶、汽水、果汁與洋菓子等）（圖342），文青地抽著菸，一邊品嘗著咖啡、茶，一邊大談闊論的暢談文學藝術或國家大事等。高校生們不管世俗的眼光，勇敢地做自己，最主要的原因是他們已經是被「國家選定的人才」，此時的高校畢業生可以在幾乎不用考試的狀態下，直接進入帝國大學就讀，因此考上舊制高校就等於取得了帝大的錄取通知單。也由於這樣的教育制度，高校生們不但能夠接受健

342 台北高校生在喫茶店拍照合影留念

全的人才培育、獨享豐富的社會資源，在屏除升學考試的壓力下，回歸求知及思考的基本價值，盡情展現自我。此外，高校的師長們作風也都相當開放，在與學生一同追求獨立、自由、自治的氛圍交互作用下，這群「菁英中的菁英」便產生了一種充滿機智、叛逆及反骨的形象，企圖挑戰或與當時日本相對保守的社會對立，以凸顯他們針貶時事、卓然獨立的思維。

此外，台北高校生「敝衣破帽」的精神實踐，也與「學寮」文化有很大的關係（圖343）。學生在學寮時間很長，所以同儕間常常會培養出不一樣的次文化或儀式，而各校高校校風的風格也是濫觴於此，諸如台北高校的夜間驚嚇他人的「ストーム」（strom）、上課點名代答的「代返」、捉弄配屬教官、舍監或警察等象徵權威的階級、爭取宿舍自治破壞食堂的「賄征伐」、從宿舍二樓往一樓排尿的「寮雨」、雜亂而長期不清裡的「萬年床」、盛大的宿舍慶典「寮祭」等（圖344）。台北高校高等科的學寮稱「七星寮」（取其可以遠望北方七星山之意），在「學寮」中，他們透過自主性約束，學會解決生活上的大小事，在學長們的經驗傳承下，體悟人生道理，更讓他們更亂世中「清醒」，看似敝衣破帽、放浪形骸、不修邊幅，事實上他們正積極邁向人生的下一步（圖345）。

343 台北高校理乙林新澤在學寮欄杆上
344 台北高校生夜間在學寮舉行寮祭
345 台北高校生至皇太子殿下行啟紀念石合影留念

343	345
344	

碧潭岸石筍上的台北高校生

現今台北市新店的碧潭在清領時期當地的客家庄稱赤壁潭、石壁潭或獅山邊大潭。日治時期該地區曾經一度入選「台灣八景十二勝」。其實早在光緒7年（1881）新店溪兩岸間就開始有了渡船的經營，從新店溪上游到中游共有廣興渡、小坑渡、礦窯渡、塗潭渡、灣潭渡、小粗坑渡、直潭渡、新店渡、挖仔渡等九個渡口。早期碧潭兩岸無任何橋樑連接，因此居民需靠擺渡來往，然雨季時溪流湍急不利渡船，日治時期當地人賴雲發起建橋構想，不過遲遲未能動工，後來當地仕紳為了地方的交通便利，透過關係找到台北州文山郡土木技手江石定擔任設計、陳海沙的光智商會負責施工興建，終於在昭和12年（1937）竣工，建成後即為新店溪東岸通往西岸安坑及中和地區之重要橋樑，可供人、車、馬通行。當碧潭吊橋正式建成，兩岸之間首次有了固定的交通路線，而原本的渡船仍繼續存在，只是漸漸轉變成休

346 昭和16年民眾們在碧潭划船合影
347 台北高校生在碧潭岸邊與石筍合影
轉引自：《太陽旗下的制服學生》

346
347

憩遊樂的性質（圖346）。圖347及圖348是台北高等學校的學生至碧潭見學旅行所拍攝的寫真照片，照片中可以清晰看到數十個像竹籠的物體橫躺在新店溪中。這些竹籠稱為「石筍」。

而「石筍」究竟是何方神物呢？「石筍」是以藤條捆紮圓木、桂竹或竹藤，連結成細長圓形、前寬後收的竹籠，內填石塊所作成的攔水物，所以又二水當地人又將之稱為「壩籠」或「籠仔荀」，又石筍分為角筍、圓筍二種。相傳是在清代康熙年間，施世榜父子出資募工疏鑿濁水溪旁八堡圳時，由自稱「林先生」的

348 冬天枯水季時台北高校生在碧潭岸邊與石筍合影

老人所傳授的引溪水入圳工法，即是在濁水溪河床引水入八堡圳口灌溉系統之臨時攔水的石笱。相傳是源自於八堡圳引水源頭（現今濁水溪中游南投縣名間鄉與竹山鎮交界名竹大橋附近），用來解決水位豐枯變化大的問題。每逢春夏季豐水期，常因河水瀑漲，河道流向變更改道，而影響下游平原的灌溉水源；然而，秋冬季時又雨量稀少，必須增加輸水速度及水量以供農用，於是便創造出這種人工變更水道及攔堵水流的方法。

石苟除了堵水護堤以外，溪水流過石笱縫隙時，有過濾水中泥沙的作用，可減緩圳道的沉積阻塞。以石笱作為堰堤機動性較高，搶修容易。但是製作技術特殊，下笱時也要有獨特訣竅；下笱後由工人挑石頭倒入苟內，石縫空隙則用稻禾裝填，以免漏水。這種就地取材編成的石笱，它的製作技術與攔水作業都由師傅代代相傳下來也有200多年之久。由照片圖347及圖348可知悉，當時的碧潭中也有明顯的枯水期（10月至隔年5月）及豐水期（5月至9月），而每年秋冬，雨量稀少，河流乾涸，為了減少輸水損失，同時增加輸水速度，延長引水圳路需變更水道的時候，即會使用石苟進行變更水道或攔堵水流的工程，同樣的，每年春夏，需在河床的臨時攔水壩籠被洪水沖毀時使用，使得河水流水可瞬間變更方向。

帝國大學

✧台北帝國大學的歷史扉頁：設立沿革✧

昭和3年（1928）3月，依據敕令第三十號設立台北帝國大學，設置文政學部、理農學部、附屬農林專門學部、及所附屬圖書館等單位（圖349）。據說當初的大學籌備階段以「台灣大學」或「台灣帝國大學」命名，但礙於「台灣帝國大學」的定位不清，最終拍板定名為「台北帝國大學」，為日本第九個帝國大學。文政學科、史學科、文學科、政學科等四個學科。文政學部下設國語學・國文學、東洋史學、哲學・哲學史、心理學、土俗學暨人種學、憲法、行政法等講座。理農學部下設植物學第一（植物分類及生態學）、動物學第一（水產動物學、比較生理學）、地質學第一（地質學、地史學、古生物學）、化學第一（物理化學）、生物化學、植物病理學等講座。昭和3年（1928）4月，校方發現原先開設的學科及講座無法滿足學生的求知慾望，故陸續增設相關講座，直到昭和5年（1930）2月，一共增加了近40多個講座，如昭和3年（1928）4月，文政學部，增設東洋倫理學暨西洋倫理學、西洋文學、經濟學、民法・民事訴訟法、刑法・刑事訴訟法等五講座。又如昭和5年（1930）2月，文政學部又增設國語學・國文學第二、言語學、西洋史學・史學・地理學、民法・民事訴訟法第二講座等四個講座。

昭和6年（1931），頒布〈學位令〉，實施學位授與制度化。接著昭和11年（1936）1月，設置醫學部。醫學部分由解剖學第一、解剖學第二、生理學第一、生理學第二、生化學、病理學第一、細菌學等講座所組成。昭和11年（1936）3月，原台灣總督府台北醫學專門學校併入台北帝國大學附屬醫學專門部。採行醫學部與醫學專門部併行的雙軌制。昭和13年（1938）4月，台北帝國大學合併台灣總督府台北醫院，將其改制為醫學部附屬醫院（圖350）。昭和14年（1939）4月，附設熱帶醫學研究所。昭和16年（1941）4月，設置預科，並於台北帝國大學校區內臨時校舍開始上課，隔年昭和17年（1942）5月，因台北州七星郡士林街石角之新校舍已竣工，所以將於5月20日陸續遷移至該地繼續講課。昭和18年（1943）1月至3月，陸續增設工學部、南方人文研究及南方資源研究所，並將原理農學部劃分為理學部、農學部。整合校內相關的人力與資源，致力於南洋各地的政治、經濟、文化、天然資源等研究。

349 台北帝國大學校門校景
資料來源：《台北市概況(昭和十四年版)》
350 台北帝國大學醫學部附屬醫院
資料來源：《台北市概況(昭和十五年版)》

349
350

昭和19年（1944），台北帝國大學校內共有學生394人，其中台灣人為117人（圖351）。此時的台北帝國大學校已經擁有完整的學院系統（文政、理學、農學、醫學、工學五個學部）、預科以及熱帶醫學、南方人文、南方資源研究所的綜合大學。據統計國民政府接收時台北帝大共五個學部，有114個講座；其中，文政學部四學科（共25個），理學部四學科（共13個），醫學部（共24個），農學部五專攻（共22個），工學部四學科（共30個）。昭和20年（1945）11月，台北帝國大學由國民政府接收後，原擬更名為「國立倉海大學」或「國立台北大學」，後經行政院第七二一次會議決議，並由教育部行文該校，正式易名為「國立台灣大學」。

台北帝大校徽。

台北帝大鈕扣圖騰。

351 台北帝大生的個人照

大學先修班：台北帝國大學預科

日治時期要進入台北帝國大學就讀有兩個管道，：一為考台北高等學校（以下簡稱台北高校），二為台北帝國大學預科（以下簡稱台北帝大）。因為台北高校錄取率極低，更曾一度比台北帝大預科難考。台北高校畢業後可以選擇在台灣唸台北帝大，或是申請前往內地各名校大學就讀。而台北帝大預科，未來僅能進入台北帝大就讀。在台北帝大預科設立以前，台北高校是在台學生升大學的唯一管道，要進入大學的窄門，就要先經過台北高校的錄取試煉。

當時就有許多仕紳的子弟就讀台北高校，家人通常都會鼓勵他們前往日本內地的帝國大學或私立大學升學，拓展視野，所以有時台灣島內的台北帝大就無法招滿預期的人數，而台北帝大為了確保未來入學人數，仿照北海道帝國大學之例，於昭和16年（1941）4月5日公布〈台北帝國大學豫科規程〉，設立學力等同於高等學校的大學預科（圖352），以培養台北帝大的新生為目的，預科學生數以台北帝大新生名額約六成為基準。此外，第一任預科長為日籍教授西田正

352 中午預科生在士林街校區的食堂吃飯時合影
資料來源：篠田典子

一，而第二任預科長為日籍教授加藤平左衛門。台北帝大預科修業年限為3年，分為文科、理科（又分為理農類、工類、醫類），其學生多數為日本人，台籍生就比例上而言少之又少，例如昭和18年（1943），關於台北帝大預科的學生統計數：一、文科，日：28人；台：4人。二、理科：（一）農理類，日：28人；台：4人。（二）工類，日：119人；台：4人。（三）醫科，日：79人；台：39人。

台北帝大預科的校舍先行使用台北帝大的教室進行授課，後來於昭和17年（1942）遷移至台北州七星郡士林街石角的新校舍（圖353）。據當時的預科生羅銅壁回憶：當時預科的校舍是木造屋，跟台灣鄉下小學的教室很類似，算是暫時使用的校舍。後來又另行建造一棟永久使用的校舍，他就讀預科時，預科永久校舍與學寮接近完工或興建中，所以他們預科生沒有住過學寮就被迫當學徒兵去了，這幢校舍昭和20年（1945）被日本海軍徵收使用，所以光復後，國民政府接收人員誤以為台北帝大預科校舍是日本海軍的產權，轉由國防部接收使用至今。

臺大豫科校舍
士林郊外に完成
臺北帝大豫科は昨年四月同科創設以來大學構內の假校舍にて授業を行つて來たが今般臺北州七星郡士林街石角に新校舍の完成を見たので二十日に新校舍で授業を開始した

353 台北帝大預科校舍竣工新聞報導
資料來源：《台灣日日新報》

萬綠叢中一點紅：帝國大學的第一位女學霸—大森政壽

傳統重男輕女的觀念，並不因日本殖民而改變，一直以來我們都認為大學教育是男性的專利，但台灣內的台北帝國大學（以下簡稱台北帝大）卻誕生了第一位女學生，這位日籍女學生叫作大森政壽，而她同時也是第一位台北帝大第一位的女性聽講生。畢業於台北第一高等女學校後，好學不倦的她仍想繼續升學，但由於台灣沒有專門的高等女子教育機構，所以她決定回到日本內地就讀京都同志社女子專門學校英文科，於昭和5年（1930）畢業的她，同年決定搬回台灣與父母同住，她的父親大森政春原先擔任巡查（警察）職務，因工作表現十分亮眼且能力優秀，間接受到台灣總督府長官的重用，接任台灣總督府購買部主事及理事等職務，而此時回到台灣的大森政壽，有一天在家中無聊時看著報紙，得知台北帝大文政學部有開放聽講生名額，講座「英文學講讀及演習」等開放科目正好是自己的興趣，所以決定申請前往擔任聽講生（圖354）。而校方部分，由於森政壽是專門學校英文科畢業，在資格上是沒問題的，但是讓文政學部長村上直次郎（1868-1966）頭痛的是，台北帝大設校3年以來還沒有出現女

臺北帝大文政學部に
最初の女子聽講生
臺灣の女性に大いなる刺戟を與へ
志願者が續々現はれるでせう

うら若い女性が
臺北帝大に入學
男子と交つて受驗し
見事に英文科へ合格
全く實力で入學
喜ぶべき現象
村上博士の談

354
355

354 大森政壽於台北帝大文政部擔任聽講生報導
資料來源：《台灣日日新報》
355 大森政壽錄取台北帝大英文科新聞報導
資料來源：《台灣日日新報》

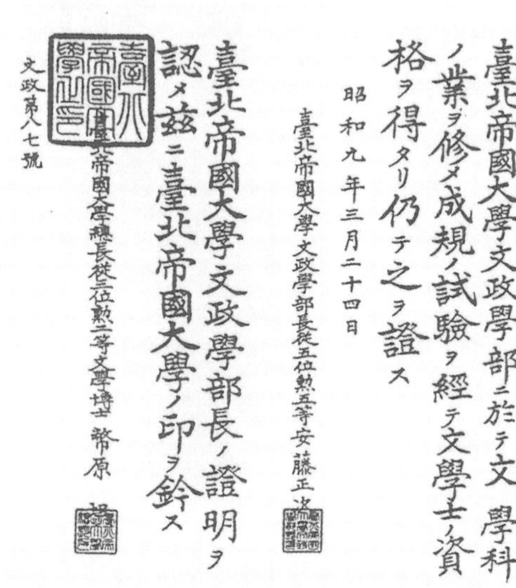

證書

高知縣

大森政壽

明治四十二年九月十四日生

臺北帝國大學文政學部ニ於テ文學科ノ業ヲ修メ成規ノ試驗ヲ經テ文學士ノ資格ヲ得タリ仍テ之ヲ證ス

昭和九年三月二十四日

臺北帝國大學文政學部長從五位勳五等安藤正次

臺北帝國大學文政學部長ノ證明ヲ認メ茲ニ臺北帝國大學ノ印ヲ鈐ス

臺北帝國大學總長從三位勳二等文學博士幣原坦

文政第八七號

356 大森政壽的台北帝大畢業證書
資料來源：《中日文化》
357 昭和17年8月文政學部英文科川井清海壯行會合影留念照（第一排左二大森政壽）
轉引自：《杜聰明與我─杜淑純女士訪談錄》

356
357

性的聽講生，不過追求兩性平等的村上直次郎還是決定破例錄取，就這樣大森政壽成了台北帝大文政學部的第一位女聽講生，此事還轟動的上了《台灣日日新報》的頭條報導。

先前有提及昭和16年（1941）未設立台北帝大預科以前，台北帝大的學生主要來自高校生，但因台灣島內的高校生畢業後多數會選擇前往日本內地就讀大學，所以台北帝大時有出現招生不足額之現象，因此有時候會針對高校畢業生以外學生舉行第二回考試。昭和6年（1931），已在台北帝大擔任聽講生一年的大森政壽竟也聽出興趣，決定報考台北帝大舉辦的第二回考試。據報導，該回考試預計錄取兩位學生，但該年度報考文政學部的人數卻有15人，也就是說大森政壽要與14名男性於同一考場應試，最後她以優越成績脫穎而出，成為其中的一個，分別為哲學科的河北東一郎及英文科的大森政壽，而大森政壽也理所當然地成了第一位「史無前例」的台北帝大女學生（圖355）。

大森政壽的錄取一度謠傳是因為她父親大森政春透過人脈向校方關說，甚至謠傳她是因為某些因素加分而錄取，面對外界種種的輿論，文政學部長村上直次郎直接跳出來替大森政壽的錄取背書，保證這是一場公平的考試競賽，絕無任何關說或特殊加分。進入台北帝大文政學部英文科的大森政壽表現優異，當時要取得學士學位除了各科修課成績及格外，尚須撰寫一篇論文，而大森政壽以英文作為畢業論文的書寫語言，撰寫了「A Brief Study of “A Vindication of the Rights of Woman” by Mary Wollstonecraft」（論瑪莉・沃斯通克拉夫特的《為女權辯護》）乙篇論文作為學士畢業論文，使其在昭和9年（1934）3月24日，她26歲時順利取得學士學位並成為台北帝大第一位畢業的女學士（圖356）。大森政壽畢業後隨即返回日本，在日本內地高等女學校任教英文。直到昭和14（1939）年才又返回到台灣，在母校擔任文政部英文科副手（類似助教職務）（圖357），此時南洋戰爭已經打得如火如荼，大森政壽把最精華的時間都留給研究學問，到了昭和18年（1943），她與朝夕相處的文政學部法哲學講座教授中井淳譜出戀情，毅然的在這艱苦的年代互許終身，並辭去台北帝大的工作。婚後她也改名為中井政壽，在學校的配置宿舍裡當個賢妻良母，昭和20年（1945）8月15日，透過玉音放送，得知日本宣布無條件投降，台北帝大也陸續由民國政府接收。直到昭和21年（1946）年4月，中井政壽隨夫婿離開台灣，回到日本，結束她在台北帝大的傳奇生活。

日治時期即便開始著重女子教育，但高等教育之門卻仍未對女性敞開。昭和6年（1931）到昭和19年（1944）年間，台北帝大的女性「本科生」僅有9人，其他均為「選科生」或「聽講生」，而總計有24人，這24人中有從「選科生」變「本科生」的，例如神作柳子；也有「聽講生」變「本科生」的，例如大森政壽、石本君子（後改石本キミ）；甚至都僅是擁有「選科生」及「聽講生」兩個身分的名取登美。首先要來介紹，何謂「選科生」？依據昭和3年（1928）出版的《台北帝國大學一覽》中，〈台北帝國大學通則〉第24到28條的條文規定，「選科生」即有意願選擇學部（學院）中某些科目來修習學分者，通過筆試或口試合格，即可入學為「選科生」，修完學分後，學部長（即今院長）會給與證明書。而何謂「聽講生」？同樣是依據《台北帝國大學一覽》中，〈台北帝國大學通則〉第29到32條的條文規定，對學部中某些科目有聽講意願，即可向學部提出申請，學部長在認定申請者不會妨害正常上課的原則，並在總長（即校長）的許可下，可同意讓其以「聽講生」名義進入課堂聽講，但不能參加修習科目的考試，且聽講期限為一學期或一學年。

上述提及曾經進入到台北帝大就讀的女性共有24人，而這24人依據民國104年（2015）當時任職於台大校史館廖述英（筆名杜英）先生整理台大本身的一手文獻、史料（包含了「學籍簿」、「修學原簿」、「學生名簿」、「卒業生名簿」、《青榕會會員名簿》及《台灣日日新報》整理如下（表12）：

表12.　台北帝大就讀的24人女性相關資料

姓名	國籍	學科專攻	在籍期間及身分	入學前學歷
大森政壽	日	英文學	1.昭和5年4月-6年3月（聽講生） 2.昭和6年4月-9年3月（本科生）	台北第一高等女學校、京都同志社女子專門學校
三谷峰子	日	英文學	昭和6年-?（聽講生）	台北第一高等女學校、東京女子英學塾
澁谷美穗	日	國文學	昭和8年4月-9年3月（聽講生）	台北第一高等女學校、私立台北女子高等商業學院
洪吳繡進	台	政學科	昭和8年4月-9年3月（聽講生）	私立東京女子經濟專門學校

姓名	國籍	學科專攻	在籍期間及身分	入學前學歷
小粟常子	日	文學科	1.昭和8年4月-8年10月（聽講生） 2.昭和8年11月-9年3月（聽講生）	台北第一高等女學校補習科
岡田シナ	日	文學科	昭和8年4月-?（聽講生）	不詳
林ユリ子	日	文學科	昭和9年4月-9年10月（聽講生）	不詳
渡邊香	日	文學科	昭和9年9月-11年3月（聽講生）	東京女子高等師範學校保育實習科
石本君子（後改石本キミ）	日	英文學	昭和10年4月-14年3月（聽講生、本科生）	福岡女學校、東京女子大學專攻部
伊藤富子	日	英文學	昭和10年6月-11年3月（聽講生）	東京女子大學英語專攻部
磯愛子	日	英文學	昭和10年5月-11年3月（聽講生）	東京女子大學英語專攻部
岩生光子	日	英文學	昭和10年5月-11年3月（聽講生）	東京女子大學英語專攻部
正宗榮	日	英文學	昭和10年5月-11年3月（聽講生）	東京女子大學英語專攻部
波多野さた江	日	英文學	昭和13年8月-14年3月（聽講生）	
山根敏子	日	英文學	昭和17年4月-19年9月（本科生）	台北第一高等女學校、津川英學塾
杜淑純	台	英文學	昭和17年4月-19年9月（選科生）	駿河台女學院
神作柳子	日	英文學	1.昭和17年4月-17年9月（選科） 2.昭和18年10月-19年7月（本科）	高雄州立高雄高等女學校、日本女子高等學院英文科
池部澄子	日	國文學	昭和18年10月-21年（本科生）	京都府立女子專門學校
真山節子	日	化學科	昭和16年4月-18年月（本科生）	沖繩縣立第一高等女子學校、帝國女子醫學藥學專門學校
林素琴	台	西洋哲學	1.昭和18年10月-19年9月（選科生） 2.昭和19年10月-?（本科生）	東京女子大學
名取登美	日	南洋史學	1.昭和18年（聽講生） 2.昭和19年11月-?（選科生）	台北第一師範學校女子部
張美惠（時名長谷川ミヱ）	台	南洋史學	昭和19年10月-?（本科生）	聖心女子學院高等專門學校

姓名	國籍	學科專攻	在籍期間及身分	入學前學歷
藍敏子	台	不詳	昭和19年11月-?（選科生）	台北州立第一高等女學校、上海聖約翰大學豫科、上海聖約翰大學文科
曾麗貞	台	植物學科	昭和19年10月-?（本科生）	台中州立彰化高等女學校、帝國女子醫學藥學專門學校藥學科

資料來源：轉引自〈【杜英專欄】台北帝大總共收過多少個女學生？〉

就上述24位台北帝大生的國籍而言，台籍6位，日籍18位。可知台灣女性要進入高等教育機構就讀，十分難能可貴，日本殖民統治台灣近50年也才出現過這6人，而對台灣人而言，台北帝大的第一位「選科生」台籍女學生為昭和17年（1942）入學的杜淑純（圖358），她是台灣史上首位醫學博士杜聰明的女兒，而台灣的首度晉升「本科生」的台籍女學生則有三位，分別是昭和19年（1944）入學的林素琴、張美惠及曾麗貞。但她們並不是畢業於台北帝國大學，因昭和20年（1945）8月15日，日本宣布無條件投降，改由國民政府接收台北帝大，並將之改名為國立台灣大學，他們三位則分別被編入相關的科系，例如張美惠原本就讀史學科，後來則編入歷史系三年級就讀，兩年後成為歷史系第一位畢業生，也是台灣大學文學院第一屆唯一的畢業生。

358 杜淑純個人照
轉引自：《杜聰明與我—杜淑純女士訪談》

誰是杜聰明？——差點終結袁世凱性命的知識型殺手

杜聰明（1893-1986），字思牧。光緒19年（1893）8月25日，他生於大清帝國統治下的台灣府淡水縣芝蘭三堡新莊仔莊（日治初期改為新庄仔庄）。9歲入淡水北新莊車埕書房接受漢文教育，11歲時正逢台灣總督府鼓勵台灣人入公學校受教育，他也於此時進入滬尾公學校（現今新北市淡水區淡水國小）就讀，且為了上學一直寄宿於滬尾街上某戶人家；當時滬尾公學校的日籍校長小竹德吉便，見杜聰明天資穎異、聰慧過人，為了減輕杜家的負擔，與其家人商量後，小竹德吉便校長將他帶進公用配給的宿舍同住，並供應每日食宿，直到杜聰明畢業為止，而杜聰明也不負小竹德吉便校長對他的期望，明治42年（1909）3月，那年17歲的杜聰明以第一名畢業於滬尾公學校。公學校期間，小竹德吉便校長一直鼓勵杜聰明畢業後報考台灣總督府醫學校，希望他日後能當一位醫師造福鄉里，在經年累月的薰陶下，從醫也成為杜聰明的願望。

當時因為杜聰明的體格較同儕瘦弱，所以小竹德吉便校長怕依他這樣的生理條件，恐怕不符合醫學校入學資格，還特地央請其夫人帶杜聰明到台北醫院內科做詳細檢查，以免未能符合要求而遭剔除。明治42年（1909），畢業時杜聰明果真以第一名的優異成績，考進當時台灣的第一學府台灣總督府醫學校，但令人扼腕的是校方卻以他體格檢查「丙下等次」不合格為由，拒絕他入學。惟當時主考官、台北醫院院長及醫學校代校長長野純藏出面力保，認為杜聰明是位人才，希望校方可以破格錄取，終於在校方召開校務會議議決後，力排眾議特准其錄取。在五年的醫學校生活中，他一直與後來調任廈門旭瀛書院擔任校長的小竹德吉便校長保持聯繫，小竹德吉便校長更經常從廈門寫信教誨，期勉他要培養健全的人格，不要成為只會汲汲營營的名醫，而要做一位濟世救人的良醫。在醫學校期間，他一直督促自己要謹記小竹德吉便校長的教誨，在成績上維持第一，不敢鬆懈，並且每天鍛鍊堅強的體魄，包含一早起床就做體操、沖冷水澡及晨泳等，甚至一有空就會相約同學一同爬山鍛鍊體魄。

杜聰明在畢業前曾經做過一件非常瘋狂的事。明治43年（1910），滿清腐敗，革命之火即將點燃，台灣的青年也感受到這股民主思潮的崛起，同班同學翁俊明隨即加入同盟會，私下在學校成立同盟會台灣通訊處，並接受孫文指派為祕密通訊員，作為兩岸間情報的傳聲筒。此時，杜聰明、蔣渭水等人也接二連三加入中華革命黨，緊接著孫文於大正2年（或稱民國2年；1913）將大總統職位讓與袁世凱，但袁世凱竟叛變理想，轉而當上大總統，還鼓吹帝制，後來孫文一群人非常氣憤。台灣島內以蔣渭水為首的幾位熱血青年立即召集秘密會議，決定採取極端手段—暗殺袁世凱。經會議投票後，決議派遣杜聰明和翁俊明等人帶著霍亂細菌赴北平執行任務（圖359）。選定他們兩人的主要原因是：他們是醫學校學生，曾研究過細菌學，所以知道如何培養與使用細菌，總而言之，他們是「最有實務經驗」的任務執行者。在滿腔熱血的賀爾蒙催化下，抱著必死的決心，準備前往中國執行任務，但尚未踏出台灣的他們首先面臨的難題卻是：如何申請護照，用什麼理由申請？因為當時台灣屬日本領土，進出中國需要護照才能

359 台灣青年謀刺袁世凱的送別合照，前排左二為翁俊明，左三為杜聰明。
資料來源：轉引自〈想暗殺袁世凱的台灣學生：《有溫度的台灣史》選摘（2）〉

入關，但醫學系的在學生並沒任何的理由前往中國。但他們並不死心，改由從日本偷偷轉運方式潛入，經大連、東北再潛入天津、北平。大正2年（1913），他們經神戶、大阪、大連，輾轉幾個地方後，終於進入天津，向地方同盟會成員打探幾天後，潛入北平。但他們發覺自己在北平人生地不熟，除語言不通之外，更沒有人可以接應，完全無法得知袁世凱的訊息，更遑論找到下手的機會，只好每天流連於北平的街道，但他們不放棄，不斷查探袁世凱的出入地點卻不可得，即使貿然行動，也不一定能成功暗殺袁世凱，甚至可能傷及無辜。後來他們在北平待了一段時間，發現計劃無法實現，只能黯然放棄暗殺行動，輾轉透過接應來到上海，買了船票落寞的回到台灣，暗殺袁世凱行動宣告失敗。

回到台灣後，杜聰明將重心放在課業上，隔年4月杜聰明以醫學校第一名成績畢業，隨即被台灣總督府醫學校校長堀內次雄以高薪月俸18圓延攬（當時的台北醫院一般內科醫師月俸15圓），進入細菌學研究室擔任研究助理，大正4年（1915）受校長堀內次雄推薦前往日本京都帝國大學留學，本來校長堀內次雄想替杜聰明爭取公費資助，但礙於杜聰明希望取得博士學位後能回台一展長才，因此不願受到公費契約的約束，毅然放棄公費的機會，決定自費前往。後面5年的留學期間，他全心投入於藥理學、內科學研究，大正11年（1922）11月以《論不同藥物對藜蘆鹼之肌肉作用的影響》乙篇論文通過博士論文口試，在同年12月取得醫學博士學位。杜聰明成為日本明治維新以來第 955 號醫學博士，是「日本人以外的外地及外國人授與醫學博士」的第一人、台灣第一位博士，更是台灣第一位醫學博士。（圖360）

360 杜聰明著文官服個人寫真照
資料來源：維基百科

大正11年（1922）這一年對杜聰明來說是「三喜臨門」的一年。事實上他於大正10年（1921）10月學成歸國後，已經先行向台灣總督府醫學校申請助教授的教職，後緊接於大正11年（1922）10月，確定通過助教授的申請案。

同年5月他與霧峰望族林家之女一林雙隨，完成終身大事。隨即又回到日本繼續為博士論文打拼，也順利的在11月向日本京都帝國大學提出博士論文學位審查，並於12月取得醫學博士學位。因杜聰明優異的表現及研究成果，校方於大正12年（1923）4月將其調陞為教授乙職，這無疑是對杜聰明學術專業的肯定，

在杜聰明學醫的過程，他不斷的思考西醫與漢醫（中醫）是否可以調和，試圖創造更大的療效，他主張漢醫是「實驗治療學」而非「廢醫驗藥」，因為漢醫並非缺乏科學依據或甚至是偽科學，它是老祖宗智慧的結晶，所以他依循漢醫的藥理從木瓜葉中製成赤痢病特效藥，並將成果分別在昭和9年（1934）出版了《木瓜葉有效成分カルパイン」ノ「アメーバ赤痢患者ニ於ケル實驗治療第一例報告》；昭和10年（1935）出版了《木瓜葉有效成分カルパイン」ノ「アメーバ　赤痢患者六例ニ於ケル實驗治療》、《木瓜葉有效成分カルパイン」ノ肺ヂストマ患者四例ニ於ケル實驗治療》等專書研究報告供後人參考，不僅獲得極高的藥理學成就與傲人的成果，濟世救人無數（圖361）。

同時其他積極關注鴉片、嗎啡、蛇毒等研究，發明減量弁毒療法（漸禁斷療法）及尿液驗毒法。作為一位專業的研究學者，他除了積極調查台灣吸鴉片者的統計數字外，也陸續將研究成果集結成報告專書，如昭和8年（1933）出版《阿片吸食者ノ尿ニケル「メコン酸反應ノ證明及實際的應用》、《阿片吸食者及慢性モルヒネ中毒者ノ尿ニ於ケル「モルヒネ」ノ證明及實際的應用》，昭和12年（1937）出版《阿片吸食者及慢性モルヒネ中毒者ノ尿ニ於ケル「モルヒネ」ノ定量及實驗的應用》。除了鴉片的治療，杜聰明也重視蛇毒的研究，研究團隊歸納出專屬的治療方法、血清，甚至從蛇毒的成分中提煉出鎮痛劑，而這些研究成果都為日治時期台灣的鴉片、嗎啡、蛇毒等重要的學術研究基礎奠基。

昭和12年（1937）1月7日，台北

帝大增設醫學部，因當時的醫學部長三田定則教授看見杜聰明在鴉片、嗎啡、蛇毒等學術研究上的亮眼成績，認為不應該區分台灣人或日本人，所以排除眾議，特別於同年2月向校方推薦杜聰明，擔任台北帝國大學藥理學講座教授，校方起先對杜聰明的資格存疑，認為他不夠資格，但在審查杜聰明的相關著作與研究成果後，發現他的研究對醫學部有相當重要的幫助與發展，所以破格接受台灣人擔任台北帝大教授，並官拜高等官三等，成為第一位台籍的台北帝國大學教授（圖362）。五年後官階又陞任為高等官一等，是當時台灣人最高的官位。杜聰明在日治時期的亮眼表現受到了台、日兩方的雙重肯定，可以說是台灣之光的最佳典範（圖363）。

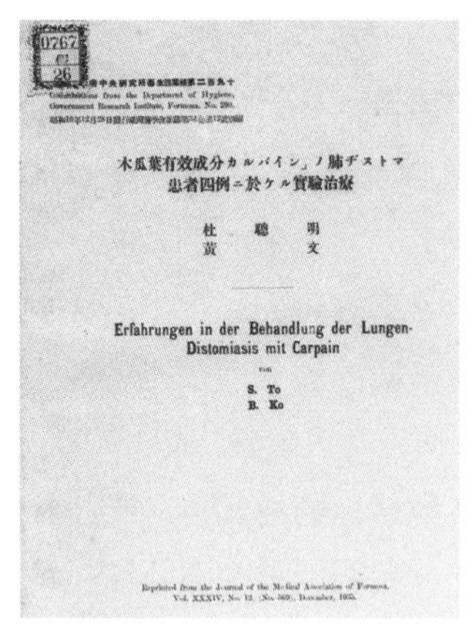

木瓜葉有效成分カルパイン」ノ肺ヂストマ患者四例ニ於ケル實驗治療

杜聰明
黃文

Erfahrungen in der Behandlung der Lungen-Distomiasis mit Carpain

von

S. To
B. Ko

361 杜聰明與黃文發表木瓜葉對赤痢病的功用論文
資料來源：《木瓜葉有效成分カルパイン」ノ肺ヂストマ患者四例ニ於ケル實驗治療》

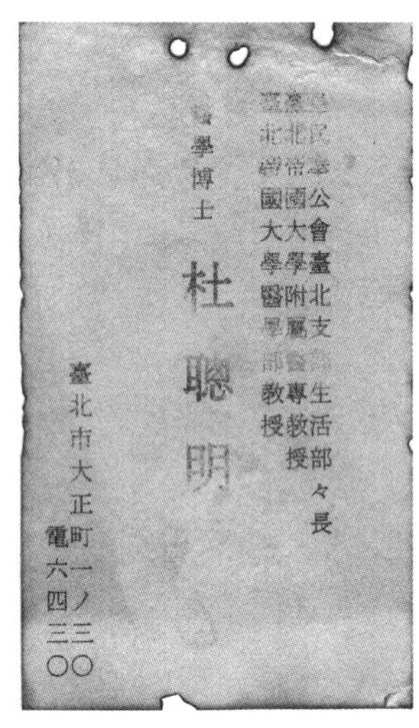

皇民奉公會臺北支部生活部々長
臺北帝國大學附屬醫專教授
臺北帝國大學醫學部教授
醫學博士
杜聰明
臺北市大正町一ノ三〇
電六四三〇

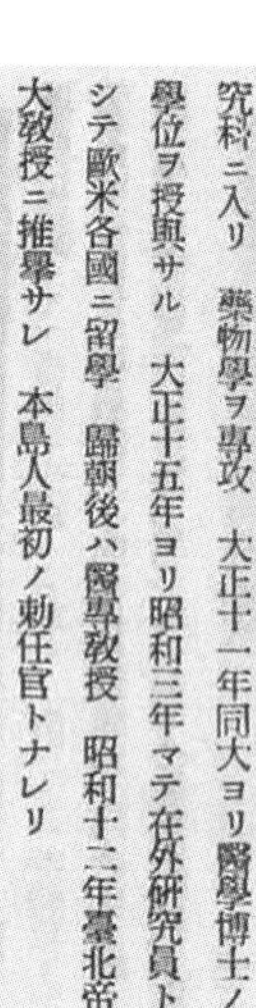

杜聰明 正五位勳六等 醫學博士
臺北帝國大學教授 中央研究所技師 臺北更生院囑託
（現）臺北市大正町一ノ三〇
【經歷】明治廿六年八月二十五日淡水郡三芝庄ニ生ル 氏ノ嚴父ハ漢方醫ニシテ父ノ血ヲ受ケ總督府醫學校豫科本科ヲ通シテ共ニ優秀ナル成績ニテ卒業 後笈ヲ負フテ京都帝大醫學部醫科ニ內科ヲ研究スルコト二箇年 翌年再ヒ同校研究科ニ入リ 藥物學ヲ專攻 大正十一年同大ヨリ醫學博士ノ學位ヲ授與サル 大正十五年ヨリ昭和三年マテ在外研究員トシテ歐米各國ニ留學 歸朝後ハ醫專教授 昭和十二年臺北帝大教授ニ推擧サレ 本島人最初ノ勅任官トナレリ
【家庭】妻林氏雙隨トノ間ニ四男一女アリ

362 杜聰明擔任台北帝大醫學部教授名片
363 杜聰明的學經歷及家庭狀況介紹
資料來源：《台灣人士鑑》

362 | 363

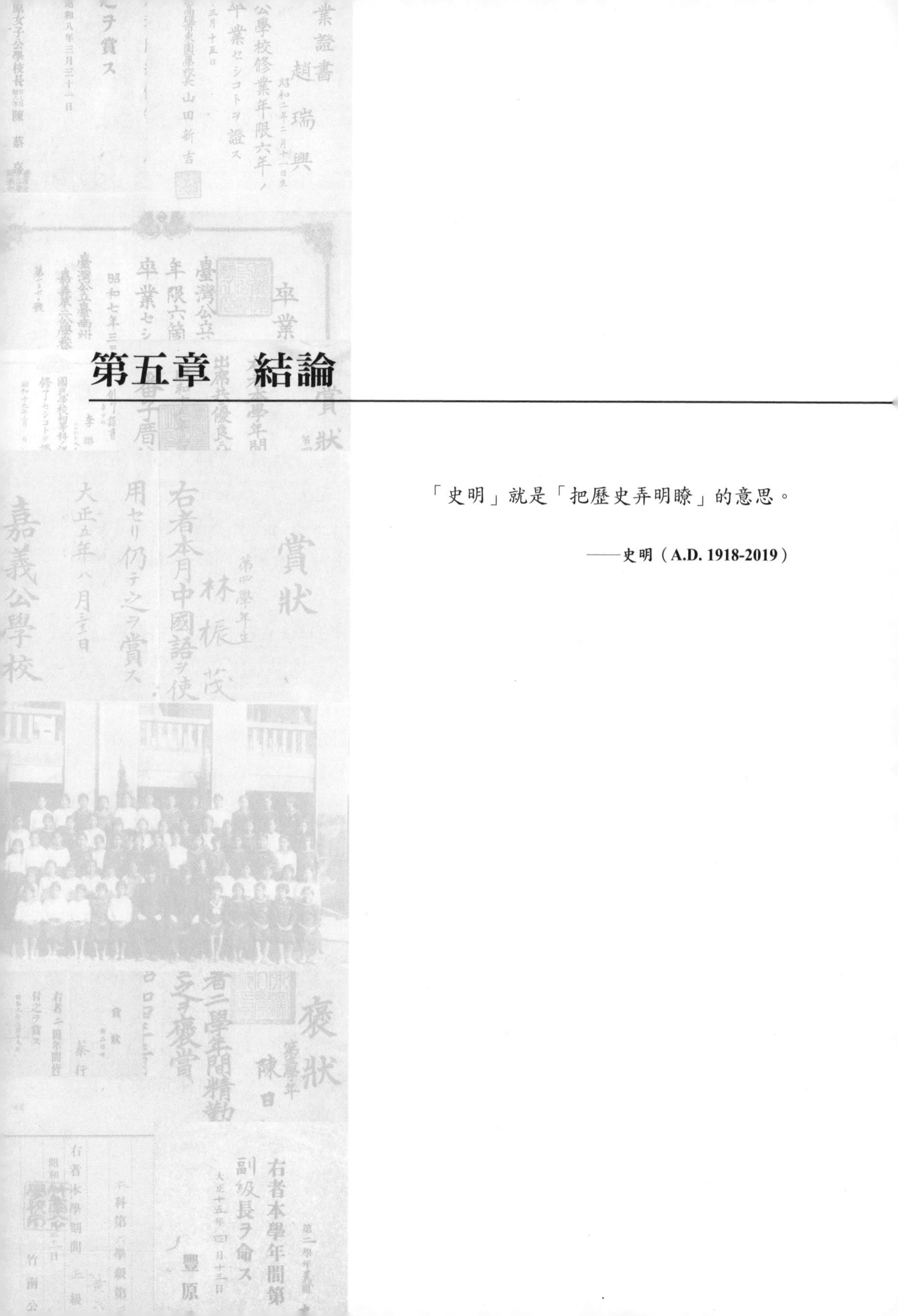

第五章　結論

「史明」就是「把歷史弄明瞭」的意思。

——史明（A.D. 1918-2019）

一、如何運用「內部考證」與「外部考證」辨別教育史料？

讀完本書後，各位讀者是否發現史料背後的故事真的很引人入勝？對史料的使用想更進一步探索？「透物見史」的關鍵倚重於一手教育史料的來源引用，但如何有效、正確的辨別正確資訊更是重要，當一般人取得一份史料，卻沒有落款或標註其他資訊時，無從得知其來龍去脈，亦不知如何詮釋，所以要如何瞭解「它」的真正身分，就必須透過史學界的「內部考證」與「外部考證」的考據方式來解開史料的身世之謎，以下茲就作者的經驗說明如下：

(一) 何謂「內部考證」與「外部考證」？

任何科學研究都會重視信度，在教育史料真偽辨別上也是一門大學問，所以對於歷史文獻的考據是不可或缺的程序，故以歷史研究法（historical research）的外部考證（external criticism）與內部考證（internal criticism）作為輔助查考史料的真偽性更顯重要。外部考證主要是確認資料的真偽或完整性；而內部考證則是對資料的內容進行檢證，以確定資料內容的可靠性。

外部考證其實就是考證資料的性質，以確定資料的真偽或完整性，需要注意的問題包括：史料的撰述人是誰？而史料撰述的時代、地點為何？接著史料的文體、內容、風格是否符合當代？最後史料所呈現的社會背景、日期是否屬該時代？

另外值得注意的是文獻很有可能因粗糙翻印及翻版導致錯誤，也就是說外部考證在處理文獻的偽造、經纂改的文獻、殘缺版本、剽竊、歪曲等問題。例如民國101年（2012）嘉義市政府出版的《嘉義市志・卷六・教育志(上)》介紹嘉義市大同國民小學（嘉義女子公學校）時提及：「大正8年1月1日改稱為嘉義市第二公學校，同時原嘉義公學校改稱嘉義第一公學校」。事實上這一段論述完全跟大同國民小學（嘉義女子公學校）毫無關係，可能是誤植或是翻版印刷錯誤，因為大同國民小學（嘉義女子公學校）校名從大正6年（1917）一直沿用到昭和5年（1930）才改名為白川公學校，並非在大正8年（1919）改稱嘉義市第二公學校。此外，依據昭和11年（1936）由嘉義市役所出版的《嘉義市改制五週年記念誌》乙書中記載嘉義街升格為嘉義市是在昭和5年（1930），所以大正8年（1919）仍僅為嘉義街而已，不可能出現「嘉義市」第二公學校之名，然日治時期的嘉義市第二公學校是指現今嘉義市民族國小，而非嘉義市大同國小。

再則，內部考證就是考證資料的內容，以確定資料內容的可靠性。因為在分析文獻的過程中往往會因為不瞭解文獻的言辭及意義，而導致無法正確的瞭解其真實意義。內部考證是為了避免作者的無知、偏見、感官失靈、文化差異及證據殘缺。以作者過去做研究時的錯誤經驗為例，作者曾訪談戰敗那一年服務於玉川國民學校（現今嘉義市崇文國小）歐識說：「我們嘉義女中的進去是當助教（教諭心得）。那時候還在戰爭所以人缺很多。」訪談內容中提到助教（教諭心得）乙詞，依據當時代用教師的用語為「助教」無誤，惟其後面括號中的「教諭心得」應為錯誤的書寫，「教諭心得」是大正7年（1918）至大正12年（1923）年對代用教師的稱呼，就算最接近的稱呼也應該是大正12年（1923）至昭和15年（1940）年的「教員心得」。故此段訪談內容的呈現有內部考證的瑕疵。

(二) 史料實例說明

1. 梶原龍先生是何許人也？

圖364，這張老照片中的梶原龍先生是何許人也？要如何辨別與考據呢？作者收到這張照片時有兩個原始資訊：一是照片中的落款「恩師梶原龍先生歡迎會, 2603, 2, 28」，2603是紀元2603年的意思，換算成昭和年份則為昭和18年（1943）2月28日。第二，照片來源是作者自嘉義地區一位退休國小老師手中取得（日治時期畢業於嘉義高等女學校）。作者先以外部考證的方式，先行查考相關文獻，在《臺灣總督府職員錄》查到昭和18年（1943）的嘉義高等女學校的校長就是梶原龍（圖365）。依據《臺灣總督府職員錄》記載他最早是在大正10年（1921）任職台南師範學校擔任助教授乙職，後來因制度更迭，又改以教諭職務持續任職於台南師範學校，直到昭和18年（1943）調任台南州州立嘉義高等女學校擔任校長乙職[1]，而照片中的2月28日亦有相關意涵，因為日治時期的各學校學制採三學期

[1] 參考台灣總督府編（1921，153頁）。台灣總督府職員錄。臺北：作者。「梶原龍（任府師範學校助教授）」（1921年04月01日），〈大正十年永久保存進退(判)第四卷之一〉，《台灣總督府檔案》，國史館臺灣文獻館，典藏號：00003204042。「梶原龍任台灣總督府師範學校教諭、官等、俸給、勤務」（1932年10月01日），〈昭和七年十月至十二月高等官進退原議〉，《台灣總督府檔案》，國史館臺灣文獻館，典藏號：00010072012。台灣總督府編（1943，229頁）。臺灣總督府職員錄。臺北：作者。「福山伯明外十一名」（1943年02月07日），〈臺灣總督府官報第號〉，《臺灣總督府府（官）報》，國史館臺灣文獻館，典藏號：0072030253a007。

○州立臺南第二高等女學校

學校長 段證外吉

教諭 田中寬

永谷忠

松本能一郎

北出勇太郎

妹尾セきゐ

○州立嘉義高等女學校

學校長 梶原龍

教諭 神田清信

本田四郎

末政昇

○州立虎尾高等女學校

學校長 角田桃太郎

教諭 高巢虎五郎

石丸新之

364 恩師梶原龍先生歡迎會老照片

365 昭和18年梶原龍任嘉義高女校長

資料來源：《台灣總督府及所屬官署職員錄》（昭和18年）

364
―
365

制，原則上，第一學期為4月至8月；第二學期為9月至12月；第三學期為翌年1月至3月。新任校長通常會在期末或期初至新學校報到，而原校的事務會委由校內資深的教頭先行代理，所以基本上這些資訊都與第一個訊息吻合。

接著採用內部考證的方式，針對老照片中為何書寫「恩師」梶原龍先生歡迎會進行瞭解，經由查考台灣總督府中關於梶原龍相關文獻後發現，各類的資料顯示那時候任職於台南州立嘉義高等女學校的部分老師，如瀧川一親、中東繁美等日籍教師均畢業於台南師範學校，曾受教於梶原龍校長[2]。從照片中亦可看出梶原龍稍有年紀（第一排正中間），他擔任嘉義高等女學校校長時已經51歲。

綜合照片中提供的兩個訊息，加上作者透過史料或文獻的外部考證及內部考證下，可以得知此張照片應該是昭和18年（1943）3月28日，梶原龍離開台南師範學校，榮升嘉義高等女學校的校長到職時的合影留念。

2. 簡易的辨別日治繪葉書入門

明信片的日文稱為「葉書」（はがき），而有圖像明信片稱為「繪葉書」（えはがき）。「繪」是「畫」或「繪畫」之意。「はがき」是從「はしがき」，也就是「端・書き」演變而來，原本是指寫在紙片上的備忘錄或紙片本身。明信片，一張既不折疊也不密封的紙片，正面具信封格式，背面相當於信箋，但內容公開，無隱私可言，故稱為「明信」。

在本書的第二章中有提到日治時期尚無彩色照相印刷技術，所以當時印刷術採用珂羅版技術（collotype）：它是一種平版印刷技術，以珂羅版印刷的明信片有連續調、無網點的特色，能清晰轉印照片和繪畫，但因製作繁瑣，成本較高。加上需多用厚磨沙玻璃作為版基，塗佈明膠和重鉻酸鹽溶液，製成感光膜，用陰圖底片敷在膠膜上曝光，製成印版（日人稱はりばん），所以坊間又稱這種方式是「玻璃版印刷」，此印刷技術分別在太陽能上曝光與底片密接印製，再經水洗把未曝光的感光液洗掉，玻璃版留下固化的凹版影像，再利用油水分離原理，印

---

[2] 參考「梶原龍（任府師範學校助教授）」（1921年04月01日），〈大正十年永久保存進退(判)第四卷之一〉，《台灣總督府檔案》，國史館臺灣文獻館，典藏號：00003204042。

366 台灣鎮定繪葉書－真品
367 台灣鎮定繪葉書－復刻品

染互補色三原色印墨[3]，製成天然彩色印刷品。所以日治時期的現存很多彩色繪葉書就是利用這原理，先從黑白照片上彩顏色，再分別照相製版、印製成彩色繪葉書，時常可以看到未套準的、奇異的色澤等，這都是手工製成的原因所導致的。

而這樣的印刷技術就成了辨別當時繪葉書的最基本入門，當繪葉書在經高解析度的拍照或掃描後，近看可以看出表面上不可能是光滑面，而是看起來霧霧的馬賽克網點構成（圖366），還可以發現復刻版繪葉書顏色明顯比較暗沉（圖367），廣義來講這樣的檢測方式亦是內部考證，而這就是最簡易的辨別日治時期繪葉書的入門技巧。

3　三原色B、G、R分別為，紅色(R)，綠色(G)，藍色(B)。

二、小結

本章開頭引用的經典名言出自於史學家史明，史明（1918－2019），本名施朝暉，是台灣的革命家、政治人物、作家、歷史學者。史明在去年（2019）9月20日病逝，享年102歲，他的著作之一《台灣人四百年史》，主張建構台灣人史觀的理念，亦強調該書是基於台灣人的立場和觀點撰寫的台灣史書，這樣的信念深深地影響作者，就如同他說過的：我的名字叫「史明」，「史明」就是「把歷史弄明瞭」的意思。所以台灣的歷史要回歸本質，需要台灣人自己去深究思辨。在作者的成長年代中，歷史知識的學習幾乎都圍繞在以中國霸權為核心的範疇，台灣史在教科書中僅是冰山一角，甚至坊間的台灣史叢書也是寥寥可數，直到民國76年（1987）宣布解嚴、民國80年（1991）國民大會全面改選，緊接著民國81年（1992）立法院也全面改選、民國85年（1996）首次總統直選，臺灣人的民主終於開花結果，又民國89年（2000）首次實現政黨輪替，結束國民黨對台灣長達55年的執政，台灣歷史才開始嶄露頭角、撥雲見日，而關於台灣本身的歷史叢書也如雨後春筍般出版，百家爭鳴，「真實的歷史」逐漸拼湊成型，甚至可拿到學術殿堂被廣泛討論。

由於台灣曾是一個外國殖民色彩極度濃厚的島嶼，從清領時期，至荷蘭、西班牙分據乃至日本殖民，展現無比的包容，而這些包容的背後都是我們台灣囝仔一步一腳印所走出來，國內、外有不少研究台灣史的學者，其著作與研究都相當研精闡微，但因國內的學者書寫的方式過於學術化，普羅大眾難以消化閱讀，一般想瞭解的民眾或學生不得其門而入。所以作者呼應第一章中提到「台灣人應知台灣事」的初衷，希望可以用淺顯易讀的文字，秉持「透物見史」的信念來撰寫一本圖文並茂的台灣教育史讀物，讓讀者可以跳脫抽象文字的框架，透過史料的影像或圖片結合文字，展現台灣教育史的生命力與原始風貌，感受身歷其境的氛圍與透物見史的意象，此書的撰寫動機便是植基於此。

三、拋磚引玉與展望

目前國內關於介紹日治時期台灣教育史的專書，尚無一本廣泛介紹各級學制的專書，加上市面上日治時期台灣教育史專書的編寫，大多是由多篇論文在各時間序（年代）下描繪出大致的架構後再集結成書；或是獨立探討的各級學制文章再七拼八湊而成，而作者秉持著前述的撰寫動機與信念，這本結合史料探討日治時期教育史的圖文入門書於焉誕生。而本書以第二次《台灣教育令》學制為骨架做基礎，使用條列議題的方式搭配數百張一手文史資料（證書、照片、文物、文獻或圖片），進行教育歷史事件的介紹或史實澄清；透過一手的文史資料，傳承並推廣這些鮮為人知的台灣教育史知識，讓更多台灣囝仔可以鑑往知來；作者以輕鬆但不失專業的角度，以「透物見史」的寫作模式，重新闡述日治時期的台灣教育史，經由瞭解過往的歷史沿革與生活軌跡，讓台灣囝仔重新認識這塊土地的過往。

請讀者們回顧一下您的童年時光中，是否曾有這麼一幕：阿公、阿嬤或阿祖們搬個小板凳坐在門前，暢談著日治時期的過往，帶著深深的感觸、濃濃的眷戀與滿滿的回憶，即使講個三天三夜也講不完。作者回憶過去阿公還在世時，每次回到鄉下，總會忍不住像個孩子般纏著阿公，請他講日本時代的故事給我聽。最令我印象深刻的片段，是阿公上公學校的各項軼聞趣事跟幫日本人製作飛機引擎免去兵役的事蹟。還記得阿公曾說：他以前最喜歡去公學校念書，因為日籍老師會煮綠豆湯給他喝，還會免費幫他補習，那時候天天都很開心（圖368）。後來公學校畢業後沒有繼續升學，所以到了台灣人開的工廠學車子引擎的製作，靠著天分與努力，晉升成為一個小主管。後來進入戰爭時期，他工作的工廠被日本海軍接管，負責製造飛機的引擎與彈殼，那時候阿公領到「紅單」後，原本準備被徵調入伍準備出征，誰知道工廠的日籍老闆馬上跟上級單位反映，不能徵調阿公入伍，因為阿公若入伍，他所負責的技術品管無人接管，整個產線也會停擺，作戰需要的飛機引擎與子彈就會無法生產，就這樣阿公憑藉著一身技能幸運的躲過一劫。這些故事其實都是大時代下的小小縮影，若順著紋理繼續追根究柢，一定可以挖掘出更多寶貴的歷史回憶，值得記載在書本，因為這都是日治時期台灣人的切

368 後排左三者為阿公公學校小時候的照片

身故事與珍貴史跡，但隨著阿公的離世，那些隱身於故事後的珍貴歷史也跟著煙消雲散，十分可惜。

阿公離開後，每當作者思念他時，總會拿出他年輕時的老照片及公學校賞狀等文物反覆賞玩，睹物思人，這才漸漸領悟：原來「透物見史」需要透過瞭解整個脈絡及史實的印證，才能把記憶中的故事表達並記載下來。而作者就是以這樣的信念與態度去實踐「透物見史」的精神；書寫這本書的這段期間，作者秉持著已故台大校長傅斯年所說的「上窮碧落下黃泉，動手動腳找東西」之研究精神，把重要可用的相關史料，盡最大能力將它們「齊聚一堂」，並經過縝密分類、系統化整理與多元論述說明後，用透物見史的方式，讓圖、物的史料經過作者的文字表述後，展現它獨有的歷史意義，再輔以已出版的口述歷史叢書，將許多過往一手史料中無法解釋的疑雲逐一澄清！這本蒐集珍貴史料、還原日治時代圖像的教育拙作，值得大家細心品味閱讀，一窺當年台灣囝仔的教育圖像。也希冀日後的先進或後輩在拙作的基礎上，更上一層樓，讓這些屬於台灣囝仔的教育史回憶，得以在廣度與深度上繼續延伸與「發聲」。

參考資料

網路資料庫工具書

台灣大百科全書資料庫系統
台灣日日新報系統
台灣總督府府（官）報系統
台灣總督府檔案系統
台灣總督府職員錄系統
國家文化資料庫
漢文台灣日日新報系統
維基百科

日文書籍及期刊

三屋恕（1907）。學校管理法。台灣教育，59，3-9。
大園市藏（1935）。台灣始政四十年史。台北市：日本植民地批判社。
小林正一（1936）。大橋公學校創立十周年記念誌。台北市：台北市大橋公學校。
小野正雄（1933）。台北第三高等女學校創立滿三十年記念誌。台北市：台北第三高等女學校同窗會學友會。
川安市、井上德彌（1923）。台灣教育令關係法規輯覽。出版地不詳：出版單位不詳。
中國社會科學院台灣史研究中心（2019）。日據時期台灣殖民地史學研究。台北市：崧燁文化。
斗南專修學校（1945）。斗南專修學校第二回卒業記念寫真帖。台南州：作者。
加藤尚志（1899）。台灣の衛生。台灣協會會報，10，1-23。
台中州立台中工業學校（1942）。台中州立台中工業學校一覽。出版單位不詳：作者。
台中商業專修學校（1943）。台中商業專修學校第六回卒業記念寫真帖。台中州：作者。
台北市役所（1939）。台北市概況・昭和十四年版。台北市：台北市役所。
台北市役所（1940）。台北市概況・昭和十五年版。台北市：台北市役所。
台北市役所社會課（1941）。台北市出征軍人後援會誌。台北市：作者。
台北州立宜蘭農林學校（1939）。台北州立宜蘭農林學校一覽表。出版單位不詳：作者。
台北州立宜蘭農林學校編（1935）。宜蘭農林學校第五回卒業紀念冊。台北州：作者。

台北州立宜蘭農林學校編（1938）。台北州立宜蘭農林學校寄宿舍要覽。台北州：作者。
台北帝國大學（1928）。台北帝國大學一覽。台北市：作者。
台北帝國大學（1944）。台北帝國大學一覽。台北市：作者。
台北帝國大學附屬醫學專門部（1938）。台北帝國大學附屬醫學專門部第二回卒業寫真帖。台北州：作者。
台北高等商業學校（1936）。台灣總督府台北高等商業學校第十五回卒業寫真帖。台北州：作者。
台北高等商業學校（1939）。台北高等商業學校一覽。台北市：作者。
台北高等農林學校（1928）。台北高農林學科第一回卒業記念寫真帖。台北州：作者。
台南州立嘉義農林學校（1938）。台南州立嘉義農林學校一覽表。出版地不詳：作者。
台南州立嘉義農林學校校友會（1938）。瑞穗第拾參號。台南市：作者。
台南第一高等女學校（1939）。台南州立台南第一高等女學校第十三屆卒業紀念寫真帖。台南州：作者。
台灣地方自治協會（1936）。台北州農業傳習所。台灣地方行政，2(1)，120-125。
台灣地方自治協會（1936）。農業國民學校嘉南塾。台灣地方行政，2(2)，62-64。
台灣教育會（1944）。青年錬成關係法規定。出版地不詳：作者。
台灣教育研究會（1940）。台灣學事年鑑。台北市：作者。
台灣教育會（1913）。台灣學事法規。台北：台灣教育會。
台灣教育會（1917）。台灣學事法規。台北：台灣教育會。
台灣教育會（1929）。台灣學事法規。台北：帝國地方行政學會。嘉義市役所（1936）。嘉義市制五週年記念。嘉義：作者。
台灣教育會（1939）。台灣教育沿革誌。台北：作者。
台灣教育會（1943）。台灣學事法規(昭和十八年)。台北：帝國地方行政學會。
台灣教育會（1943）。台灣學事法規。台北：帝國地方行政學會發行。
台灣新民報社編（1937）。台灣人士鑑。台北：作者。
台灣新民報編（1937）。台灣人士鑑。台北：台灣新民報。
台灣農林新聞社（1939）。玉里に熱帶農業塾創設・四月一日より開塾。台灣農林新聞，37，15。
台灣總督府文教局（1932）。台灣の教育。出版地不詳：作者。
台灣總督府文教局（1941）。台灣の教育。出版地不詳：作者。
台灣總督府文教局（1944）。台灣學事一覽。台灣總督府文教局：出版地不詳。
台灣總督府文教局學務課（1939）。國民精神總動員・輝く日の丸 特輯号。出版地不詳：作者。
台灣總督府台中師範學校（1940）。台灣總督府台中師範學校一覽表。出版地不詳：作者。
台灣總督府史料編纂委員會（1924）。台灣樟腦專賣志。作者：出版地不詳。
台灣總督府屏東師範學校（1942）。台灣總督府屏東師範學校一覽表。出版地不詳：作者。
台灣總督府編（1938）。加除自在台灣法令輯覽。台北市：帝國地方行政學會。
台灣總督府醫學校（1924）。台灣總督府醫學校一覽。出版地不詳：作者。
台灣總督府警察本署（1918）。理蕃誌稿。作者：出版地不詳。
吉野秀公（1927）。台灣教育史。台北：台灣日日新報社。
竹村豐俊編（1933）。台灣體育史。台北：台灣體育協會。

佐藤源治（1943）。台灣教育の進展。台北：台灣出版文化株式會社。
作者不詳（1931）。私立台北女子高等學院學則。台灣教育，344，1-8。
作者不詳（1935）。昭和九年度・台灣教員試驗檢定問題。台灣教育，393，136-146。
作者不詳（1935）。台灣教員試驗檢定問題。台灣教育，400，149-159。
作者不詳（1941）。國民學校令に新たに養護訓導加へらる。台灣學校衛生會，13，75-76。
作者不詳（1945）。台北女子高等學院訪問記。台灣婦人界，5，136－138。
杜聰明、黃文(1935)。木瓜葉有効成分カルパイン」ノ肺ヂストマ患者四例ニ於ケル實驗治療。台灣總督府中央研究所衛生部：出版地不詳。
林進發（1934）。台灣官紳年鑑。台北：民眾公論社。
河合讓（1936）。高雄商業學校諸規程。出版地不詳：高雄州立高雄商業學校。
原幹次郎（1931）。自治制度改正十周年紀念人物志。台北：勤勞と富源社。
原幹洲編（1936）。南進日本之第一線に起つ－新台灣之人物。台北：拓務評論
國民精神總動員新竹州支部（1938）。時局美談集(第一輯)。出版地不詳：作者。
國民精神總動員新竹州支部（1939）。時局美談集(第二輯)。出版地不詳：作者。
堀野竹松（1929）。台北第一高等女學校創立廿五周年記念。台北市：台北第一高等女學校校友會、台北第一高等女學校同窗會。
森岡ゆかり（2001）。台北帝國大學最初の女性卒業生中井政壽（舊姓大森）中心に。中日文化，20，239-241。
絹川健吉（1914）。瓜石鑛山寫真帖。基隆：絹川寫真館。
鈴木實（1938）。第九回明治神宮體育大會參加雜觀。台灣婦人界，5(1)，62-68。
嘉義中學校（1940）。嘉義中學校第十二回卒業記念寫真帖。台南州：作者。
嘉義中學校（1942）。嘉義中學校第十四回業記念寫真帖。台南州：作者。
嘉義高等女學校（1937）。台南州立嘉義高等女學校第十二屆卒業紀念寫真帖。台南州：作者。
嘉義農林學校（1933）。嘉義農林學校第十回卒業記念寫真帖。台南州：作者。
嘉義農林學校（1936）。嘉義農林學校第十三回卒業記念寫真帖。台南州：作者。
嘉義農林學校（1938）。嘉義農林學校第十五回卒業記念寫真帖。台南州：作者。
嘉義農林學校（1940）。嘉義農林學校第十七回卒業記念寫真帖。台南州：作者。
嘉義農林學校（1942）。嘉義農林學校第二十回卒業記念寫真帖。台南州：作者。
嘉義農林學校（1943）。嘉義農林學校第二十一回卒業記念寫真帖。台南州：作者。
福田廣次（1937）。現在之台灣。台北市：台灣實業興信社台灣支社。

中文書籍及期刊

大雅老仙ㄟ（2015）。日治時期台灣人只能學醫？藝文櫥窗，235，12-16。
台灣省諮議會（2005）。台灣參議會、臨時省議會暨省議會時期史料彙編計畫：蔡鴻文先生史料彙編（上）。台中市：作者。
朱玲瑤（2013）。來自嘉義農校青年的故事：從老照片來看1930-1960年代的文化、教育與糖。美育雙

月刊，194，78-89。
行政院主計處編印（1983）。中華民國教育程度之定義及標準分類。台北市：行政院主計處。
西螺鄉公所編印（2015）。新修西螺鎮志・第12篇專案文稿與史料。雲林縣：作者。
何姿香（2010）。從茶箍到雪文——日治時期台灣肥皂之研究。國立中央大學歷史研究所碩士在職專班碩士論文，未出版，桃園。
何義麟、簡宏逸（2013）。圖說台北師範校史。台北市：五南。
吳文星（1983）。日據時期台灣師範教育之研究（專刊8）。台北：國立台灣師範大學歷史研究所。
李佳卉（2011）。日治時期台灣「污物」處理之研究。未出版之碩士論文，國立台灣師範大學台灣史研究所，台北。
李明仁主編（2008）。嘉大口述歷史——日治時代。嘉義：嘉義大學台灣文化研究中心。
李欽賢（2013）。宜蘭鐵道物語1924文化列車首航。台北：五南。
杜淑純口述；曾秋美、尤美琪訪問整理（2005）。杜聰明與我——杜淑純女士訪談錄。台北市：國史館。
周婉窈（2018）。台北帝國大學南洋史學講座・專攻及其戰後遺緒（1928-1960）。台大歷史學報，61，17-95。
林柏維（1996）。台中市珍貴古老照片專輯（第二集）。台中市：台中市立文化中心。
林詠梅譯（2000）。日本統治下台灣的學校教育：其發展及有關文化之歷史分析與探討。（原作者：林茂生）。台北：新自然主義。
津田勤子（2018）。菁英、文藝與戰爭：由舊制台北高等學校傳閱雜誌《雲葉》與《杏》看菁英學生的精神樣貌。台北市：台灣師大出版社。
洪郁如（2016）。台北女子高等學院。台灣學通訊，94，18-19。
胡兆華（2007）。中興憶往：口述歷史：校史補遺（農學院部分）。興大校友，17，37-40。
范燕秋（2016）。日治時期台灣實業教育的發展。台灣學通訊，95，4-7。
徐聖凱（2009）。日治時期台北高等學校之研究。國立台灣師範大學台灣史研究所碩士論文，未出版，台北。
浦忠成（2005）。日治時期對於原住民的教化及其影響。當代教育研究，13(4)，1-32。
翁鴻山主編（2013）。台灣化工史第五篇：台灣化工教育史。台北市：台灣化學工程學會、台灣化工史編輯小組編印。
高克武、孟峻瑋（2010）。嘉農棒球隊的台東阿美族球員——林清嵐先生訪談錄。競技運動，12(2)，62-73。
高淑媛（2011）。成功的基礎：成大的台南高等工業學校時期。台南：國立成功大學圖書館。
張厚基編（1991）。長榮中學百年史（西元1885年～1985年）。台南市：台南市私立長榮高級中學。
張素玢（1924）。濁水溪三百年：歷史、社會、環境。台北市：衛城。
張淑媚、蔡元隆、黃雅芳（2013）。「矛」與「盾」的衝突：論日治時期初等學校台籍教師「隱性抗議」之意涵及其在台灣教育史上的啟示。中等教育季刊，61-77。
張淑媚、蔡元隆、黃雅芳（2014）。圖解台灣教育史。台北：五南。
郭婷玉譯（2019）。殖民地台灣之青年團與地域變貌（1910-1945）。（原作者：宮崎聖子）。台北市：國立台灣大學出版中心。

陳羿戎、林玫君（2015）。「光榮犧牲」的省思：1939年嘉義高女水難事件之議論。體育學報，48(3)，323-343。
陳瑛珣（2014）。開化意識下的日治時期台灣女子教育政策——以彰化高女為例。藝術與文化論衡，4，91-107。
彭威翔（2019）。太陽旗下的制服學生。台北：左岸文化出版社。
曾郁晴（2015）。日治時期台灣武道教育的傳承。國立台灣師範大學歷史系碩士論文，未出版，台北。
雲林縣水林國民學校（1945）。水林國民學校教員履歷表（光復前）。雲林：未出版手稿。
楊允言、許天維（2015）。中師故事01：台中師範學校第一任校長是誰？圖書館館訊，87，23-25。
楊麗祝（2016）。實業學校學生生活圖象。台灣學通訊，95，28。
嘉義市崇文國民小學（1999）。崇文一世紀誌・百週年校慶特刊。嘉義市：作者。
嘉義市崇文國民小學（2008）。玉川心・崇文情——一百一十週年校史特輯。嘉義
嘉義縣興中國民小學（2015）。興中百年校史紀錄。嘉義：作者。
褚晴暉（2014）。南國首工拾年紀：成大首任校長若槻道隆珍藏相片目錄。台南：國立成功大學圖書館。
歐素瑛（2019）。日治時期南洋人才的培育。台灣學通訊，99，12-14。
蔡元隆（2008）。日治時期嘉義市公學校的思想掌控及學校生活之研究。國立嘉義大學國民教育研究所碩士論文，未出版，嘉義。
蔡元隆（2014）。勇闖甲子園的台灣傳奇——嘉農棒球隊。台灣圖書室季刊，創刊號，4-6。
蔡元隆、朱啟華（2010）。日治時期臺灣初等學校課後補習經驗初探。嘉大教育研究學刊，25，95-117。
蔡元隆、朱啟華（2019）。桃園市觀音區教育的推手——鄭來進校長史料簡介與考證。桃園文獻，7，81-93。
蔡元隆、侯相如（2008）。初探日治時期（1939-1945年）公學校台籍教師的隱性抗議——從薪俸制度的差別待遇談起。人文研究期刊，4，75-94。
蔡元隆、侯相如（2008）。嘉義市崇文國民小學（百年）播音台年代之澄清。嘉市文教，71，102-104。
蔡元隆、張淑媚、黃雅芳（2013）。日治時期台灣的初等教育：校園生活、補習文化、體罰、校園欺凌及抗拒殖民形式。台北：五南。
蔡元隆、黃雅芳（2013）。日治時期嘉義市玉川公學校（崇文國小）校園內「時鐘塔」的功用及其歷史意涵探討。嘉市文教，80，66-69。
蔡元隆、黃雅芳（2017）。走出閨房上學堂——日治時期台灣雲嘉地區的女子教育與社會事業圖像。台北，秀威。
蔡蕙頻（2013）。好美麗株式會社：趣談日治時代粉領族。台北市，貓頭鷹。
鄭三郎總編輯（1993）。嘉農口述歷史。嘉義：國立嘉義農業專科學校校友會。
鄭淑蓮（2009）。日治初期台灣醫師養成教育之研究——以劉榮春為例。弘光人文社會學報，11，15-34。
鄭麗玲、楊麗祝（2011）。台北工業生的回憶（二）。台北：台北科技大學。
謝佩錦（2005）。日治時期台灣公學校教師之研究。國立新竹教育大學社會科教育學研究所碩士論文，未出版，新竹。
謝明如（2011）。台北高等商業學校與「南支南洋」研究。台灣學，51，12。
蘇曉倩（2004）。身體與教育--以日治時期台灣實業學校的身體規訓為例（1919-1945）。國立暨南國

際大學歷史系碩士論文，未出版，南投。

網路資料

三叔公黑白想黑白講（2014年4月25日）。台灣四百年歷史辛酸錄(25)附錄2水利(1)：濁水溪與林先生廟。2019年11月9日，檢索自http://5rams.blogspot.com/2014/04/25-21.html

王崇禮（日期不詳）。日治時期的台灣醫學教育。2019年12月3日，檢索自http://mmh.mc.ntu.edu.tw/document5_3_2.html

曾韋禎（2014年11月17日）。官三代？柯文哲祖父只是小學教師。2018年2月5日，檢索自http://news.ltn.com.tw/news/politics/breakingnews/1159121

作者不詳（2019）。台灣縱貫鉄道の建設。2019年12月3日，檢索自http://ktymtskz.my.coocan.jp/agia/taiwan.htm

徐國章（2018年6月29日）。台灣日治時期西醫人才的搖籃——台灣總督府醫學校及其變遷。2019年10月2日，檢索自https://www.th.gov.tw/epaper/site/page/171/2454

國立台灣師範大學數位校史館（2009）。台北高等學校（1922-1949）。2019年11月30日檢索自http://archives.lib.ntnu.edu.tw/exhibitions/Taihoku/alumni.jsp

黃雅芳、蔡元隆（2019年9月3日）。校史教育的再思考：以嘉義市二所小學日治時期校史錯載的勘正與澄清為例。全國教師在職進資訊網教師專業發展電子報，32。2019年6月24日，檢索自https://www1.inservice.edu.tw/EPaper/ep2/indexView.aspx?EID=854

楊渡（2018年7月17日）。想暗殺袁世凱的台灣學生：《有溫度的台灣史》選摘(2)。2019年11月4日，檢索自https://www.storm.mg/article/458039

廖述英（2018年2月15日）。【杜英專欄】台北帝大總共收過多少個女學生？。2019年11月9日，檢索自http://taihokuimperialuniversity.blogspot.com/2018/02/blog-post.htm

廖述英（2018年2月16日）。【杜英專欄】台北帝大豫科究竟在哪裏？。2019年11月9日，檢索自http://taihokuimperialuniversity.blogspot.com/2018/02/blog-post_87.html

廖述英（2018年2月16日）。【杜英專欄】圖說大森政壽（おおもりまさじゅ）在台北帝大的日子。2019年11月9日，檢索自http://taihokuimperialuniversity.blogspot.com/2018/02/blog-post_34.html

蔡元隆、黃雅芳、前島愛希（2011）。找回失落的文化描繪：日治時期嘉義初等學校中青少年團的口述歷史。網路社會學通訊，94。2019年11月23日，檢索自http://www.nhu.edu.tw/~society/e-j/94/a45.htm

附錄

<table>
<tr><td>初等教育[1]</td><td colspan="4">公學校（初等科、高等科）、小學校（尋常小學校、尋高等小學校）、蕃人公學校、蕃童教育所、國民學校（昭和16年，公學校、小學校、蕃人公學校合併之）</td></tr>
<tr><td rowspan="22">中等教育[2]</td><td rowspan="16">一般教育</td><td rowspan="7">中等學校</td><td>台北州</td><td>台北第一中學、台北第二中學、台北第三中學、台北第四中學、宜蘭中學、基隆中學</td></tr>
<tr><td>新竹州</td><td>新竹中學</td></tr>
<tr><td>台中州</td><td>台中第一中學、台中第二中學、彰化中學</td></tr>
<tr><td>台南州</td><td>台南第一中學、台南第二中學、嘉義中學</td></tr>
<tr><td>高雄州</td><td>高雄中學、屏東中學</td></tr>
<tr><td>花蓮港廳</td><td>花蓮港中學</td></tr>
<tr><td>台東廳</td><td>台東中學</td></tr>
<tr><td rowspan="9">高等女學校</td><td>台北州</td><td>台北第一高女、台北第二高女、台北第三高女、台北第四高女、基隆高女、蘭陽高女</td></tr>
<tr><td>新竹州</td><td>新竹高女</td></tr>
<tr><td>台中州</td><td>台中第一高女、台中第二高女、彰化高女</td></tr>
<tr><td>台南州</td><td>虎尾高女、嘉義高女、台南第一高女、台南第二高女</td></tr>
<tr><td>高雄州</td><td>高雄第一高女、高雄第二高女、屏東高女</td></tr>
<tr><td>花蓮港廳</td><td>花蓮港高女</td></tr>
<tr><td>台東廳</td><td>台東高女</td></tr>
<tr><td>澎湖廳</td><td>馬公高女</td></tr>
<tr><td rowspan="6">職業教育</td><td rowspan="6">實業學校</td><td>台北州</td><td>台北商業學校、台北第二商業學校、台北工業學校、基隆水產學校、宜蘭農林學校</td></tr>
<tr><td>新竹州</td><td>新竹商業學校、新竹農業學校、新竹工業學校、桃園農業學校</td></tr>
<tr><td>台中州</td><td>台中商業學校、台中工業學校、台中農業學校、員林農業學校、彰化商業學校、彰化工業學校</td></tr>
<tr><td>台南州</td><td>嘉義農林學校、嘉義商業學校、嘉義工業學校、台南農業學校、台南工業學校</td></tr>
<tr><td>高雄州</td><td>高雄工業學校、高雄商業學校、屏東農業學校</td></tr>
<tr><td>花蓮港廳</td><td>花蓮港工業學校、花蓮港農林學校</td></tr>
</table>

1 因初等教育學制的學校繁多，全台的公學校、小學校、蕃人公學校及蕃童教育所等數量約近一千一百多所，故不贅述，若要查詢相關日治時期初等教育校名，請讀者至中央研究院臺灣史研究所「台灣總督府職員錄系統」查詢。

2 中等學校中的實業補習學校，因日治後期配合國家政策的需要，所以校名更動頻繁，或被併校，或被裁撤，而表格中的校名則是依據昭和16年（1941）至昭和19年（1944）間的名稱作為主要校名記載。

		實業補習學校	台北州	金山農業專修學校、木柵農業專修學校、鷺洲農業專修學校、台北商工專修學校、台北家政女學校、新莊農民學校、台北州農業傳習所
			新竹州	新竹家政女學校、苗栗農業實踐女學校、苗栗實修農業學校、桃園家政女學校、中壢實修農業學校、中壢家政女學校、南崁農業專修學校、龍潭農業專修學校、關西實踐農林學校、大湖農蠶專修學校、公館農業專修學校、後龍農業專修學校、楊梅農業專修學校、湖口農業專修學校、苑裡農業專修學校、新竹農業傳習所
			台中州	實踐農業學校大地館、台中商業實踐女學校、豐原農業實踐女學校、員林家政女學校、員林實踐農業學校、大甲實踐農業學校、大甲農業實踐學校、北斗實踐農業學校、北斗家政女學校、彰化商業專修學校、彰化工科學校、彰化實踐農業學校、彰化商業實踐女學校、埔里女子農業實踐學校、后里實踐農業學校、草屯實踐農業家政學校
			台南州	台南專修工業學校、台南商業專修學校、台南家政女學校、嘉義商業專修學校、嘉義專修工業學校、嘉義商業實踐女學校、嘉義郡專修農業學校、新化農業專修學校、新化家政女學校、曾文農業女學校、曾文專修農業學校、新營專修農業學校、新營農業實踐女學校、柳營農業補習學校、歸仁農業補習學校、北門家政女學校、北門國民農學校、玉井專修農業學校、東石農業實修學校、東石實踐女學校、水上農業補習學校、北港專修農業學校、北港家政女學校、斗六家政女學校、斗南專修農業學校、臺南州嘉南塾(農業國民學校嘉南塾)、虎尾專修農業學校、虎尾家政女學校、西螺農業專修學校、安平水產專修學校
			高雄州	高雄商工專修學校、高雄淑德女學校、屏東實踐商業學校、屏東農業專修學校、屏東農業補習學校、屏東實踐女學校、岡山農業專修學校、鳳山農業專修學校、旗山家政女學校、旗山實踐農民學校、內埔皇國農民學校、東港農業專修學校、萬丹農業補習學校、佳冬農業專修學校、潮州農業實踐女學校、東港水產補習學校、
			花蓮港廳	花蓮港專修農學校、花蓮港家政女學校、花蓮港工業專修學校、玉里國民學校熱帶農業塾
			台東廳	台東家政女學校、東農業補習學校
			澎湖廳	馬公水產補習學校
師範教育	師範學校	國語學校、台北第一師範學校、台北第二師範學校、新竹師範學校、台中師範學校、台南師範學校、屏東師範學校		
	青年師範學校	彰化青年師範學校		
高等教育	高等學校	台北高等學校		
	專門學校	台北醫學專門學校、台北經濟專門學校、台中農林專門學校、台南工業專門學校、私立臺北女子專門學校		
	大學	台北帝國大學、台北帝國大學預科、台北帝國大學附屬醫學專門學校		

其他教育	盲啞學校（台北盲啞學校、台南盲啞學校）、教會學校（淡水中學校、淡水高女、長榮中學校、長榮高女）、私立中學校（台北中學校、静修高女、苗栗中學園、國民中學校）、私立實業學校（開南工業學校、開南商業學校）、私立專修學校（基隆商業專修學校、修德實踐女學校、吉見技藝女子實踐學校、淡水商業實踐女學校、台中工業專修學校、台中商業專修學校、豐原商業專修學校、和敬商業實踐女學校、台灣商業學院、南鵬商業補習學校）、私立台北神學校

資料來源：作者整理自《台灣日日新報》、《台灣學事一覽》、台灣總督府府（官）報系統、台灣總督府檔案系統、維基百科及日治時期各級學校一覽表

史地傳記類　PC0882　讀歷史110

讀冊真趣味

——從懷舊老物件看日治時期台灣教育

作　　者 / 蔡元隆、黃雅芳
責任編輯 / 鄭伊庭
圖文排版 / 周怡辰、楊家齊
封面設計 / 劉肇昇

發 行 人 / 宋政坤
法律顧問 / 毛國樑　律師
出版發行 / 秀威資訊科技股份有限公司
114台北市內湖區瑞光路76巷65號1樓
電話：+886-2-2796-3638　傳真：+886-2-2796-1377
http://www.showwe.com.tw
劃撥帳號 / 19563868　戶名：秀威資訊科技股份有限公司
讀者服務信箱：service@showwe.com.tw
展售門市 / 國家書店（松江門市）
104台北市中山區松江路209號1樓
電話：+886-2-2518-0207　傳真：+886-2-2518-0778
網路訂購 / 秀威網路書店：http://www.bodbooks.com.tw
國家網路書店：http://www.govbooks.com.tw

2020年7月　BOD一版
定價：450元

國家圖書館出版品預行編目

讀冊真趣味：從懷舊老物件看日治時期台灣教育 /
蔡元隆, 黃雅芳著. -- 一版. -- 台北市：秀威資訊
科技, 2020.07
面； 公分. -- (史地傳記類)
BOD版
ISBN 978-986-326-814-7(平裝)

1.台灣教育 2.教育史 3.日據時期

520.933 109006434

讀者回函卡

感謝您購買本書，為提升服務品質，請填妥以下資料，將讀者回函卡直接寄回或傳真本公司，收到您的寶貴意見後，我們會收藏記錄及檢討，謝謝！如您需要了解本公司最新出版書目、購書優惠或企劃活動，歡迎您上網查詢或下載相關資料：http:// www.showwe.com.tw

您購買的書名：________________________________

出生日期：________年________月________日

學歷：□高中（含）以下　□大專　□研究所（含）以上

職業：□製造業　□金融業　□資訊業　□軍警　□傳播業　□自由業
　　　□服務業　□公務員　□教職　□學生　□家管　□其它____

購書地點：□網路書店　□實體書店　□書展　□郵購　□贈閱　□其他

您從何得知本書的消息？

□網路書店　□實體書店　□網路搜尋　□電子報　□書訊　□雜誌
□傳播媒體　□親友推薦　□網站推薦　□部落格　□其他________

您對本書的評價：（請填代號　1.非常滿意　2.滿意　3.尚可　4.再改進）

封面設計____　版面編排____　內容____　文／譯筆____　價格____

讀完書後您覺得：

□很有收穫　□有收穫　□收穫不多　□沒收穫

對我們的建議：________________________________

____

____

____

請貼
郵票

11466
台北市內湖區瑞光路 76 巷 65 號 1 樓
秀威資訊科技股份有限公司 收
BOD 數位出版事業部

（請沿線對折寄回，謝謝！）

姓　名：____________ 年齡：________ 性別：□女 □男

郵遞區號：□□□□□

地　址：________________________

聯絡電話：(日)____________ (夜)____________

E-mail：________________________